판결문을
낭독하겠습니다

판결문을 낭독하겠습니다

현직 판사가 사건을 맡고,
모든 이야기를 경청하고,
판결을 내리기까지

도우람 지음

시공사

일러두기

- 본문에 인용한 공소사실, 사례 등은 실제 사건을 바탕으로 재구성한 것입니다.
- 책에 실린 판결문은 원문에 따르되, 독자의 이해를 돕기 위해 띄어쓰기 등의 수정을 했습니다.
- 이 책의 내용은 소속 기관의 견해와 일치하지 않을 수 있습니다.

"판사 된 것, 정말 좋지 않아요?
누가 뭐라고 해도 스스로 옳다고 생각하는 일을 할 수 있잖아요.
자신이 옳다고 믿는 일을 할 수 있는 직업이 얼마나 있겠어요?"

저는 유튜브를 자주 봅니다. 처음에는 주로 게임과 스포츠 동영상을 보았습니다. 게이머들의 개인 화면을 보면 빠른 손놀림에 감탄이 절로 나왔고 좋아하는 축구 선수, 야구 선수의 화려한 플레이만을 모아서 편집한 영상을 보며 전율을 느꼈습니다. 유튜브는 말 그대로 신세계였습니다.

그런데 유튜브라는 놈이 참 신기하더군요. 언제부터인가 게임이나 스포츠와 관련 없는 동영상을 하나씩 추천하기 시작하더니 시간이 지나면서 '통삼겹살 굽는 비법', '어깨가 넓어지는 세 가지 운동법', '맛있는 등심을 고르는 방법' 등을 보여주었습니다. 유튜브 첫 화면에 올라온 영상을 우연히 클릭한 것이지만, 저는 생각지도 못한 지식을 얻곤 했습니다.

지금 이 순간에도 인터넷에서는 무수한 정보가 생산되어 전파됩니다. 너무 많아서 어떤 것이 가치 있는지 헷갈리기도 하지만, 특정

지식을 필요로 한다면 예전보다 훨씬 더 빠르고 쉽게 그것을 얻을 수 있습니다.

유튜브를 통해 정보를 전달하는 사람 가운데는 실제 자신의 직업을 보여주는 이들도 많습니다. 헬스 트레이너가 운동법을, 요리사가 요리법을, 의사가 의학 지식을 전달하는 영상을 올립니다. 변호사가 법률 정보를 전달하는 것은 물론입니다. 전문 직업인들이 직접 시행착오를 겪으면서 익힌 경험이 일반인들에게 퍼져 나갑니다. 정보의 생산과 전달이 자유롭지 않았던 과거에는 바로바로 얻을 수 없었던 것들입니다.

유튜브뿐이 아닙니다. 블로그나 홈페이지, 아프리카TV 등을 통해 아마추어부터 전문 직업인까지 수많은 개인이 자신의 지식이나 경험을 필요로 하는 이들에게 전달합니다. 이러한 과정을 거쳐 사람들은 효용을 얻고 서로를 이롭게 합니다.

물론 정보의 자유로운 생산과 전달이 일상화되면서 가짜 뉴스와 거짓 정보가 범람하는 것도 사실입니다. 하지만 저는 부작용보다 긍정적인 효과가 더 크다고 생각합니다. 올바른 지식과 정보는 더 많이 전파될 가능성도 높아졌고 이는 공동체의 이익을 증대시키고 세상을 평등하게 만듭니다. 소수의 사람만이 누리던 계급이나 특권적 지위를 무너뜨리는 역할도 하고요.

요즘의 문화에 대해 막연히 이런 생각을 하고 있었습니다만, 저와는 먼 이야기였습니다. 다른 사람에게 전달할 만한 지식도 없고, 방법도 마땅치 않았기 때문입니다. 그러던 중 우연한 기회가 찾아왔습니다. 육아휴직으로 법원을 떠나 있던 저는 다른 분야에 종사하는 사람들과 학부모들을 자주 만났고, 법원의 역할과 판사가 일하는 방식에 관해 많은 질문을 받았습니다. 매번 비슷한 질문을 받으면서 그에 대한 대답을 공개적으로 하면 좋겠다고 생각했습니다.

아직 턱없이 경험이 부족하고 저 역시 배우는 입장이지만, 법조계를 잘 모르는 사람에게 그나마 자신 있게 말할 수 있는 것이 직업에 관한 이야기, 하고 있는 일에 관한 이야기였습니다. 누군가 이런 정보를 필요로 하는 사람들이 있지 않을까, 비록 소수라고 할지라도 그들에게 제 경험과 지식을 전달한다면 가치가 있지 않을까 생각했습니다.

다른 매체가 아닌 책을 수단으로 선택한 것은 다른 방법이 없어서입니다. '판사의 하루 일과 브이로그', '판결을 내리는 세 가지 비법', '살인죄의 형량을 정하는 방법' 같은 유튜브 동영상을 만들 수는 없습니다. 그러한 매체를 통해 전달하는 것은 한계가 있을 뿐만 아니라, 공무원인 저로서는 할 수 없는 일입니다. 책을 통해서라면 깊고 자세한 이야기까지도 합법적으로 할 수 있습니다. 마침 휴직 중이었기에 책을 쓸 여유가 충분했고요.

이 책은 판사들이 일하는 모습을 사건 처리 과정에 따라 크게 세 부분으로 살펴봅니다. 1부 재판 진행하기, 2부 결론 내리기, 3부 판결문 쓰기입니다. 장소로 보면 1부는 판사들이 법정에서 하는 일을, 2부와 3부는 사무실에서 하는 일을 다룹니다.

많은 사람들은 판사의 모습을 법정에서만 봅니다. 언론 보도나 드라마, 영화에서도 주로 재판하는 판사의 모습을 보여줍니다. 사람들은 법정에서 일하는 것이 판사가 하는 업무의 전부 또는 대부분이라고 생각합니다. 하지만 판사들이 법정에서 보내는 시간은 일주일에 하루나 이틀입니다. 나머지는 각자 사무실에서 일을 합니다. 사무실에 머무는 시간이 몇 배나 더 많은 셈입니다.

그럼 사무실에서는 무엇을 할까요? 이에 대한 대답이 2부와 3부입니다. 법정에서의 재판은 사건 처리의 시작과 끝이기는 하지만, 실제로 판사들이 끊임없이 고민하고 괴로워하고 좌절하는 곳은 사무실입니다. 2부와 3부에서 사건의 결론을 내리고, 판결문을 쓰면서 판사들이 어떤 현실적인 어려움에 부딪히는지 말씀드리려고 합니다.

선배 판사님들이 쓰신 훌륭한 책이 많습니다. 그런 책들을 보아도 판사가 하는 일을 알 수 있습니다. 하지만 《판결문을 낭독하겠습니다》에는 다른 점이 있습니다. 여기에서는 정의와 형평에 대한 추상적인 고민과 사색을 다루지 않습니다. 수준 높은 깨달음과 깊은 울림도 없습니다. 단지 실무자의 입장에서 판사가 어떤 과정을 거쳐 사건을 처리하는지 보여줍니다. 법이라는 어려운 분야를 담당하는 관료가 아닌, 수많은 일 중 판사라는 직업을 가진 한 사람이 일하는 방식을 구체적으로 말씀드리려고 합니다. 즉, 이 책은 '법률 에세이'가 아니라 '한 권으로 읽는 재판 실무 해설서'나 '판사 무작정 따라 하기'에 가깝습니다. 그러한 내용을 전달하는 것이 애초에 글을 쓴 동기이기도 합니다.

진부하고 의례적이긴 하지만 막상 책이 나오게 되니 많은 사람들에게 저절로 감사한 마음이 듭니다. 먼저 이 책이 출간되기까지 큰 도움을 주고 수고를 아끼지 않은 김예지 편집자님께 감사드립니다. 편집자님은 제가 무사안일주의와 동료 판사들의 시선으로 고민할 때면 "누구나 할 수 있지만 아직 아무도 하지 않았던 일"이라면서 이 책의 당위성과 가치를 일깨워주었습니다. 스스로 '법알못(법을 알지 못하는 사람)'을 자처하며 제가 미처 생각하지 못했던 관점을 제시하고 시시때때로 날카롭고 신선한 의문을 던졌습니다. 편집자님 덕분에 법을 모르는 사람에게는 너무 어렵고 법을 아는 사람에게는 너무 뻔한 이야기가, 법을 모르는 사람에게는 조금이나마 도움이 되고 법을 아는 사람에게는 생각할 거리를 주는 이야기가 되지 않았나 생각합니다.

다음으로 책의 시작부터 끝까지 모든 과정을 함께한 아내에게 고마운 마음을 전하고 싶습니다. 아내는 자기만족적인 글만 쓰던 저에게 다른 사람들에게 도움이 될 만한 것을 써보라고 제안했습니다. 처음에는 들은 척도 안 했지만 끈질긴 권유를 이기지 못하고 조금씩 판사들의 이야기를 쓰기 시작했습니다. 변호사인 아내는 제가 한 장씩 쓸 때마다 내용을 읽고 검토해주고 조언을 아끼지 않았습니다. 글을 쓰다가 막힐 때면 의욕을 잃곤 했습니다. 그때마다 용기와 희망을 불어넣어주었습니다. 아내가 없었다면 이 책도 없었을 것입니다. 이 자리를 빌려 깊은 고마움과 사랑의 마음을 전하고 싶습니다.

그 밖에도 도와주신 분들이 많습니다. 최초 편집본을 읽고 감수해준 이은빈 판사님과 한동철 변호사님, 인공지능 판사에 대한 지식과 의견을 나눠주신 오현석 판사님, 판사로 일하는 즐거움을 알게 해주신 정현경 판사님, 저를 글쓰기의 세계로 이끌었을 뿐 아니라 바쁜 와중에도 틈틈이 자료를 찾아주신 신아름 판사님 그리고 함께 근무하며 많은 가르침을 주셨던 (책에 나오는 대부분의 내용은 함께 근무한 부장님들로부터 배운 것입니다) 김동진 부장님, 함석천 부장님, 오재성 부장님, 우라옥 부장님, 진광철 전 지원장님, 이 책에는 등장하지 않지만 지금 저에게 많은 가르침을 주시고 계신 황병하 광주고등법원장님과 김태현 부장님께 진심으로 감사드립니다. 또한 글쓰기라는 즐거움과 고통을 함께하는 스누글쓰기모임 회원분들과 이 작은 걸음의 시작이었던 누리글쓰기모임 회원분들에게도 감사의 마음을 전합니다. 마지막으로 성인이 되었음에도 저를 항상 아끼고 염려하시는 부모님께도 감사드립니다.

제가 자주 이용하는 사이트에는 "글로써 무엇이든 만들 수 있다You can make anything by writing"라는 문구가 있습니다. 실시간 스트리밍 동영상의 시대에 문자의 힘이 예전 같지는 않지만, 이런 시대에도 글을 통해 표현하지 못하는 바는 없고, 아직도 글쓰기로써 전달해야만 하는 것들이 있습니다. 법원의 일과가 유튜브에 속속들이 생중계되고, 판사의 개인 컴퓨터 화면을 동영상으로 볼 수 있는 시대가 오기 전까지는 이 책이 누군가에게 도움이 되리라 믿습니다.

2020년 6월
도우람

차례

머리말 6

1부 재판 진행하기

1장 재판에 대한 오해 16

2장 어떻게 판사가 될까 24

3장 검사는 어디에 37

4장 별로 친하지 않아요 50

5장 법정부터 다르다 63

6장 아이들 싸움과 다를 바 없다 73

7장 피고인이 범행을 부인하면 86

8장 아무도 원하지 않은 결과 101

9장 시민과 나란히 재판하다 113

판사의 일상 1 벙커 부장 벙키 배석 122

2부 결론 내리기

1장 소송기록과 메모지 130

2장 그동안의 공부는 무용지물 136

3장 중요한 것은 양심이다 149

4장 자식을 죽게 한 아빠의 상속권 162

5장 어디까지 정당방위일까 178

6장 DNA는 일치한다, 하지만⋯ 192

7장 마약인지 정말 몰랐을까 205

8장 살인죄의 형량 216

9장 징역 3년 집행유예 5년 228

판사의 일상 2 저녁이 있는 삶 241

3부 판결문 쓰기

1장 판결문이 왜 필요할까 250

2장 보고도 이해하기 어려운 판결문 257

3장 그러나와 그러므로, 각과 각각 270

4장 판례를 따르지 않아도 될까 281

5장 인공지능이 재판을 한다면 290

6장 재판 청탁을 받는다면 299

7장 법원 분위기의 변화 310

판사의 일상 3 직업의 제약 324

맺음말 331

용어 설명 337

찾아보기 347

1부

재판
진행하기

1장

재판에 대한
오해

자주 받는 질문들

　판사가 되고 나서 주변 사람들로부터 다음과 같은 이야기를 많이 듣습니다. 지인에게 돈을 빌려주었는데 갚지 않고 있어서 그 사람을 상대로 소송을 제기하려고 한다며, 이렇게 질문합니다.

　"소송을 제기하면 검사가 돈을 받아주나요?"

　저는 당황해서 잠시 멈칫하다가 대답합니다.

　"아니요, 민사소송을 제기하면 검사는 없어요."

　그러면 다시 묻습니다.

　"검사도 재판을 같이 하지 않아요?"

　이럴 때면 참 난감합니다. 어떤 재판에는 검사가 참여하지만 모든 재판에서 그렇지는 않습니다. 이러한 질문이 나오는 이유는 법원이 하는 일의 기본 구조와 검사가 하는 일에 대해서 잘 모르기 때문입니다. 그뿐만이 아닙니다. 이런 말도 자주 듣습니다.

"매일 재판하기 힘드시지요? 사람들이 하는 이야기를 들으면 바로바로 결론이 내려지나요?"

이렇게 질문한 이는 판사가 일하는 방식이 의사와 비슷하다고 생각하는 것 같습니다. 대부분의 의사들은 매일 환자를 진료하고, 거의 즉석에서 처방을 합니다. 간단한 검사만 해도 열이 나는지, 시력이 나쁜지, 혈압이 높은지 알 수 있습니다. 필요한 경우 몇 가지 정밀 검사를 할 때도 있지만 중하지 않다면 약이나 주사로 해결합니다. 하지만 판사가 하는 일은 그렇지 않습니다. 저는 이렇게 대답합니다.

"아니에요. 판사는 그 자리에서 결정을 하는 경우는 드물고 따로 날짜를 잡아서 판결을 합니다."

"그럼 재판에서는 무엇을 하나요? 그리고 재판을 하지 않을 때 판사는 어떤 일을 하지요?"

이분에게 판사가 일하는 방식을 간략하게 설명했더니 깜짝 놀라는 듯했습니다. 약간 실망한 것 같기도 했습니다. 이것이 전부가 아닙니다. 법조인이 아닌 친구들은 이런 질문을 자주 합니다.

"판결할 때 판사봉을 탕탕탕 치면 기분이 어때?"

"재판을 많이 하면 월급을 더 받아? 재판받는 사람들에게 돈을 받는 거지?"

"(언론에 연일 보도되는 뇌물 사건을 이야기하며) 왜 이런 사건은 재판 안 해?"

"잘못한 사람들을 판사가 잡아다가 재판해야 하는 것 아니야?"

"(징역 10년이 선고된 성범죄 사건을 이야기하면서) 초등학생에게 그런 범죄를 저질렀는데 징역이 그거밖에 안 돼? 너무 약하지 않아?"

어디서부터 어떻게 설명을 해야 할지 잘 모르겠습니다. '그건 말이지, 판사봉이라는 것은 없어'라고 답하기 시작하면 질문이 꼬리에 꼬리를 물고 이어집니다.

"드라마나 영화에서는 왜 판사봉이 나오는 거야?"

"그럼 판결할 때 어떻게 해? 그냥 말로 해?"

대답을 하다 보면 말이 길어져 한참 걸립니다. 가장 간단한 첫 번째 질문이 그러한데, 다른 물음들은 오죽하겠습니까.

왜 이런 일이 일어났을까

법원이 하는 일에 관심 있는 사람들이 많습니다. 법원의 판결이 연일 언론에 보도됩니다. 그럼에도 재판이 어떻게 이루어지는지, 판사가 어떤 일을 하는지 정확하게 아는 사람은 드뭅니다. 그 이유를 생각해보았습니다. 여러 가지가 있겠지만 가장 큰 까닭은 아마도 평소에 재판받을 일이 별로 없기 때문일 것입니다. 의사가 질병을 치료하듯 판사와 사법부는 사람들 간의 분쟁과 갈등을 조정하는 역할을 합니다. 하지만 누구나 한 번씩은 감기에 걸리고 치아가 썩고 설사를 하는 것과 달리, 다른 사람과 분쟁이 생겨 재판까지 받는 경우는 그리 많지 않습니다.

최근에는 재판으로 분쟁을 해결하려는 경향이 늘기는 했습니다. 하지만 오래 걸리고 돈이 들고 피곤한 일이라는 생각 때문에 웬만하면 재판으로 가기 전에 다툼을 해결하려고 합니다. 그러다 보니 평생 동안 병원을 안 가본 사람은 단 한 명도 없지만, 재판을 받지 않은 사람은 부지기수인 것이지요.

또 다른 이유는 주변에서 판사를 만나기가 쉽지 않기 때문입니다. 법으로 정해진 판사의 정원은 3,124명입니다. 우리나라 인구가 5,300만 명 이상인 것을 감안하면 대략 계산해도 1만 6,000명당 한 명의 판사가 있는 셈입니다. 우리가 평생 만나는 사람을 다 합쳐도 1만 명이 안 될지 모르는데, 1만 6,000명 중 한 명 있는 판사를 개인적으로 알기란 쉬운 일이 아니지요.

판사가 대단한 직업이라거나 특별한 일을 한다는 뜻이 절대 아닙니다. 숫자가 많지 않다 보니 마주치기가 어렵다는 말입니다. 저 역시 그랬습니다. 학창 시절은 물론이고 대학교에 입학해서 사법시험을 준비할 때조차 판사를 만나본 적이 없었습니다. 변호사와 검사도 마찬가지입니다. 이것은 제가 이 책을 쓴 가장 중요한 이유이기도 합니다.

세 번째로 생각할 수 있는 것은 우리나라의 교육제도입니다. 중학교 사회 교과서에서는 법의 의미와 필요성, 법률 및 재판의 종류와 심급제도 등에 대한 기본적인 내용을 다룹니다. 하지만 민사재판과 형사재판의 구조와 절차를 자세하게 설명하지는 않습니다.

고등학생이 법에 관해 학습할 수 있는 과목은 사회 선택과목인 '법과 정치'가 유일합니다. 하지만 대학수학능력시험의 전체 응시자 가운데 '법과 정치'를 선택한 사람은 2014년에 6.51퍼센트, 2015년에 5.2퍼센트뿐입니다. 고등학생의 대부분이 법 교육을 제대로 받지 못하고 있는 것입니다.* 대학에 진학해서 관련 공부를 하지 않는다면 기본적인 법 제도조차 알기 어렵습니다. 대학을 졸업한 저의 친구들이 검사의 역할을 잘 모르는 이유입니다.

법원의 노력

저는 법원과 판사들이 국민에게 재판의 기본 구조나 판사의 역할을 적극적으로 알려야 했다고 생각합니다. 주변 사람들을 보면 법원이 그 일에 성공한 것 같지는 않습니다. 어떤 판사들은 '그런 내용은 웬만하면 다 알지 않을까요?'라고 반문할지 모르겠습니다. 하지만 이것이야말로 개구리가 올챙이 적 생각하지 못하는 상황입니다. 판사의 주변에는 법조인이 많고, 자주 만나는 사람들이 판사가 하는 일에 대해 알고 있으니까 모두 안다고 착각하는 것이지요. 자신도 예전에는 잘 몰랐다는 사실을 잊어버린 채로요.

---

* 사법정책연구원, 〈중·고등학생을 위한 수준별 모의재판 시나리오 개발에 관한 연구〉, 2015년, 59~60쪽.

어떤 판사들은 '굳이 이야기해야 하나요? 사람들이 각각의 직업에 대해 속속들이 알아야 하는 건 아니잖아요'라고 말할 것입니다. 과연 그럴까요? 사법부는 보수적이고 폐쇄적인 성격을 가졌습니다. 상당수의 판사들이 일반인에게서 몇 발짝 떨어져 있습니다. 어려운 시험에 합격한 소수집단이라는 인식을 공유하면서 외부인의 진입을 쉽게 허락하지 않습니다. 굳이 사람들에게 적극적으로 다가가 '판사는 이런 일을 하는 사람입니다. 저희가 일하는 방식을 이렇습니다' 하고 설명하면서 알리지 않는 것이지요. 그렇게 하지 않아도 많은 사람들이 사건을 가지고 먼저 법원으로 찾아오니까요.

하지만 동시에 재판에 대한 잘못된 언론 보도와 그에 동조하는 이들을 보면서 한탄합니다. '사람들이 법원에 대해 너무 모른다', '사람들이 판사가 어떻게 일하는지 전혀 알지 못한다'고 말합니다. 모르는 것이 당연하지요. 배울 기회도 없었고 알려준 적도 없으니까요. 물론 법원이 노력을 안 한 것은 아닙니다. 거의 모든 법원은 관할 지역의 중고등학교 학생을 대상으로 법 교육을 실시합니다. 하지만 1년에 1회, 많으면 2회이고, 한 시간 정도 진행됩니다. 학교 사정에 따라 일정이 맞지 않으면 이마저 못하는 경우도 많습니다. 교육을 하더라도 희망자를 선발하거나 특정 학급만을 대상으로 진행되기 때문에 전체 학생이 참석하지 못할 때가 대부분입니다.

제가 근무했던 법원에서는 매년 여름방학 동안 지역 청소년들을 상대로 인턴십 프로그램을 운영했습니다. 총 사흘에 걸쳐 기본적인 법 교육을 받고, 실제 재판을 방청하고, 판사들의 도움을 받아 모의

재판을 했습니다. 이 정도면 법원이 어떻게 돌아가는지, 판사들이 무슨 일을 하는지 대략적인 얼개는 알 수 있을 것입니다.

하지만 프로그램에 참석한 학생들은 30명 정도였고, 사흘이 그렇게 긴 것은 아닙니다. 법정 방청과 모의재판을 제외하면 실제로 판사들과는 서너 시간 접촉할 뿐입니다. 그만큼 경험의 한계가 있습니다만, 이런 기회조차 흔하지 않은 것이 사실입니다.

이러한 현실에 대해서 법원을 탓할 수만은 없습니다. 판사나 법원의 기본적인 역할은 어디까지나 재판이니까요. 대부분의 판사들은 정말 눈코 뜰 새 없이 바쁩니다. 눈앞에 쌓인 사건을 처리할 시간조차 부족한 상황에서 법 교육이나 법원 알리기에 나서기는 쉽지 않습니다. 그러다 보니 법조인이 아닌 사람이 법원이나 판사에 대해 자세하게 알기 어려운 것은 당연하지요.

이제부터 재판이 어떻게 이루어지고 판사는 어떤 일을 하는지 말씀드리고자 합니다. 사법부와 법원의 역할에 대해 잘 모르는 사람들의 이해를 돕기 위함입니다. 저조차도 판사가 되어 법원에서 일하면서 새롭게 배우고 알게 된 것이 많습니다.

무엇이든지 감추기보다 드러내는 방향이 옳다고 생각합니다. 서로 정보를 공유하고 각자의 사정을 알리는 일이야말로 올바른 이해로 다가가는 길이라고 믿습니다. 그러한 과정에서 제대로 알리지 못한 부분은 전하고 잘못된 점은 고쳐야겠지요. 법원과 판사가 공적인 위치에 있음을 생각하면 굳이 감출 이유도 없는 것이고요.

이 책이 법원의 역할과 판사의 업무를 알고자 하는 사람들에게 조금이나마 유용하기를 바랍니다. 법원과 재판에 대한 일반적인 이해를 높이면 분쟁을 사전에 방지하고 해결하는 데 도움이 될 것이라 생각합니다. 또한 법원의 공정하고 신속한 절차 진행과 올바른 판단을 이끄는 길이기도 합니다. 법원의 판결에 대한 언론 보도를 조금 더 객관적인 시선으로 볼 수도 있습니다.

'유전무죄, 무전유죄', '정치인이나 검사나 판사나 모두 한통속이다', '재판은 짜고 치는 고스톱이다'라고 비난하면서 재판과 사법부를 신뢰하지 않는 사람들도 있습니다. 그렇게 비판하는 데는 이유가 있으리라 생각합니다. 그런 분들로부터 신뢰를 회복할 자신은 없습니다만, 혹시나 오해하는 부분이 있다면 풀리면 좋겠습니다.

2장

어떻게
판사가 될까

사법시험 제도

본격적인 이야기에 들어가기 앞서 판사가 되는 절차에 대해 말씀 드리겠습니다. 학생들을 만나면 가장 많이 받는 질문이 '어떻게 판사 가 되는 건가요?'입니다. 판사들이 하는 일이 언론에 자주 보도되고 업무 만족도가 높은 직업으로 인식되기 때문인지 학부모로부터도 심심치 않게 이러한 질문을 받습니다.

제가 판사가 된 2012년과 2020년 현재는 법조인이 되는 절차와 제 도 자체가 달라졌습니다만, 지금 법원에서 일하는 대부분의 판사들 이 어떻게 임용되었는지 대략적인 과정을 말씀드리고 나서 2013년 도입된 판사 임용 절차를 알려드리는 것이 새로운 장을 시작하기 전 가벼운 위밍업으로 좋을 듯합니다. 드라마나 영화를 보면 주인공인 법조인이 두 가지 절차를 모두 밟았거나 아니면 현재 및 과거 절차를 이상한 조합으로 거쳐 판사가 되었다는 이야기가 나오기도 하니까요.

예전에는 사법시험 제도가 있었습니다. 법조인이 되려면 이 시험을 통과해야만 했습니다. 사법시험은 객관식인 1차, 서술형 주관식인 2차 그리고 면접으로 진행되는 3차로 이루어져 있었습니다.

1차 시험은 장문의 문제를 빠른 속도로 읽고 푸는 것입니다. 민법, 형법, 헌법 세 과목을 기본으로 하고 국제법, 경제법, 노동법 등 중에서 한 과목을 선택했습니다(2004년 기준). 매년 2월 말 하루를 정하여 1차 시험이 치러지는데, 1월 말이 되면 신림동 고시촌에는 깊은 긴장감이 감돌곤 했습니다.

2차 시험은 날씨가 더워지는 6월 말 4일 동안 이어졌습니다. 민법, 민사소송법, 형법, 형사소송법, 상법, 헌법, 행정법을 오전, 오후에 한 과목씩 나누어 두 시간 동안 보았습니다. 이렇게 진행되면 나흘째 되는 날 오전에 모든 시험이 끝납니다. 2006년부터는 마지막 날 치르는 민법 과목이 중요하다는 이유로 배점이 높아지고 응시 시간이 늘어, 오후가 되어야 시험이 끝나는 것으로 바뀌었습니다.

2차 시험이 진행되는 4일간은 정말 사람의 피가 마릅니다. 물론 성격이 매우 느긋하거나 대범해서 평소와 다름없이 생활하는 사람도 있었습니다만, 대부분은 이 기간 동안 극도의 긴장 속에 잠도 잘 못 자고 밥도 제대로 못 먹었습니다.

다른 시험도 마찬가지겠지만 사법시험에는 이런 격언(?)이 있었습니다. '실력 좋은 사람보다 운 좋은 사람이 붙고, 운 좋은 사람보다 직전에 공부한 사람이 붙는다'는 말입니다. 시험 보기 직전에 공부한 문제가 출제되면 얼마나 행복하겠습니까. 특히 2차 시험은 두세 페이지로 길게 답안을 작성해야 하는 한 문제와 반 페이지나 한 페이지를 쓰는 두 문제로 이루어져 있었습니다. 시험 보기 전날 집중적으로 공부한 내용(공부할 양이 많아서 전날 모든 내용을 복습하는 것은 불가능합니다)이 나온다면 그야말로 운이 좋은 셈이었습니다. 그러니 시험은 평소 실력으로 보는 것이라는 태평한 마음을 먹기 쉽지 않았습니다.

긴장과 피로에 잠을 설치고 가슴이 답답한 상태로 2차 시험을 치릅니다. 괜히 잘못해서 다치거나 몸에 탈이 나면 그동안의 노력이 물거품이 되기 때문에 수험생들은 말 그대로 떨어지는 낙엽도 조심하면서 나흘을 보냈습니다. 그렇게 시험이 끝나면 몸무게가 확 줄어 있곤 했습니다.

2차 시험이 힘들고 괴로웠던 것은 단지 문제가 어려워서가 아니었습니다. 1차 시험을 합격한 사람들에게는 2차 시험을 볼 두 번의 기회가 주어졌습니다. 이때 합격하지 못하면 다시 1차 시험을 봐야 했습니다. 1차 시험은 2월에 있고, 합격자 발표는 4월쯤 나오기 때문에 같은 해에 1차, 2차를 전부 합격하기는 쉽지 않았습니다. 준비할 시간이 절대적으로 부족하기 때문입니다.

1차 시험 합격자 발표 두 달 뒤 치르는 첫 2차 시험은 경험을 쌓는다는 가벼운 마음으로 임하는 이들이 대부분이었습니다. 그러니 진짜 기회는 다음 해 6월에 있을 시험 한 번밖에 없는 셈이었지요.

게다가 합격자 선정 기준이 절대평가가 아니라 상대평가여서 아무리 공부를 열심히 해도 떨어질 수 있었습니다. 2차 시험의 경쟁률이 3 대 1에서 5 대 1이었으니, 1차 시험을 통과한 모든 수험생이 열심히 공부해서 법학을 잘 알아도 세 명 중 한 명만 합격하는 것입니다.

면접인 3차 시험은 2차 합격자 발표 후 10월에 치러집니다. 제가 2차 시험에 붙은 2005년만 해도 3차 시험은 형식적으로 진행되었고, 특별한 문제가 없는 이상 합격이 되었으니 조금은 편안한 마음으로 임할 수 있었습니다. 하지만 그 이후에는 법조인의 인성이나 성품이 문제가 되면서 면접이 강화되었고, 3차 시험에서 불합격하는 사람들이 생기기 시작했습니다. 그럼에도 불합격자 수는 많지 않았습니다.

사법연수원 과정

사법시험에 합격하면 사법연수원에 들어갑니다. 사법연수원은 2년, 4학기로 이루어져 있었습니다. 2년 차 3학기는 실무 수습이 진행되고 4학기는 수업이 거의 없기 때문에 실제로 공부하고 생활하는 기간은 1년 차 한 해입니다. 사법연수원은 스스로 공부해야 했던 사법시험과 달리 교과과정이 정해져 있습니다. 시간표에 맞추어 수업을 듣고 수시로 부과되는 숙제를 했습니다. 하루하루가 꽉 짜인 일정에 따라 진행됩니다.

사법연수원의 교육은 실무를 중심으로 이루어졌습니다. 문제가 되었던 실제 사건들을 바탕으로 변호사와 판사, 검사가 어떻게 법률 문서를 작성하는지 배웠습니다. 그렇기 때문에 교수는 현직 판검사나 변호사입니다. 변호사 수업에서는 형사재판과 민사재판을 나누어 각 재판에 필요한 서면과 변론 방법을, 판사 수업에서는 판결문 작성, 검사 수업에서는 주로 공소장 작성과 수사 방법을 배웠습니다.

그중에서도 판사의 업무를 배우는 것이 가장 큰 비중을 차지했습니다. 민사재판실무와 형사재판실무라는 과목이 있었는데, 중고등학교 교과로 중요성을 비교하면 수학과 영어에 해당합니다. 주어진 사건에 대해 정확한 결론을 내리고, 이를 문장으로 표현하는 것이었습니다. 이미 정해진 법리를 배우며, 창의적이고 기발한 아이디어를 요구하지 않았습니다.

판사의 일을 중점적으로 배우는 데는 여러 이유가 있겠습니다만, 아무래도 정형화하기 가장 쉽기 때문일 것입니다. 이와 달리 변호사의 법률 상담이나 변론, 검사의 범죄 수사나 경찰 지휘는 실전을 통해 경험을 쌓아야 하며 책으로 배우기는 비교적 어렵습니다.

그렇지만 판결 업무 중심의 교육에는 문제가 있었습니다. 사법연수생 중 대부분은 법관이 아닌 검사나 변호사가 된다는 것이었습니다. 연수원을 졸업할 때쯤이면 성적이 나옵니다. 이 성적은 판사, 검사, 변호사의 법조 삼륜 중 어떤 직역에서 일을 할지 선택할 때 하나의 기준이 되었습니다. 하지만 연수원 성적은 판사로서의 적성이나 능력은 어느 정도 반영하지만, 검사나 변호사로서의 역량은 제대로 대변하지 못했습니다. 연수원 성적이 좋지 않아도 능력 있는 검사와 변호사가 되는 데 별 문제가 없다는 의미입니다.

검사나 변호사로 일하는 동기나 선후배 역시 그들의 일은 연수원 성적과 무관하다는 이야기를 종종 합니다. 교과서에 나오지 않는 업무 능력과 반짝이는 아이디어가 필요하다고 말합니다. 사법연수원을 수료한 사람들 중 대부분이 판사가 아닌, 변호사나 검사가 되던 현실을 고려했을 때 사법연수원 교육이 무용하다는 비판이 제기되기도 했습니다.

사법연수원은 공부도 중요하지만, 일종의 사회생활이기도 합니다. 교수는 현직 판검사와 변호사였고, 동기는 예비 법조인입니다. 법률가로 일하게 되면 평생 서로 얼굴을 보고 소식을 듣는 관계입니다. 그렇기 때문에 공부를 잘하는 것만큼이나 어울려 생활하는 능력이 중요했습니다. 사법시험에 늦게 합격한 나이 많은 연수생들은 공부보다는 사람들과 어울리는 데 더 많은 노력을 기울이기도 했습니다.

2년의 과정을 마친 연수생 일부가 판사로 임용되었습니다. 사법연수원을 수료한 연수생에게는 변호사 자격이 주어졌기 때문에, 결국 판사는 변호사의 자격을 가진 자 가운데 선발되었다고 볼 수 있습니다. 제가 연수원에 다니던 무렵에는 사법연수생이 1,000명이었는데, 매년 100~150명이 판사가 되었습니다. 지원하는 사람이 많은 경우 그중 일부만 임용될 수밖에 없었고, 사법연수원 성적을 기준으로 선발했습니다.

사법시험 제도가 있었을 때는 시험에 합격하고 연수원에서 좋은 성적을 받으면 판사가 될 수 있었습니다. 판사가 되기 위해 대학에서 법학을 전공하거나 법학사의 자격을 가지고 있을 필요가 없었습니다. 즉, 전공이 무엇인지, 학점은 얼마인지, 대학을 졸업했는지 관계없이 판사가 되는 길이 열려 있었습니다. 하지만 2017년 마지막 사법시험이 치러진 후 현재의 법학전문대학원 제도 아래서는 판사가 되려면 먼저 로스쿨을 졸업해야 합니다.

로스쿨의 도입

현재 우리나라의 판사는 과거에 사법시험을 합격해 변호사 자격을 갖춘 사람과 법학전문대학원을 졸업한 후 변호사 시험에 합격한 사람 가운데 일정한 경력과 요건을 갖춘 사람 중에 임용됩니다. 법학전문대학원은 미국의 로스쿨을 우리나라에 도입한 제도이고, 줄여서 법전원이라고도 하지만 일반적으로 로스쿨이라 부르는 경우가 많기 때문에 이 책에서도 로스쿨로 지칭하겠습니다.

로스쿨이 도입된 것은 2009년입니다. 목적은 크게 두 가지입니다. 법학 교육의 정상화와 국가 우수 인력의 효율적 배분입니다. 먼저 법학 교육의 정상화는 기존의 사법시험 제도가 체계적인 법학 교육보다 시험 대비를 위한 '기술' 습득에 치우치게 했다는 문제의식을 바탕으로 합니다. 과거 사법시험에 응시하는 수험생들은 대학에서 성실하게 수업을 듣기보다는 각종 고시 학원으로 몰렸습니다. 대학

수업은 실무에서 멀고 지나치게 학문적인 측면이 있었고, 교육 과정 또한 사법시험과는 동떨어져 학생들의 배움이 여러 방면에서 효율적으로 이루어지지 않았기 때문입니다.

헌법재판소 결정*에 따르면 "학문을 연구하는 대학교의 특성상 어쩔 수 없는 일이었습니다만, 충분한 인문 교양이나 체계적인 법학 지식이 결여된 상태에서 시험 위주의 도구적인 법률지식만을 습득하게 되었다"고 합니다.

또 다른 목적은 국가 우수 인력의 효율적 배분입니다. 이에 관한 헌법재판소 결정을 인용해보겠습니다.

> 사법시험 제도 아래에서 실질적으로 응시 자격에 제한이 없고 응시 횟수에도 아무런 제한이 없다 보니, 과다한 응시생이 장기간 사법시험에 빠져 있는 폐해가 나타났다. 또한 응시 자격을 용이하게 취득할 수 있다 보니, 법학 이외의 인문사회계열이나 심지어 이공계열의 우수한 인재까지도 전공 학과 공부보다는 사법시험에 매달리게 되어 법학뿐만 아니라 다른 분야의 대학 교육에까지 파행적인 결과를 초래하였다. (…) 법학전문대학원 제도는, 전공 학부에 상관없이 정상적이고 체계적으로 대학 교육을 마치게 한 후 본인의 희망에 따라 법학전문대학원에 입학하게 함으로써, 대학 교육을 정상화하는 한편 국가적 인재를 적재적

---

* 헌법재판소 2009. 2. 26. 선고 2008헌마370, 2008헌바147(병합) 사건 참조.

소에 배치하고자 함에 그 목적이 있다.

로스쿨이 도입되고 10년 이상 지난 현재 시점에서 이러한 목적이 달성되었는지 논란이 많습니다만, 헌법재판소의 결정은 앞에서 보았듯 두 가지 목적을 들었습니다. 하지만 그 밖에도 다른 이유와 목적이 있습니다. 사법시험 합격자가 특정 소수의 대학교에 몰리다 보니 학연과 지연에 따라 이른바 '법조 카르텔'이 형성되었는데, 이러한 현실에서 벗어나 다양성을 확보한다는 것입니다. 그리고 변호사의 수를 획기적으로 늘려 변호사 비용을 낮추고 법조인에 대한 국민의 접근성을 높이려는 의도도 있었습니다.

로스쿨에 입학하기 위해서는 법학적성시험LEET을 보아야 하고, 어학 성적과 대학 학점이 필요합니다. 세 요소를 어떤 비율로 어떻게 반영할지는 각 대학 로스쿨에서 정할 수 있습니다. 예를 들어 강원대, 경희대, 고려대, 서울대, 연세대 등은 영어 성적을 일정 점수를 기준으로 합격pass 또는 불합격fail으로 반영합니다. 대학 학점으로 로스쿨 응시자들의 우열을 가리기 쉽지 않기 때문에 결국 가장 결정적인 요소는 법학적성시험입니다. 그 외에도 자기 소개서, 봉사활동, 자격증, 사회 경력 등이 반영되기도 하지만 비율은 미미합니다.

로스쿨별 서류 전형을 통해 정원의 3배수에서 5배수의 인원을 선발한 다음 면접을 봅니다. 2017년부터 전국의 로스쿨에서 블라인드 면접이 시행되어 면접관들은 지원자의 출신 학교, 학점, 자기 소개서 등을 전혀 보지 못한다고 합니다.

로스쿨에 입학하는 과정 역시 치열한 경쟁을 뚫어야 합니다. '2020학년도 법학전문대학원 원서 접수' 결과에 따르면, 전국 25개 로스쿨 총 2,000명 선발 예정에 9,845명이 지원하여 평균 경쟁률은 4.92 대 1입니다. 로스쿨별로 경쟁률이 다른데, 2020학년도에는 서강대가 12.78 대 1로 가장 높았고, 고려대가 2.89 대 1로 가장 낮았습니다. 경쟁률은 모집 인원(모집 인원이 적으면 경쟁률이 더 높았습니다), 학교 위치(서울 또는 비서울로 나뉘는데, 비서울 로스쿨의 경쟁률이 더 높았습니다), 사립인지 국공립인지(사립이 경쟁률이 더 높았습니다)에 따라 달라집니다. 2019년도부터 로스쿨별 변호사 시험 합격률이 공개되었는데, 변호사 시험 합격률과 로스쿨 입시 경쟁률은 상관관계가 없다고 합니다.

동기나 후배 가운데 로스쿨에 다닌 사람들로부터 들은 이야기에 따르면, 로스쿨 과정은 고등학교와 비슷하다고 합니다. 로스쿨에서 받은 학점이 취업과 직결되고 변호사 시험의 합격률이 점점 낮아지고 있어서 로스쿨 내의 경쟁은 치열합니다.

로스쿨 과정은 총 3년으로 이루어져 있는데 1학년은 기본 3법(민법, 형법, 헌법, 사법시험 1차와 같습니다)을 주로 배우고, 2학년은 민사소송법, 형사소송법, 상법, 행정법(사법시험 2차와 비슷한 과목입니다) 등을 배웁니다. 3학년 때는 시험 준비를 위해 다시 '고시 공부' 모드에 돌입합니다. 시험에 합격해야만 변호사 자격을 얻을 수 있습니다. 로스쿨 입학시험에 이어, 다시 또 커다란 시험을 통과해야 하는 것입니다. 어쩌면 전체 과정이 사법시험 때보다 복잡하고 치열해졌는지도 모르겠습니다.

현재의 법관 임용 제도

일반적으로 법관과 판사라는 용어를 구분하지 않고 사용합니다만, 법적으로 두 가지는 의미가 조금 다릅니다. 헌법에 따르면 사법부는 법관으로 구성되는데, 대법원장과 대법관을 제외한 나머지 법관들이 판사입니다. 법관이 판사보다 더 넓은 의미이지만 법관이 판사를 포함하고, 판사가 아닌 법관은 극소수(대법관은 대법원장을 포함하여 14명입니다)이기 때문에 정확히 구분해서 쓰지는 않습니다. 이 책에서도 법관과 판사를 구분하지 않고 사용하되, 대법원장과 대법관은 별도로 지칭하겠습니다.

로스쿨 도입과 사법시험 폐지 이후 판사 임용 제도는 변호사 자격을 갖춘 뒤 일정 기간의 법조 경력을 쌓은 사람만이 판사가 되는 것으로 변화했습니다. 이러한 제도를 법조일원화라고 합니다. 과거에는 변호사나 검사로 일하다가 판사가 되기는 힘들었지만, 법조일원화에 따라 변호사나 검사 가운데 판사를 선발하는 것입니다.

이러한 방식은 영미 법계에서 채택한 제도입니다. 사법연수원 수료자 중에서 바로 판검사를 임용하던 때는, 법조 경력을 시작할 때부터 직역이 나뉘고 그것이 오랜 기간 유지되었습니다. 하지만 일정 기간의 법조 경력을 요구하는 방식에 따르면 변호사나 검사가 판사가 되고, 판사가 변호사나 검사가 되는 것이 용이해집니다. 다양한 일을 하던 사람들이 판사가 되다 보니 임용 시 '순혈주의', '엘리트주의'를 방지하고 법원 조직이 관료화, 계급화, 서열화되는 것을 완화한다는 장점이 있습니다.

이에 따라 10년의 법조 경력을 가진 사람만이 판사로 임용될 수 있습니다. 하지만 도입 초기부터 10년의 경력을 요구하면, 이 제도가 생기기 직전에 연수원을 수료하거나 로스쿨을 졸업한 사람들에게 불이익이 있습니다. 판사로 임용될 수 있으리라 기대했는데, 갑자기 10년을 더 기다려야 하니까요. 이러한 사람들을 위해 단계적인 조치를 두었습니다. 즉, 2017년까지는 3년, 2021년까지는 5년, 2025년까지는 7년, 2026년부터는 10년의 법조 경력이 요구됩니다. 2020년 현재 시점을 기준으로 하면 5년의 법조 경력이 필요한 셈입니다.

2020년 공고된 법관 임용 절차*는 표 1과 같습니다. 필기시험 1회와 면접 3회를 거쳐야 합니다. 첫 번째 면접은 실무 능력 평가인데, 쉽게 말해 구술시험입니다. 정확하게 일대일 대응은 아니지만 대략적으로 두 번째 면접이 사법시험 제도의 3차 면접시험과 비슷한 것으로 보입니다.

이러한 임용 제도 역시 헌법재판소가 지적한 사법시험의 폐해와 비슷한 문제가 있습니다. 절차가 복잡해 보입니다만, 아무래도 가장 첫 단계인 필기시험이 중요합니다. 필기시험을 통과해야만 다음 단

---

* 대한민국 법원 법관 임용 홈페이지 참조.

표1 임용 절차의 구성 및 임용 일정.

필기 전형				면접 ①		면접 ②			면접 ③			

법률 서면 작성(민사 또는 형사) ▶ 임용 지원 ▶ 의견 조회 Ⅰ ▶ 서류 전형 평가 위원회 ▶ 법관 인사 위원회 서류 심사 ▶ 의견 조회 Ⅱ ▶ 실무 능력 평가 면접(민사 및 형사) ▶ 인성 검사 ▶ 법조 경력·인성 역량 평가 면접 ▶ 법관 인사 위원회 중간 심사 ▶ 집중 심리 검사(필요 시) ▶ 의견 조회 Ⅲ ▶ 최종 면접·심층 면접(필요 시) ▶ 법관 인사 위원회 최종 심사 ▶ 대법관 회의 1차 심의 ▶ 명단 공개(의견 수렴) ▶ 대법관 회의 임명 동의 ▶ 임명

계로 나아갈 수 있으니까요. 판사 임용 시험 응시자들이 늘면서 필기 시험 준비에 몰두하는 사람이 많아졌습니다. 애초 법조일원화 제도 의 도입은 다양한 분야에서 변호사나 검사로 일하면서 실무 경험을 쌓고 이를 바탕으로 업무 능력을 평가하겠다는 목적인데, 현실은 실 무는 뒤로 미룬 채 필기시험 준비에 열을 올리는 것입니다.

법학적성시험이나 로스쿨 졸업 후 변호사 시험 준비 과정에도 이 러한 문제가 있습니다. 로스쿨 입학을 위해 학원에 몰려가고, 변호 사 시험을 위해 또 학원에 다니는 것입니다. 예전에 고시 학원에 몰 려가던 것처럼 말입니다.

3장

검사는
어디에

민사재판과 형사재판

이제부터 본격적으로 판사가 하는 일에 대해 알아보겠습니다. 필요한 경우 다소 전문적인 용어를 사용할 수도 있습니다만, 그렇게 어려운 내용은 아니니 걱정하지 않으셔도 됩니다. 어떻게 시작하는 게 좋을까 아무리 생각해보아도 민사재판과 형사재판에 대해 먼저 이야기해야 할 것 같습니다. 재판의 종류와 방식을 구분하는 것이 법체계의 근간을 이루고 있기 때문입니다.

재판은 판사, 검사, 변호사와 같은 법조인이 활약하는 무대입니다. 연극인지 뮤지컬인지 혹은 발레인지에 따라 등장인물, 무대, 공연 방식 등이 달라집니다. 연극을 보러 가서 노래와 춤을 기대하기는 어렵고, 뮤지컬 공연에서 발레리나를 찾을 수 없듯이 말입니다. 재판도 마찬가지입니다. 어떤 재판인지에 따라 등장인물과 무대, 진행 방식이 달라집니다. 하지만 이를 혼동하는 경우가 많습니다. 잠시 기억을 되짚어 앞에서 주변 사람들이 던진 질문을 떠올려봅시다. 이러한 내용이었지요.

"재판할 때 검사도 있는 것 아닌가요?"
"(언론에 연일 보도되는 뇌물 사건을 이야기하며) 왜 이런 사건은 재판 안 해?"
"잘못한 사람들을 판사가 잡아다가 재판해야 하는 것 아니야?"

이는 재판의 종류와 등장인물을 모르고 있어서 나오는 이야기입니다. 우리가 다룰 민사재판과 형사재판에 관한 내용만 알아도 상당히 많은 의문이 해결된다는 뜻이지요. 그뿐만이 아닙니다. 앞으로 설명할 재판이 진행되는 절차나 사건에 관한 판단 방법 등이 모두 재판의 종류와 관계가 있습니다.

한 가지 질문을 드리겠습니다. 민사재판이나 형사재판이라는 말은 들어본 적이 있지요? 설령 처음 듣더라도 민사民事와 형사刑事라는 글자에서 대략 뜻을 짐작할 수 있을 것입니다.

민사재판과 형사재판은 사건의 종류에 따라 재판을 구분하는 방법입니다. 그 외에도 행정재판, 가사재판, 소년재판 등이 있습니다. 하지만 민사재판과 형사재판이 가장 큰 비중을 차지하기 때문에 이를 구분하는 것이 핵심입니다.

민사재판이란 무엇인가

민사재판은 민사사건을 다루는 재판이고, 형사재판은 형사사건을 다루는 재판입니다. 이렇게만 이야기하면 말장난 같습니다. 그렇다면 민사사건이 무엇이고, 형사사건이 무엇인지 알아야 합니다. 사전적 정의를 살펴보면 다음과 같습니다.

> 민사사건: 사법私法에 의하여 규율하는 대등한 당사자 사이의 생활관계에 관한 사건
>
> 형사사건: 형법의 적용을 받게 되는 사건

사법이 적용되는 생활관계에 관한 재판이 민사재판이고, 형법이 적용되는 사건을 다루는 재판이 형사재판이라는 정도는 알 수 있습니다. 하지만 위의 정의만으로는 무슨 뜻인지 정확히 와닿지는 않습니다. 어쩌면 너무나 당연한 말이기에 의미가 체감되지 않는 것일 수도 있습니다. 그렇다면 우리의 할 일은 위에서 정의된 용어가 실제 사건에서 어떤 의미인지 알아보는 것입니다. 간단한 사례를 통해 생각해보겠습니다.

사례

30세의 직장인 A는 입사 동기인 B와 이야기를 하던 중 돈을 빌려달라는 부탁을 받았습니다. B는 A에게, 어머니가 중한 병에 걸

리셨는데 치료비가 모자란다, 그동안 자신이 버는 돈으로 병원비를 지급해왔는데 최근에 하신 큰 수술과 입원비 때문에 사정이 좋지 않다, 아버지는 안 계시고 친척들은 외면한다, 달리 돈을 구할 방법이 없다, 제2금융권에서 돈을 빌리는 것도 한계가 있다고 말합니다. 한숨을 푹푹 쉬면서 A에게 2,000만 원만 빌려달라고 간곡하게 부탁했습니다.

A는 돈이 없다고 할 수 없는 입장입니다. B와 가까이 지내면서 자신이 5,000만 원을 모았다는 이야기를 B에게 여러 번 했으니까요.

며칠의 고민 끝에 결국 A는 B에게 돈을 빌려주었습니다. B가 반드시 갚겠다는 약속을 수차례 했고, 그동안 지켜봐온 B는 정직하고 착실한 사람이었기 때문입니다. B의 사정이 안타깝기도 했고 진심으로 도움이 되고 싶은 마음이었습니다. B의 월급이 얼마인지, 씀씀이가 어느 정도인지 알았기에 1년 정도면 빌린 돈을 전부 갚을 것이라는 생각도 깔려 있었습니다.

하지만 약속한 기한이 되었는데도 B는 돈을 갚지 않았습니다. A는 독촉하면 괜히 껄끄러운 관계가 될 것 같아 아무 말 하지 않고 기다렸습니다. 하지만 두 달이 지나도 B가 돈을 갚지 않자 A는 답답한 마음에 빚을 갚으라고 넌지시 이야기하기 시작했습니다.

그리고 얼마 후였습니다. B는 갑자기 직장을 그만두고 사라졌습니다. A는 수소문 끝에 B를 찾았지만, B는 돈을 빌린 적이 없다면서 발뺌을 했습니다. A가 몇 차례 독촉했음에도 B는 돈을 갚지 않았습니다.

이야기가 길었나요? 어떤 사건을 서술할 때 문제 되는 법률적인 사실만 간단하게 말할 수도 있습니다. 'A는 B에게 2,000만 원을 빌려주었는데 B는 돈을 갚지 않았으며, 돈을 빌린 적이 없다고 주장한다'처럼 말입니다. 하지만 자세한 상황을 구체적으로 이야기하면 실제 사건처럼 받아들일 수 있습니다. 또한 내용 속에서 어떤 요소가 중요한지 살펴보게 됩니다. 복잡한 현실에서 법률적으로 필요한 요소를 뽑아내는 것이 법조인들이 하는 중요한 일 중 하나입니다.

앞의 사례에서 A는 곤란한 상황이 되었습니다. 만약 다시 B가 어디론가 사라지면 A는 돈을 영영 받을 수 없게 될지도 모릅니다. 빌려준 돈을 돌려받기 위해 A는 어떻게 해야 할까요? 맞습니다. 법원에 소송을 제기하면 됩니다. '소장'이라는 서류를 작성해서 법원에 제출하면 재판이 진행됩니다. 앞에서 언급한 민사사건의 정의를 한번 확인해보시기 바랍니다. 여기서 돈을 빌려주었는데 받지 못했다는 것이 바로 '사법이 적용되는 생활관계'입니다. 그렇기 때문에 민사사건이고, 민사사건을 다룬 재판이므로 민사재판입니다. 민사재판이 진행되는 절차를 민사소송이라고 합니다.

어떤 분들은 '사법이 적용되는 생활관계'가 무엇인지 궁금해할 것입니다. 간단하게 설명하면 글자 그대로 '공적인 지위가 아닌 사적인 지위에 관한 법'이 '사법'입니다. 민사재판은 그에 관한 권리나 법률관계를 다루는 것이지요. 예를 들자면 빌려준 돈을 받는 것, 집을 빌릴 때 집주인에게 지급한 보증금을 돌려받는 것, 다른 사람으로부터 매수한 땅이나 아파트의 소유권을 이전받는 것, 물건을 훔쳐 간 사람을 상대로 손해배상을 청구하는 것* 등입니다.

여기서 소송을 제기하는 주체는 개인이 아니라 단체나 회사일 수도 있습니다. 소송의 상대방도 마찬가지입니다. 대한민국이나 서울시같이 공적인 주체가 민사소송의 당사자가 되기도 합니다. 이때 대한민국이나 서울시는 공적인 지위가 아니라 사적인 지위에서 소송을 합니다. 대표적인 예가 '세월호' 사건의 피해자 유족들이 국가를 상대로 손해배상 소송을 제기한 것입니다. 소송의 상대방인 피고는 대한민국이지만 사적인 지위에서 민사소송의 당사자가 되지요. 민사재판의 의미는 형사재판을 살펴보면 더 명확히 알 수 있습니다.

앞서 살펴본 사례에서 A는 B를 상대로 빌려준 돈을 갚으라는 민사소송을 제기했고, 민사재판에 출석해서 결국 승소 판결을 받았습니다. 재판에서 B가 A로부터 돈을 빌린 사실을 인정했거든요. B는 미안하다면서 최대한 빠른 시일 내에 갚겠다는 말도 했습니다. 얼마 후 B는 약속한 대로 A에게 돈을 갚았습니다. 이자까지 덧붙여서 주었지요. 잠시 관계가 틀어지기는 했지만 B가 A에게 사과하며 용서를 구했고 마침내 두 사람은 화해했습니다.

형사재판이란 무엇인가

모든 분쟁이 이렇게 해결되면 얼마나 좋겠습니까. 만약 다음과 같

---

* 뒤에서 살펴보겠지만, 물건을 훔쳐 간 사람을 절도죄로 처벌하는 것과 구별됩니다.

은 상황이 벌어졌다고 가정해봅시다. B가 돈을 갚지 않으면서 계속해서 A를 피하는 것입니다. A는 점점 B가 거짓말을 했다는 생각이 듭니다. 아니나 다를까, 얼마 후 A는 B의 어머니가 중한 병에 걸리지 않았고 회사 내의 여러 사람들이 A와 똑같은 이유로 B에게 돈을 빌려주었다는 사실을 알게 되었습니다. B에게 돈을 빌려주었다는 사람이 무려 10명이나 됩니다. A는 B에게 사기를 당했다는 생각이 들어 너무 화가 나고 억울합니다. 이런 경우에 어떻게 해야 할까요?

이때도 A는 민사소송을 제기할 수 있습니다. 앞에서 말한 사례와 다른 점은 각기 다른 두 가지 이유로 민사소송을 제기할 수 있다는 것입니다. 하나는 빌려준 돈 2,000만 원을 갚으라는 내용으로 소송을 제기하는 방법입니다. 이를 대여금 반환 청구 소송이라고 합니다. 다른 하나는 B의 거짓말(기망), 즉 사기로 인한 2,000만 원의 손해를 배상하라는 내용으로 재판을 청구할 수도 있습니다. 이를 불법행위로 인한 손해배상 청구 소송이라고 합니다. 즉, A가 소송을 통해 얻으려는 바는 2,000만 원을 받는 것으로 똑같지만 그 이유를 다르게 주장할 수 있다는 말입니다.

A가 형사소송을 제기하면 된다고 떠올린 분이 많으리라 생각합니다. B가 사기라는 범죄를 저질렀으니까 형사재판을 받아야 한다고 여긴 것이지요. 그렇다면 A는 B를 상대로 형사소송을 제기할 수 있을까요? 민사소송과 마찬가지 방법으로 법원에 '소장'을 제출하여 B가 형법을 위반해서 사기죄를 범했으니 처벌해달라고 요청하면 형사재판을 받을 수 있을까요?

이것이 지금부터 살펴볼 문제입니다. 형사사건에 관한 정의를 다시 한 번 보시기를 바랍니다. 형사사건은 살인죄·절도죄 등과 같이 형법의 적용을 받는 사건입니다. 그렇다면 사기죄 역시 형법의 적용을 받는 사건이므로, 당연히 형사소송을 제기할 수 있는 것이 아닌가 생각할 수 있습니다. 하지만 무언가 이상하지 않나요?

A가 형사소송을 제기하는 일이 가능하다면, 매우 복잡하고 혼란스러운 상황이 될 수 있습니다. 예를 들어, A가 B를 상대로 형사소송을 제기했더니 이번에는 B가 A에게 한 대 맞은 적이 있다면서 A를 폭행죄로 처벌해달라고 형사소송을 제기하면 어떻게 될까요? A와 B는 서로 상대방이 범죄를 저질렀다고 주장하면서 끊임없이 싸우겠지요. 또는 A가 형사소송을 제기했더니 B가 도망간다면 어떻게 될까요? 판사들과 법원은 범죄를 저지른 사람을 찾아내고 잡아서 조사하다가 다른 업무를 못할 지경이 될지 모릅니다. 범죄를 저질렀는지 판단하는 본업을 시작하기도 전에 해야 할 일이 너무 많아집니다.

무엇보다 한 사람의 개인이 다른 사람을 처벌해달라고, 즉 사형이나 징역형으로 벌해달라고 청구하는 것이 옳은 일일까요? 어떤 사람이 거짓으로 청구를 해 다른 사람이 부당한 옥살이를 하는 경우가 생길 수도 있지 않을까요?

범죄를 저지른 사람을 처벌하는 권한을 형벌권이라고 합니다. 누군가를 처벌할 수 있다는 것은 어마어마한 권한입니다. 실제로 집행되지 않은 지 오래되기는 했으나, 우리나라는 사형 제도가 엄연히 존재합니다. 사형은 사람의 목숨을 빼앗는 형벌입니다. 징역형도 가볍게 볼 게 아닙니다. 10년의 징역형을 받아 교도소에 갇혀 사는 것은 한 사람의 인생을 완전히 뒤바꿉니다. 6개월만 징역을 살아도 그 기간을 견디기 쉽지 않습니다.

만약 형벌권의 발동을 자유롭게 허용하여 누구나 형사소송을 제기할 수 있다면 형사재판은 부지기수로 많아지고, 판사들이 해야 할 일은 말도 못하게 늘어나고, 그런 와중에 부당하게 누명을 쓰고 옥살이하는 사람이 생길 수 있을 것입니다.

이러한 문제 때문에 국가에서는 형벌권을 발동할 권한, 즉 형사소송을 제기할 권한을 일반 국민에게 맡기지 않습니다. 국가 자신이 그 권한을 가지고 있으면서 검사로 하여금 행사하게 합니다(국가소추주의).

자, 이제 드디어 검사가 등장했습니다. 우리나라는 다른 민주주의 국가와 마찬가지로 범죄를 저지른 것으로 의심받는 사람에 대하여 법원의 심판을 구하는 권한, 즉 형벌권의 발동을 공익의 대표자인 검사에게 맡겼습니다. 다시 말해 범죄를 저질렀다고 의심받는 이를 상대로 형사소송을 제기하여 그가 형사재판을 받도록 할 수 있는 사람은 오로지 검사밖에 없습니다. 이렇게 검사가 법원에 피고인의 처벌을 구하는 것을 공소제기 혹은 기소라고 부릅니다.

이는 피해자인 A가 직접 소송을 제기할 수 있는 민사재판과 가장 크게 다른 점입니다. 형사재판과 관련하여 A가 할 수 있는 일은 검사가 그러한 권한을 행사하도록 촉구하는 의미에서 B를 경찰이나 검찰에 고소하는 것입니다. 이를 '고소장'을 제출한다고 합니다. 민사소송에서 원고가 법원에 제출하는 '소장'과는 다릅니다. 검사들은 자신에게 접수된 사건을 조사하여 범죄 혐의가 확실한지, 처벌의 필요성이 있는지 판단합니다. 그러한 사건에 대해서만 형사소송을 제기하여 법원의 판결을 구하는 것이지요.

정리하자면 이렇습니다. 검사가 형법 등을 위반한 범죄의 혐의가 있는 사람에 대하여 법원에 재판을 청구한 것이 형사재판이고, 형사재판이 진행되는 절차가 형사소송입니다. 검사가 법원에 재판을 청구하는 것을 공소제기 혹은 기소라고 합니다. 그때 검사가 제출하는 서류는 '공소장'입니다. 앞의 사례(43쪽)에서 A는 B를 상대로 형사재판을 청구할 수는 없고, 경찰이나 검사에게 고소를 할 수 있을 뿐입니다.

차이점과 공통점

민사재판과 형사재판은 법원의 재판을 이루는 커다란 두 축입니다. 두 재판은 형식이나 절차에서 많은 점이 다르기 때문에 차이점을 한두 장의 내용으로 정리할 수는 없습니다. 하지만 가장 중요한 사항은 재판의 당사자, 즉 재판이라는 무대에 참여하는 등장인물이 다르다는 것입니다.

민사재판에는 원고와 피고가 있습니다. 민사소송을 청구하는 사람이 원고이고, 상대방이 피고가 됩니다. 이와 달리 형사재판에는 검사와 피고인이 있습니다. 민사재판에는 검사가 등장하지 않습니다. 간혹 드라마나 영화에서 피고와 피고인을 구분하지 못하는 경우가 있습니다. 양자를 거의 구분 없이 사용하고는 합니다. 하지만 피고는 민사재판의 당사자이고, 피고인은 형사재판을 받는 사람입니다. 완전히 다른 의미인 것입니다.

한편 피의자라는 용어도 있습니다. 피의자는 범죄 혐의가 의심되어 수사를 받고 있는 사람을 뜻합니다. 피의자로서 수사를 받다가 형사소송이 제기되면(즉, 검사가 공소를 제기하면) 피고인이 되는 것입니다. 형사재판을 받고 있는 사람을 피의자라고 부르는 것 또한 옳지 않습니다.

앞에서 언급한 사례(43쪽)에서 사기를 당한 A가 어떠한 법적인 지위를 갖는지 의문이 들 수도 있습니다. 우선 A는 사기의 피해자이고, 경찰이나 검찰에게 B에 대한 처벌을 촉구했으므로 고소인이기도 합니다. 또한 A는 민사소송을 제기하여 민사재판의 원고가 될 수 있습니다. 형사소송에서는 당사자가 아닌 증인이 될 수 있을 뿐입니다. 형사재판의 당사자는 검사와 피고인이니까요.

민사재판의 원고와 피고, 형사재판의 피고인은 변호사의 도움을 받아서 재판을 할 수 있습니다. 원고와 피고를 위하여 민사재판을 하는 변호사를 '소송대리인'이라 하고, 피고인을 도와 형사재판을 받을 수 있도록 하는 변호사를 '변호인'이라고 합니다.

갑자기 너무 많은 인물이 등장해서 혼란스러운가요? 복잡하면 이것만 기억하시면 됩니다.

민사재판에는 원고와 피고, 형사재판에는 검사와 피고인이 등장한다.

형사재판을 제기하는 권한이 누구에게 있는지, 검사의 역할이 무엇인지를 생각해보면 구분이 쉽습니다. 민사재판이든 형사재판이든 한 가지 중요한 공통점이 있습니다. 바로 법원이나 판사가 적극적으로 재판을 청구하지 못한다는 것입니다. 민사재판은 원고가 소제기를 해야 진행되고, 형사재판은 검사가 공소제기를 해야 진행됩니다. 억울하고 눈물 없이는 들을 수 없는 사연이 있고 피가 거꾸로 솟을 만한 중대한 범죄를 저지른 사람이 있어도, 원고와 검사가 재판을 청구하지 않으면 법원이 할 수 있는 일은 아무것도 없습니다. 어떤 사건에 대해, 그것이 민사사건이든 형사사건이든 재판을 할지 안할지 결정하는 건 법원이 아니라는 의미입니다. 그럼 처음의 질문들을 다시 보겠습니다.

"재판할 때 검사도 있는 것 아닌가요?"
"(언론에서 연일 보도되는 뇌물 사건을 이야기하며) 왜 이런 사건은 재판 안 해?"
"잘못한 사람들을 판사가 잡아다가 재판해야 하는 것 아니야?"

이제는 이런 질문이 어떤 점에서 판사가 하는 일을 오해하는지 알수 있습니다. 검사의 역할을 잘 알지 못하고, 판사와 검사의 역할을 혼동한 것이지요.

　과거 조선시대에는 형사재판에서 행정권(검사의 역할)과 사법권(판사의 역할)이 분리되지 않았습니다. 나쁜 놈을 잡아다가 재판을 받게 하는 일과 죄를 지었는지를 확인하고 곤장을 때릴지 감옥에 가둘지 결정하는 것을 모두 한 사람이 했습니다. 원님이나 사또가 재판을 한 옛날이야기들처럼 말입니다. 하지만 현대에는 이러한 권한이 분리되어 있습니다. 전자는 행정부의 한 부서인 법무부에 속하는 검사들이, 후자는 사법부에 속하는 판사들이 담당하는 것이지요.

4장

별로 친하지 않아요

수사의 시작

1부 3장에서 재판이 벌어지는 무대인 민사재판과 형사재판에 대해 알아보았습니다. 이번에는 조금 다른 사안을 통해 형사 절차가 어떻게 이루어지는지, 검사와 판사가 하는 일은 구체적으로 어떻게 다른지 살펴보겠습니다.

사례

A와 B는 먼 친척 관계입니다. 서로 얼굴과 이름은 알지만 교류 없이 지내다가 최근에 B가 A의 동네로 이사하면서 가까워지게 되었습니다. 두 사람은 모두 개인 사업을 하고 취미도 비슷했습니다. A와 B는 한 달에 한두 번 퇴근길에 커피숍에서 만나기도 하고, 계

절마다 한 번씩 골프를 치러 가기도 했습니다.

어느 날 B가 A에게 사업상 급하게 돈이 필요하다며 1억 원을 3개월 동안만 빌려달라고 부탁했습니다. 은행에서 돈을 빌리는 길이 잠깐 막혀 있지만, 곧 대출 심사를 받아 자금을 융통할 수 있다고 했습니다. 설령 대출 심사에 통과하지 못하더라도 집과 몇 채의 상가, 약간의 땅을 가지고 있으니 돈을 갚는 데는 아무런 문제가 없다고 말했습니다. 믿지 못하겠으면 자신이 가진 부동산을 담보로 제공하겠다고 했지요.

A는 은행에 1억 원을 예금으로 가지고 있었습니다. 사업상 현금이 필요한 경우를 대비해 보관하던 것인데, 사용할 일이 거의 없었습니다. 은행 예금의 이율은 극히 낮았으므로, 통장에 돈을 보관하는 것은 심리적 안정감은 주기는 해도 재산에 이익을 가져다주지는 않았습니다. 안 그래도 A는 자신이 가진 돈을 어떻게 굴려야 할까 고민하던 참이었지요.

며칠 동안 고민한 끝에 A는 B에게 매월 2퍼센트의 이자를 지급하면 돈을 빌려주겠다고 제안했습니다. B에게 한 달만 빌려주어도 월 200만 원의 이자를 받을 수 있으니 은행에 넣어두는 것보다 훨씬 낫겠다고 생각한 것이지요. B 역시 문제없다면서 흔쾌히 응했습니다.

A와 B는 1억 원의 돈을 월 2퍼센트의 이율로 빌려준다는 내용의 차용증서를 작성했습니다. 돈을 갚는 날은 3개월 뒤로 정했습니다. 물론 차용증서에 각자의 인감도장을 날인하고 인감증명서까지 첨

부했지요. 그 정도면 충분하다고 생각한 A는 B의 부동산을 담보로 받지는 않았습니다. 차용증서를 작성하고 나서 A는 B의 계좌로 즉시 1억 원을 송금했습니다.

B는 3개월 동안 A에게 200만 원의 이자를 꼬박꼬박 지급했습니다. 매달 1일에 A의 은행 계좌로 200만 원이 입금되었습니다. 하지만 약속한 3개월이 지나자 B의 말이 달라지기 시작했습니다. 반드시 돈을 갚을 수 있다고 호언장담하던 B는 아직 사정이 여의치 않으니 조금만 기다려달라고 했습니다. 약속한 기한에 빌려 간 돈을 갚지 않은 것입니다.

그럼에도 B는 A에게 이자에 해당하는 돈을 계속 지급했습니다. B는 3개월이 지난 후에도 매월 200만 원을 A에게 준 것입니다. A는 빌려준 돈 1억 원을 받지는 못했지만 매월 200만 원을 지급받을 수 있었기에 큰 불만은 없었습니다. B가 원금을 늦게 갚아도 약속한 이율에 따른 이자를 계속해서 지급한다면 A는 가만히 앉아서 돈을 버는 셈이니까요.

문제는 B가 갑자기 이자를 주지 않으면서 발생했습니다. B는 A를 피하기 시작했습니다. 전화도 잘 받지 않고 만나자고 해도 계속 딴청을 부렸습니다. A는 이러다가 1억 원을 돌려받지 못할 수도 있겠다는 생각에 조바심이 나서 B 모르게 그의 재산을 조사하다가 놀라운 사실을 알게 되었습니다. B가 사는 집은 B가 아니라 다른 사람의 명의였고, B가 말한 상가와 땅은 여러 개의 담보권이 설정되어 재산적 가치가 거의 없었던 것입니다.

B가 두 달이 넘게 돈을 한 푼도 주지 않자 화가 난 A는 경찰에 B를 고소했습니다. B가 돈을 갚을 능력과 의사가 없는 상태에서 돈을 빌렸으므로 사기죄에 해당하니 조사해달라는 것이었습니다.

A로부터 고소장을 접수받은 경찰은 A가 주장하는 사실이 맞는지 조사합니다. 우선은 A가 고소장과 함께 제출한 증거들을 검토하고 범죄의 의심이 들면 수사에 착수합니다. 경찰은 자세한 사정을 파악하기 위해 고소인 A를 경찰서로 불러서 사건이 일어난 경위를 물어봅니다. 대부분의 고소인들은 경찰서에 출석해 자신이 입은 피해에 대해 적극적으로 진술하려고 할 것입니다.

A(고소인)의 진술과 A가 제출한 증거를 통해 경찰은 B에게 범죄 혐의가 있다고 판단했습니다. 그리고 본격적으로 B에 대한 수사에 착수했습니다. 경찰은 여러 가지 방법을 동원하여 수사를 합니다. A와 B의 사이를 잘 아는 다른 사람에게 협조를 구해 그의 진술을 들을 수 있고(참고인 조사), B(피의자)를 직접 불러서 A가 말한 내용을 확인해볼 수도 있습니다(피의자신문). B가 돈을 갚을 능력이 있는지 확인하기 위해 B의 재산 상태를 직접 조사할 수도 있습니다.

여기서 문제는 B의 재산 상태를 확인하는 방법입니다. 경찰이 국민들에 관한 모든 정보를 가지고 있지는 않습니다. B의 돈은 예금이나 적금의 형태로 여러 은행에 보관되어 있고, B가 보유한 부동산은 등기소에 기록되어 있습니다. B가 사업을 하면서 1년에 어느 정도의 수입을 얻는지는 국세청에 세금을 내면서 제출한 자료에 포함되어 있을 것입니다. 아니면 B가 남들 모르게 집 안의 금고에 많은 액수의 현금과 금괴를 보관할 수도 있습니다. 이처럼 B는 여러 가지 방법과 형태로 재산을 가지고 있겠지요.

영장이 발부되는 절차

경찰이 B의 은행 계좌를 확인하고 싶다고 합시다. 경찰이 연락해 B의 계좌를 보여달라고 하면 은행에서 '네, 알았습니다' 하면서 보여줄까요? 절대 그렇지 않습니다. 은행은 그렇게 할 의무가 없고, 오히려 고객인 B의 개인 정보를 보호하려고 할 것입니다. 그러면 경찰은 어떻게 해야 할까요? 경찰이 은행으로부터 B의 계좌 정보를 얻기 위해서는 '영장'이 필요합니다. 여기서의 영장은 경찰에게 B의 계좌를 확인할 권한을 주는 서류입니다.

그렇다면 영장은 어떻게 받을까요? 담당 검사에게 달라고 이야기하면 될까요? 그러면 공익의 대표자인 검사가 필요한지 아닌지를 심사해서 경찰에게 영장을 줄까요? 그렇지 않습니다. 영장 발부를 결정하는 것은 법원입니다. 즉, 경찰로 하여금 B의 계좌를 볼 수 있도록 허락하는 권한은 법원이 가졌습니다. 영장의 발부는 법원과 판사가 맡은 중요한 역할 중의 하나입니다. 이 과정에서 검사는 법원에 영장을 청구하는 일을 합니다. 순서대로 정리하면 이렇습니다.

① 경찰이 B의 계좌를 확인하기 위해 검사에게 영장을 신청합니다.
② 검사는 신청서를 보고 영장이 필요한지 아닌지 판단해 법원에 영장을 청구합니다.
③ 법원은 검사의 청구를 보고 영장을 발부할지 결정합니다.

이렇게 영장을 받아서 수사하는 것을 강제수사라고 합니다. 흔히 통신 및 금융 자료 확인, 물건의 압수 및 수색, 신체의 구속과 체포 같은 것이 강제수사입니다. 이는 모두 경찰이 마음대로 할 수 없고 검사를 거쳐 법원의 영장을 받아야 하는 것입니다. 체포영장, 압수 및 수색영장이라는 말을 들어보셨을 것입니다. 물론 구속영장은 당연히 알고 계실 테고요.

경찰이 조사하려는 내용은 범죄의 종류에 따라 달라집니다. 음주운전이라면 혈중알코올농도를 알아야 하고, 다른 사람을 때려 다치게 한 혐의에 대해서는 상처 입은 부위에 관한 진단서를 확보하는 식으로 말입니다. 경찰은 이러한 과정을 거쳐 충분한 조사를 마친 후 피의자에게 어떠한 처분을 내릴지에 관한 의견(기소 의견 또는 불기소 의견)을 첨부해 검사에게 넘겨줍니다.

검사의 지휘와 수사권 독립

한편으로 '경찰이 법원에 직접 영장을 청구하면 안 되나요?'라는 의문이 들 수 있습니다. 경찰은 모든 수사에 관해 검사의 지휘를 받아야 합니다. 그렇기 때문에 법원에 직접 영장을 청구할 수 없습니다. 경찰은 이러한 제도에 불만을 나타내기도 합니다. 경찰의 입장에서는 영장이 필요할 때마다 검사에게 신청하는 일이 번거로울 수도 있고, 검사의 지시와 상관없이 수사하고 싶은 욕심도 있을 것입니다. 경찰이 '수사권의 독립'을 주장하는 한 가지 이유입니다.

이와 달리 경찰의 수사권 독립에 반대하는 사람들은 경찰이 수사권을 남용할 우려가 있음을 경계합니다. 경찰은 검사보다 훨씬 인원이 많고 국민의 실제 생활에 좀 더 직접적으로 맞닿아 있습니다(평소에 검사는 보기 어려워도 경찰은 자주 봅니다). 그런 경찰이 검사의 지휘를 받지 않고 자신이 가진 권한을 부당하게 활용한다면 국민의 신체와 재산을 침해할 수 있기 때문입니다. 얼마 전 논란이 된 '버닝썬' 사건에서 이 문제가 부각되기도 했습니다.

앞서 말한 사례(50쪽)에서 경찰은 B에게 가진 돈보다 갚아야 할 돈이 훨씬 많음을 알아냈습니다. 뿐만 아니라 B가 금융기관으로부터 대출 심사를 받는다고 말한 것은 거짓임을 확인했습니다. 경찰은 B에게 사기 혐의가 있다고 판단해서 B의 사기 혐의를 기소 의견으로 첨부해 검찰에 사건을 보냈습니다. 즉, B의 사기 혐의에 관해 공소를 제기하는 것(기소, 다시 말해 형사재판을 하는 것)이 타당하다는 의견을 밝힌 것이죠.

검사의 기소독점주의

검사는 피의자 B의 사기 혐의에 관한 사건을 배당받습니다. 이제 검사는 사건을 검토해서 공소제기 여부를 결정해야 합니다. 앞에서 본 것처럼 국가의 형벌권을 발동하는 권한은 검사에게 있습니다. 쉽게 말해 범죄를 저지른 혐의가 있는 이에 대해 재판을 청구할 수 있는 사람은 오로지 검사밖에 없습니다.

여기서 문제가 되는 것이 검사의 역할이자 권한입니다. 공소제기에 관한 권한은 중요하고도 막강한 것입니다. 검사가 그러한 권한을 독점한다는 의미고요. 이를 기소독점주의라 합니다. '독점'은 '혼자 차지하고 있다'는 것이지요. 누군가가 무언가를 독점하면 권한이 막강해집니다. 그것이 아무리 사소한 물건이라고 할지라도 말입니다.

예를 들어 연필을 만드는 권한을 한 회사가 독점했다고 해봅시다. 그 회사가 국민이 원하는 연필을 필요한 수량만큼 만들어 적당한 가격에 판매한다면 아무런 문제가 없습니다. 하지만 질이 좋지 않은 연필을 만든다든지, 아니면 수량을 조금만 만들어서 아주 비싼 가격에 판매한다면 국민들은 많은 피해를 입게 됩니다.

연필을 만드는 권한이 그러할진대 공소제기를 독점하고 있으면 어떻겠습니까? 무거운 잘못을 저지른 사람은 내버려두고 가벼운 잘못을 저지른 사람만 기소한다거나, 잘못한 이에 대해서 충분하지 않은 증거를 가지고 기소한다면 국민의 신체의 자유와 재산권 등의 기본권은 중대하게 침해될 것입니다.

검사의 기소편의주의

검사의 기소독점주의는 기소 여부를 결정하는 권한과도 연결됩니다. 즉, 기소에 관한 권한을 독점하는 검사는 어떤 사건에 관해 기소를 하지 않는 것도 결정할 수 있다는 말입니다. 심지어 범죄 혐의가 인정되는 부분에 대해서도 기소하지 않을 수 있습니다(기소유예 처분). 이렇게 검사가 자신의 재량에 따라 기소를 할지 말지, 여러 개의 혐의 중에서 어떤 부분은 기소를 하고 다른 부분은 안 할지를 결정할 수 있는 것을 기소편의주의라고 합니다.

기소편의주의 역시 막강한 권한입니다. 검사는 범죄 혐의가 있는 사람을 기소하지 않거나 여러 가지 잘못 중 일부만 기소할 수도 있습니다. 검사만이 기소를 할 수 있으니까요. 앞서 말했듯이 검사가 기소를 하지 않으면 법원이 재판 자체를 할 수 없음은 물론입니다. 이처럼 한 사람 한 사람의 검사는 공소제기에 관한 막강한 권한을 가지고 있습니다. 그러한 검사들이 모인 조직이 검찰이고요. 검사가 조금 달리 보이지 않나요? 역사적으로 검찰이 막강한 권한을 남용하는 사례가 없지는 않았습니다. '털어서 먼지 안 나오는 사람은 없다'는 식으로 전면적인 표적 수사를 해서 작은 잘못을 문제 삼기도 했고, 권력이나 돈을 가진 사람의 편이 되어 중대한 범죄 혐의가 있음에도 기소하지 않는 경우도 있었습니다.* 대부분의 검사가 그렇지는

---

* 불기소에 대한 권리구제 방법으로는 항고, 재정신청, 헌법소원이 있습니다.

않습니다만, 어쩌다 한두 명이 자신의 권한을 오용하거나 남용했던 거지요. 사회 곳곳에서 '검찰 개혁' 이야기가 나오는 것은 검사의 이러한 권한을 조금 줄이자는 말입니다.

앞의 사례에 등장한 검사는 어떻게 사건을 처리했을까요? 검사는 경찰이 보낸 자료를 검토하다 이상한 점을 발견합니다. 경찰이 수사한 시점에는 B가 가진 재산보다 빚이 더 많았지만 A로부터 돈을 빌리던 때는 충분한 재산이 있는 것으로 보였거든요. 게다가 B가 6개월 동안 꾸준하게 200만 원씩 지급한 사실도 확인했습니다. 검사는 B에게 사기의 의도가 있었던 것인지 확신이 서지 않았습니다.

이에 검사는 사건을 조금 더 수사합니다. B의 재산 상태와 사업이 진행되는 상황 등을 면밀히 조사합니다. 잠시 주춤했던 B의 사업이 다시 잘 진행되고, B가 최근에 A에게 그동안 밀린 이자 중 일부를 지급했다는 사실도 확인했습니다. 대출 심사에 관하여 거짓말은 했지만, 그 이후 금융기관으로부터 사업 자금을 대출받았음을 밝혀냈습니다.

결국 검사는 B가 돈을 갚을 능력과 의사가 있었다고 판단해서 B를 기소하지 않기로 결정합니다(혐의 없음 처분). 증거가 충분하지 않다는 이유로 말입니다. 이처럼 검사는 국가의 형벌권을 발동시킬 필요가 있는지 최종적으로 결정합니다.

만약 검사가 B에게 사기 혐의가 있다고 판단했다면 어떻게 했을까요? 검사는 B를 사기 혐의로 공소제기 합니다. 여기서 공소제기의 방식은 크게 두 가지입니다. 하나는 약식재판이고 다른 하나는 정식재판입니다. 정식재판은 우리가 흔히 아는 법정에서 이루어지는 형사재판입니다. 이와 달리 약식재판은 법정에서 재판을 하지 않고 서류를 통해서 벌금 등을 결정하는 방식입니다. 무면허 운전, 음주 운전, 폭행과 같은 비교적 가벼운 범죄들에 대해서 벌금형으로 처벌하려는 경우 약식재판으로 이루어집니다. 물론 이러한 범죄도 정도가 심하거나 자주 반복되면 정식으로 형사재판을 받게 됩니다.

어떤 방식으로든 공소가 제기되면 B는 피의자에서 피고인 신분이 됩니다. 앞에서 피의자와 피고인을 구별해야 한다고 말씀드린 것 기억하시나요? 어떤 분들은 그게 그거 아니냐고 반문했을지도 모릅니다. 어차피 범죄를 저질렀는데 재판을 하는지 안 하는지의 차이만 있을 뿐이라고 생각하면서 말입니다.

그렇지만 피의자와 피고인은 구분이 필요합니다. 왜냐하면 모든 피의자가 피고인이 되는 것은 아니기 때문입니다. 어떤 사람이 피의자로서 경찰이나 검사로부터 조사를 받더라도, 검사가 범죄 혐의가 없거나 증거가 충분하지 않다고 판단해서 공소제기를 하지 않으면 피고인이 되지 않습니다. 앞선 사례의 B처럼 말이지요. 그러니까 뉴스나 신문에서 피의자라는 용어가 나오면 그 사람은 아직 재판을 받고 있지 않은 것입니다. 장차 재판을 받을 수도, 받지 않게 될 수도 있고요.

법원과 검찰의 관계

여기서 한 가지만 짚고 넘어가겠습니다. 검사는 사법부 소속일까요? 많은 사람들이 검사와 검찰 조직이 법원과 같은 사법부 소속이라고 알고 있습니다. 하지만 검찰은 법무부에 속하고, 법무부는 행정부의 한 부서입니다. 검사가 준사법기관이기는 하지만, 사법부와 같은 조직에 있는 것이 아닙니다.

법원과 검찰청 건물이 나란히 있고 판사와 검사가 모두 공무원이다 보니 전부 사법부에 소속되어 서로 협력하여 재판한다고 생각하기 쉽습니다. 하지만 판사가 속한 사법부와 검사가 속한 법무부는 별개의 조직이고, 판사와 검사는 법정이 아닌 이상 만날 일도 없습니다. 법원과 검찰은 협력하기보다는 견제하는 관계에 가깝습니다. 삼권분립에서와 마찬가지로 사법부와 행정부 간 견제와 균형의 원리가 작동하는 것입니다.

법원의 입장에서는 검찰이 권한을 남용하지 않도록 제어하려고 합니다. 예를 들어 검사가 신청하는 영장이 수사에 필요한지, 필요하다면 그 범위(영장을 집행하는 시간이나 장소 등)가 적정한지 판단합니다. 검찰이 하는 일을 의심의 눈초리로 보는 것이지요. 검찰이 신청하는 영장을 100퍼센트 발부해주는 판사는 '자동판매기'라고 조롱받기도 합니다.

검찰은 법원에 의해 수사를 방해받거나 무죄판결이 나오는 일이 싫습니다. '검사가 나쁜 일을 하는 것도 아니고 범죄 수사에 필요해서 요청하는 건데, 또는 우리가 제출한 증거만으로 유죄가 충분한데 법원이 까다롭게 군다'고 생각하기도 합니다. 어떤 사건을 수사하다가 필요하다고 판단하여 구속영장을 신청했는데 판사가 발부하지 않으면 수사에 큰 차질을 입을 수도 있습니다. 검사는 그런 예기치 않은 상황을 피하고 싶어 합니다.

풍문일지 모르지만 검사들이 판사의 성향을 시험해본다는 이야기가 종종 들립니다. 신규 임용되거나 새로운 임무를 맡게 되어 영장실질심사(구속영장 발부 여부를 판단하는 절차)를 하는 판사에게 애매한 사건을 보냅니다. 이때 구속영장을 발부하는지 안 하는지를 지켜보면서 판사의 성향을 파악하는 것이지요. 그래서인지 제가 처음 담당한 구속영장도 애매한 사건이었습니다. 이에 대해서는 구속영장에 관한 부분에서 살펴보겠습니다(1부 7장 참고).

5장

법정부터
다르다

민사법정에 가다

앞서 재판의 종류와 등장인물을 보았습니다. 이번 장에서는 법정이라는 무대를 살펴볼까 합니다. 재판의 종류에 따라 등장인물이 다른 것처럼 민사법정과 형사법정은 구조가 다릅니다. 법정의 구조는 재판이 어떻게 진행되는지와 밀접한 관련이 있습니다. 공연에 따라 무대장치가 달라지는 것처럼 말이지요.

먼저 민사법정으로 가봅시다. 그림 1에서 알 수 있듯이 당사자들인 원고와 피고가 판사를 마주 보고 나란히 앉습니다. 이는 '서로 싸우지 마시고 판사에게 말씀해보세요'라는 의미가 있습니다. 원고와 피고가 감정이 상할 대로 상한 상태에서 얼굴을 보고 손가락질하며 잘잘못을 따지는 것이 아니라, 각자의 사정을 판사에게 이야기하는 방식입니다.

그림 1 민사법정의 평면도.*

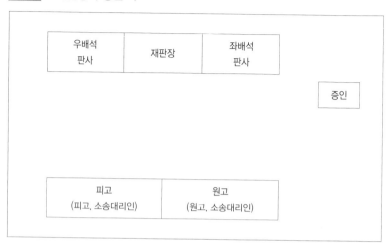

우배석 판사	재판장	좌배석 판사

증인

피고 (피고, 소송대리인)	원고 (원고, 소송대리인)

이러한 구조는 민사소송 절차와 관련이 있습니다. 민사소송의 대원칙 중 하나는 당사자들인 원고와 피고가 자신에게 유리한 사실을 직접 주장하고 증거를 제출해야 한다는 것입니다(변론주의). '어떠어떠한 사건이 있었으니 알아서 판단해주세요'가 아니라, 어떤 이유로 자신에게 청구권이 있는지 주장하고, 그에 맞는 증거를 제출해야 합니다. 실제로는 권한이 있음에도 잘못된 주장을 하거나 증거를 제출하지 못하면 소송에서 지게 됩니다.

당사자들이 권리를 주장하고 증거를 제출하는 것은 법원을 향한 행동입니다. 상대방 당사자, 즉 원고는 피고에게, 피고는 원고에게

---

* 〈법정 좌석에 관한 규칙〉에 법정의 평면도가 포함되어 있지만 실제 구조와는 조금 다릅니다.

주장하거나 증거를 제시하는 방식이 아니라는 말입니다. 그래서 원고와 피고는 나란히 앉아 동등한 입장에서 판사와 마주 보고 자신의 이야기를 합니다.

저는 초등학생 아이 두 명이 있습니다. 아이들은 잘 놀다가도 별것 아닌 일로 싸우고 화를 냅니다. 그러면 제가 가서 물어봅니다.

저: 또 싸우는 거야? 왜 싸워?

첫째: 동생이 자꾸 괴롭혀요.

둘째: (첫째에게 버럭 화를 내며) 아니야, 누나 왜 거짓말해. 내가 언제 괴롭혔어? 누나가 날 괴롭혔지.

첫째: (둘째에게 목소리를 높이며) 내가 언제 그랬어? 네가 내 옆으로 와서 어깨를 밀쳤잖아.

둘째: (첫째에게 화를 내며) 아니야. 안 그랬어. 난 그냥 지나간 것뿐이야.

첫째: (눈물을 찔끔 흘리고 둘째를 쳐다보며) 거짓말쟁이. 너는 완전 나쁜 거짓말쟁이야.

둘째: (인상 쓰면서) 누나가 더 나빠. 누나가 거짓말쟁이야.

어떤 그림인지 상상이 되나요? 중간에서 말리려고 했지만 오히려 싸움이 커집니다. 상대방이 잘못했다고 주장하면서 울고불고합니다. '애들이 그렇지'라고 웃으면서 이야기할 것이 아닙니다. 법정에서는 이와 비슷한 일이 매일 벌어지거든요. 원고가 판사에게 말을 하는데, 피고가 끼어듭니다. "(원고를 보면서) 거짓말하지 마. 입만 열면 거짓말이야." 원고도 가만히 있지 않습니다. "(피고에게 손가락질하며) 당신은 그러면 못 써. 그렇게 살지 말고 똑바로 살아." 그러면서 싸우기 시작합니다.

이는 옳지도 않고 그럴 필요도 없습니다. 당사자와 소송대리인은 하고 싶은 말이 있으면 발언 기회를 얻어 판사에게 이야기하면 됩니다. 판사는 당사자들이 어떤 이야기를 하는지 들을 뿐이지 곧이곧대로 믿지는 않습니다. 판사가 누군가의 이야기를 들으며 고개를 끄덕인다고 해서 그 사람의 주장이 옳다고 생각한다는 의미는 아닙니다. 그러니까 상대방과 싸우지 말고 판사에게 하고 싶은 말을 하면 충분합니다.

이처럼 민사재판은 소송의 상대방에게 하고 싶은 이야기를 하는 방식이 아니라 각자 판사에게 이야기하는 형식입니다. 소송대리인인 변호사는 당사자의 옆에서 주장을 잘할 수 있도록 도와줍니다. 민사법정의 구조는 이러한 형식을 바탕으로 한 것입니다. 서로 감정이 상하지 않으면서 자신의 권리를 주장할 수 있도록 말입니다.

형사법정에 가다

이번에는 형사법정을 살펴보겠습니다. 그림 2에서 알 수 있듯이 민사법정의 당사자들과 달리 형사법정의 당사자인 피고인과 검사는

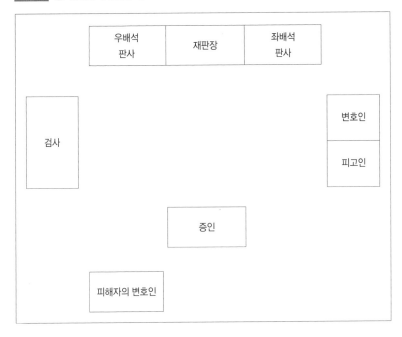

그림 2 형사법정의 평면도.

멀찌감치 떨어져서 마주 보고 앉습니다. 피고인을 변호하는 변호인
은 피고인 바로 옆에 앉습니다. 판사와 마주 보는 곳에도 자리가 하
나 마련되어 있는데 증인석입니다. 형사재판에서 판사를 보면서 말
하는 사람은 증인밖에 없는 셈입니다. 다만 피고인도 피고인신문을
하게 되면 피고인석에서 증인석으로 옮겨 앉습니다.

2007년 이전의 법정은 구조가 달랐습니다. 판사를 중심으로 오른
쪽에는 검사가, 왼쪽에는 변호인이 앉는 것은 지금과 같았습니다.
하지만 피고인이 판사를 마주 보고 앉았습니다. 증인석은 피고인 측
과 검사 측에 별도로 마련되어 있었습니다.

이렇게 피고인이 판사의 맞은편에 앉는 구조는 피고인이 큰 잘못을 저질러 심판받는 것처럼 보입니다. 또한 변호인은 피고인 근처가 아니라 조금 떨어져 있습니다. 마치 변호인이 피고인 편이 아니라 객관적인 입장에서 변론하듯 말입니다.

또한 1999년 이전에는 검사석이 판사석 옆에 위치했다고 합니다. 검사석은 판사석보다 높이는 조금 낮았지만 법대 위에 있어서 피고인과 변호인의 자리에서는 올려다봐야 했습니다. 피고인이 보기에 검사에게 심판받는 느낌도 들고, 검사로부터 지금보다 더 큰 위압감을 받았다고 합니다. 판사와 검사가 나란히 앉아 있으니 협력해서 피고인을 재판하는 모습처럼 보이기도 했습니다.

현재의 형사법정은 피고인이 검사와 마주 보며, 변호인은 피고인의 옆에 앉습니다. 피고인과 검사가 대립하는 형태이고 변호인은 피고인을 도와주는 모습입니다. 형사 피해자 보호의 필요성이 높아짐에 따라 피해자 변호인석도 만들었습니다.

이러한 구조는 무죄 추정의 원칙과 형사재판의 당사자주의에 따른 것입니다. 피고인은 무죄로 추정되기 때문에 판사의 맞은편에 앉아 심판받는 것이 아니라, 피고인의 유죄를 주장하는 검사의 반대편에 앉습니다. 과거의 법정이 피고인을 법정의 가운데 두고 판사, 검사, 변호사가 모여서 피고인의 잘못을 논의하는 모습이라면(직권탐지주의적 요소), 지금의 법정은 검사가 무죄 추정을 받는 피고인의 처벌을 주장하고, 판사가 그 말이 맞는지 지켜보는 형태이지요.

형사재판에서 피고인의 유죄 입증에 관한 모든 책임은 검사에게 있습니다. 때로는 판사가 개입해서 증거를 파악하기도 합니다만, 형사재판의 기본 형태는 검사와 피고인이 당사자로 대립하는 구조입니다(당사자주의적 요소).

증인 역시 예전과 달리 판사를 보며 증언합니다. 과거에 피고인 측과 검사 측에 별도의 증인석이 있었던 것과 다르게 양측 증인이 모두 같은 자리에서 증언을 합니다. 선서한 증인은 누구의 편을 들지 않고 객관적인 입장에서 자신이 기억하는 사실만을 말해야 한다는 이상을 바탕으로 합니다.

참고로 국민참여재판은 일반적인 형사법정과 법정 구조가 다릅니다. 검사와 피고인이 마주 보고 앉는 것은 동일하지만 검사석과 판

그림 3 **국민참여재판의 법정 구조.**

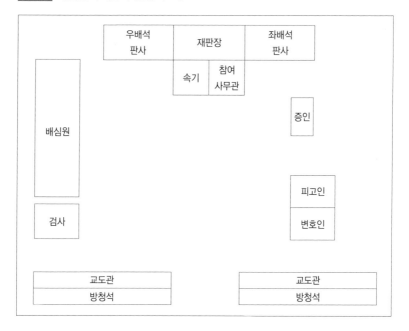

사석 사이에 배심원석이 있고, 그 맞은편에 증인석이 있습니다. 배심원이 증인들의 얼굴을 직접 보면서 증언의 신빙성을 판단하는 것이지요.

국민참여재판은 국민이 형사재판에 배심원으로 참여하는 제도인데, 중요한 두 가지 특징만 간단하게 말씀드리겠습니다. 첫째, 국민참여재판은 모든 사건을 대상으로 하는 것이 아니라 살인, 강도, 강간 등의 강력범죄와 뇌물죄 등 중한 사건으로 한정됩니다. 또한 피고인이 국민참여재판에 동의하는 경우에만 진행됩니다. 법원의 통계*에 따르면 2008년 1월부터 시행된 이래 2017년 12월까지 10년간 국민참여재판 대상 사건 중 1.96퍼센트만이 실행되었다고 합니다.

둘째, 배심원단의 유무죄에 대한 결정에 직업법관이 기속되지 않고, 단지 권고적 효력만 있을 뿐입니다. 하지만 배심원의 평결 결과와 다른 판결을 선고하는 때는 판결서에 그 이유를 기재해야 하기 때문에 강한 권고적 효력을 가지는 것으로 이해할 수 있습니다. 앞의 통계에 따르면 2008년부터 2017년까지 10년간 배심원단의 평결과 직업법관의 판결이 일치하는 비율은 93.2퍼센트라고 합니다.

---

* 법원행정처, 〈2008~2017년 국민참여재판 성과 분석〉.

재판 방청을 가보자

재판 방청은 재판 절차와 법조인의 역할을 이해하는 가장 좋은 방법입니다. 저는 사법연수원에 들어가고 나서 처음 법정에 가보았습니다. 실제 재판이 진행되는 현장을 보니 교과서로 보는 것과 달랐습니다. 법률문제가 더 입체적이고 실감 나게 다가왔습니다.

책에서 보던 법률 이론은 밋밋하고 지루하기 그지없었지만, 현실의 법정에서 일어나는 사건은 긴장과 절박함이 느껴졌습니다. 진즉에 재판을 방청했다면 법 공부를 하는 데 많은 도움이 되었겠다고 생각했습니다. 특히 민사소송법이나 형사소송법 같은 절차법은 배워서 이해한 바와 재판을 직접 보는 것이 천양지차입니다.

방청하기에는 민사재판보다 형사재판이 더 좋습니다. 형사재판의 경우 복잡한 재산범죄가 아닌 이상 사전 지식이 없어도 쉽게 이해할 수 있습니다. 1부 7장에서 자세히 살펴보겠지만, 사건이 시작될 때 검사는 피고인에 대한 공소사실과 죄명, 적용 법조를 이야기합니다. 그것만 잘 들어도 피고인이 어떤 이유로 재판을 받는지 쉽게 알 수 있습니다.

대부분의 법원에는 방청 프로그램이 있습니다. 예를 들어 우리나라에서 가장 규모가 큰 서울중앙지방법원에서는 표 2와 같은 법정 견학 및 재판 방청 프로그램을 운영합니다. 법원을 지나가는 길에 또는 집 근처에 있는 법원에 들어가보세요. 재판을 방청하러 왔다고 이야기하면 친절히 안내해줄 것입니다.

표 2 서울중앙지방법원 재판 방청 프로그램 일정 및 내용.

구체적인 일정은 법원 사정이나 신청자들의 관심 사항 등에 따라 게시된 내용과
다르게 운영될 수 있습니다.

집합	13:00	서울법원종합청사 2층 중앙 로비	담당 직원
사전 설명	13:10~14:00 (50분)	법원 및 사법에 관한 기본 내용 설명, 방청 시 유의 사항 공지	지도 법관
재판 방청	14:00~14:50 (50분)	민사사건 방청	담당 직원
재판 방청	15:00~15:50 (50분)	형사사건 방청	담당 직원
방청 사건 토론	16:00~17:00 (60분)	유무죄 평의 등 방청 사건에 대한 자율적 토론 진행, 질의 및 응답	지도 법관
수료식	17:00~17:20 (20분)	간략한 소감 발표 수료증 교부	지도 법관 및 직원
참관 후기 작성	귀가 후		

6장

아이들 싸움과 다를 바 없다

주장의 정리

복잡한 재판 절차를 간단하게 말씀드리기는 어렵습니다만, 판사가 법정에서 하는 일을 중심으로 민사재판이 어떻게 진행되는지 조금만 살펴보겠습니다.

여러분은 지금 민사 합의재판이 진행되는 법정에 있습니다. 소송을 제기한 후 첫 번째 재판이 열리는 날입니다. 합의재판은 판사 세 명이 합의부를 구성하여 진행하는 재판을 말합니다. 법대에 있는 세 명 중 가운데 앉아 있는 사람이 재판장이고, 재판장을 기준으로 오른쪽이 우배석 판사, 왼쪽이 좌배석 판사입니다. 이와 달리 판사 한 명이 재판을 하는 경우도 있습니다. 이를 단독재판이라 하고, 재판을 하는 판사가 재판장이 됩니다.

재판장이 사건 번호를 말하면 당사자는 앞으로 나가 각자 자리에 앉습니다. 변호사는 민사재판의 필수 등장인물은 아닙니다. 변호사인 소송대리인 없이 당사자 혼자서 재판을 받는 경우도 적지 않습니다. 재판장은 당사자의 출석을 확인한 후 원고 측에 묻습니다.

"무슨 이유로 소송을 제기하였나요?" 또는 "청구원인을 말씀해 보시겠습니까?"

판사의 입장에서는 이렇게 묻는 것이 당연하게 생각됩니다만, 재판을 하다 보면 당사자들에게서 질문이 나오기도 합니다. "민사소송을 제기하면서 낸 서류(소장)에 이유를 적었는데, 왜 다시 물어보는 것인가요?"

맞습니다. 소장에는 소송을 제기한 이유가 적혀 있고, 재판장은 원고가 제출한 소장을 이미 검토했습니다. 하지만 그럼에도 다시 물어봅니다. 법정에서 구술로 변론을 해야 한다는 원칙에 따른 것이기도 하지만(구술주의), 당사자들의 주장을 다시 한 번 확인하고 정리하기 위함입니다. 이것이 재판장의 첫 번째 역할입니다. 뒤에서 하나씩 살펴보겠지만, 재판장이 법정에서 하는 일은 크게 ① 주장의 정리, ② 쟁점의 정리, ③ 증거조사의 세 단계로 이루어집니다.

당사자들의 주장을 정리하는 이유는 여러 가지입니다. 소장을 통해 검토한 내용을 확인하거나 환기하는 차원에서 물어볼 때도 있고, 소장에 적힌 내용만으로는 주장이 명확하지 않아서이기도 합니다. 아니면 원고가 얼토당토않은 주장을 했을 수도 있습니다.

원고가 다음과 같은 내용의 소장을 제출했다고 가정해봅시다.

> 피고는 재산도 없고 돈을 갚을 생각도 없으면서도 반드시 갚겠다고 거짓말을 하며 3억 원을 빌려갔습니다. 피고가 아직까지 돈을 지급하지 않은 것을 보면 피고는 사기를 쳤다고 할 것입니다. 피고에게 빌려준 돈 3억 원과 그에 대한 이자를 지급받기 위해 소송을 제기합니다.

소장의 내용만 봐서는 원고의 주장이 정확히 무엇인지 파악하기 어렵습니다. 빌려 간 돈을 달라는 것인지(대여금 반환 청구), 아니면 기망 행위(사기)로 인한 손해액을 배상해달라는 것인지(불법행위로 인한 손해배상 청구) 분명하지 않습니다. 이러한 경우 재판장은 원고에게 어떤 청구를 하는 것인지 명확하게 주장하라고 말합니다.

당사자의 주장을 정리하는 중요한 이유가 또 있습니다. 법원은 당사자들이 주장한 사실만 판단하기 때문입니다. 당사자가 자신에게 유리한 사실을 주장하지 않으면 그 사실은 없는 것으로 취급됩니다. 이를 법률 용어로 '변론주의'라고 합니다. 또한 법원은 당사자가 청구하는 범위 내에서만 판단을 할 수 있습니다. 불법행위로 인한 손해배상을 청구했는데, 이를 대여금 반환 청구로 판단할 수 없다는 의미입니다. 이를 '처분권주의'*라 합니다.

---

* 넓은 의미의 변론주의에 포함됩니다(이시윤, 《신민사소송법 제2판》, 박영사, 2004년, 274쪽).

변론주의와 처분권주의에 따르면 당사자가 이길 것이 분명한 사안인데도 주장을 제대로 하지 못해 패소하는 경우가 발생합니다(변호사의 도움을 받는 이유이지요). 신체나 재산에 피해를 입은 사람이 아무런 권리구제를 받지 못하는 상황이 벌어질 수도 있습니다. 이를 보완하기 위해 재판장은 당사자에게 주장을 명확하게 밝힐 것을 명령할 수 있습니다. 이를 '석명권'이라고 합니다. "원고가 주장하는 바를 명확하게 해주십시오" 또는 "지금 원고가 주장하는 것은 이러한 의미인가요?"와 같이 질문해서 주장을 정리합니다.

그렇지만 석명권의 행사가 변론주의를 위반해서는 안 됩니다. 주장이 분명하지 않을 때 어떤 내용인지 명확하게 할 수는 있지만, 새로운 주장을 유도하거나 암시하는 것은 옳지 않습니다. 재판장이 당사자 중 어느 한쪽의 편을 드는 결과가 되어버리니까요. 재판을 하는 변호사들은 재판장이 지나친 석명권을 행사해서 상대방 편을 든다는 불만을 제기하기도 합니다.

쟁점의 정리

소송을 제기한 이유를 물어보는 판사의 질문에 원고가 '피고는 돈을 빌려 가서 갚지 않았습니다. 피고가 사기를 쳤다는 게 아니라, 빌려 간 돈을 갚으라고 청구한 것입니다'라고 대답했다고 합시다. 그럼 재판장은 피고 측에 말합니다.

"피고 측 의견은 어떤가요?" 또는 "피고는 답변하시기 바랍니다."

이는 피고의 주장을 정리하는 것입니다. 원고의 주장에 대한 피고의 답변을 듣기 위함입니다. 이 과정에서도 변론주의가 적용되고 재판장은 석명권을 행사할 수 있습니다. 재판이 어떻게 흘러갈지는 지금부터가 중요합니다. 피고 측은 이렇게 답할 수 있습니다.

① 돈을 빌린 적이 없습니다.

상대방의 주장을 인정하지 않는다는 것입니다. 하지만 피고는 다음과 같이 대답할 수도 있습니다.

② 돈을 빌린 것은 맞지만, 아직 갚을 때가 되지 않았습니다.
③ 돈을 빌린 것은 맞지만, 원고가 갚지 않아도 된다고 했습니다.
④ 돈을 빌린 것은 맞지만, 제가 원고로부터 받을 임대차 보증금이 있어서 서로 없는 셈 치기로 했습니다.

①과 ②, ③, ④의 대답이 확연하게 다르지 않나요? ②, ③, ④는 '돈을 빌린 것은 맞지만'으로 시작합니다. ①은 원고가 주장하는 사실을 인정하지 않는다는 것이고 ②, ③, ④는 원고가 주장하는 사실은 인정하지만 피고가 다른 사유를 새롭게 주장하는 것입니다.

이처럼 당사자들의 주장을 정리하다 보면 어떤 점에서 서로 다른

지를 확인할 수 있습니다. 여기서 재판장의 두 번째 역할이 나옵니다. 쟁점을 정리하는 것입니다. 법률 용어로 ①과 같은 주장을 '부인'이라고 하고 ②, ③, ④와 같은 주장을 '항변'이라고 합니다. 부인과 항변을 구분하는 것은 민사재판의 핵심입니다. 누가 어떤 사실을 증명하는지의 문제와 연결되기 때문입니다.

만약 피고가 ①처럼 답변했다고 합시다. 그러면 원고가 자신이 주장하는 '돈을 빌려주었다'는 사실을 증명해야 합니다. 이와 달리 피고가 ②, ③, ④처럼 답변했다면 피고가 자신이 주장하는 사실을 증명해야 합니다. 즉, 아직 갚을 때가 되지 않았다거나(②) 원고가 갚지 않아도 된다고 했다거나(③) 받을 돈이 있어서 서로 없는 셈 치기로 했음(④)을 증명해야 하는 것이지요. 민사재판에서는 주장하는 자가 그 사실을 입증해야 하는데, 이처럼 누가 어떤 사실을 증명해야 하는지 나누는 것을 '입증책임의 분배'라고 합니다.

그렇다면 피고가 ②, ③, ④처럼 주장한 경우 원고는 '돈을 빌려주었다'는 것을 증명해야 할까요? 그렇지 않습니다. 왜냐하면 '돈을 빌려주었다'는 사실에 대해서는 원고와 피고 간에 다툼이 없기 때문입니다. 피고는 이미 '돈을 빌린 것은 맞다'고 인정했습니다. 민사재판에서 '다툼이 없는 사실'은 증명이 필요하지 않습니다. 당사자 모두가 인정하는 사실을 굳이 문제 삼을 필요는 없으니까요.

조금만 더 나아가 보겠습니다. 피고가 ④와 같이 대답한 경우를 생각해봅시다. 이때 원고는 다시 이렇게 주장할 수 있습니다.

① 저는 피고에게 임대차 보증금을 지급해야 할 의무가 없습니다.

② 제가 피고에게 임대차 보증금을 지급해야 하는 것은 맞지만, 피고가 오랜 기간 권리를 행사하지 않아서 시효로 소멸했습니다.*

원고가 ①과 같이 주장했다면 이는 부인에 해당합니다. 피고의 주장 사실을 부인한 것입니다. 이 경우 '원고로부터 받을 임대차 보증금이 있다는 사실'에 대한 입증책임은 여전히 피고에게 있습니다. 이와 달리 ②는 새로운 사실(소멸시효의 완성)을 주장하는 것으로 항변에 해당합니다. 이처럼 피고의 항변에 대해 새로운 항변을 하는 것을 재항변이라고 합니다. 그렇다면 원고는 '피고가 오랜 기간 권리를 행사하지 않은 사실'에 대한 입증책임을 부담하겠지요.

복잡하고 어렵나요? '부인'과 '항변', '재항변'이라는 용어가 낯설게 느껴집니다. 이러한 내용은 사법시험을 합격한 후 사법연수원에 들어가서야 배웠던 것인데, 주장이 많고 복잡하면 지금도 종종 구분이 안 될 때가 있습니다. 하지만 가만히 생각해보면 우리가 일상에서 다투는 모습과 별반 다르지 않습니다. 우리들 역시 평소 말다툼할 때 무의식적으로 부인과 항변을 사용하거든요.

---

* 민법 제162조(채권, 재산권의 소멸시효) ① 채권은 10년간 행사하지 아니하면 소멸시효가 완성한다.

부인과 항변의 구별

초등학생 아이들이 장난감을 두고 싸우는 것을 보면 그들의 주장 또한 부인과 항변으로 이루어졌음을 알 수 있습니다. 아이들이 티격태격 싸우더니 첫째가 울음을 터뜨렸습니다. 제가 가서 물어봅니다.

저: 왜 싸웠어?

첫째: 동생이 제 장난감을 가져갔어요.

둘째: 아니에요. 이건 제 장난감이에요. **→ 부인**

첫째: 아니에요. 이건 예전에 할머니가 생일 선물로 사준 제 장난 감이에요.

저: 누나 말이 맞는 것 같은데, 어떻게 생각해?

둘째: 누나 장난감은 맞지만, 누나가 저한테 줬어요. **→ 다툼 없음 +항변**

저: 동생한테 준 거니?

첫째: 준 게 아니에요. **→ 부인**

저: 누나가 준 게 아니라고 하는데?

둘째: 누나가 가지고 놀라고 빌려줬어요. **→ 항변**

저: 빌려준 것은 맞니? 빌려줬으면 동생이 가지고 놀아도 되는 것 아니야?

첫째: 빌려줬지만 이제는 돌려줘야 해요. 장난감을 빌려주면 친구 랑 노는 걸 방해하지 않겠다고 약속했는데, 동생이 약속을 어겼

어요. → **다툼 없음＋재항변**

둘째: 아니에요. 저는 약속을 어기지 않았어요.

저: 그럼 동생이 약속을 어겼는지 알아봐야겠구나.

누나와 동생은 부인과 항변, 재항변을 주고받으며 주장을 했고, 저는 누나와 동생의 주장과 쟁점을 정리한 것입니다. 순서대로 살펴보겠습니다.

① 장난감이 누구의 소유인지 → 소유권에 대한 다툼이 있었지만 동생이 누나 소유임을 인정했습니다.

② 동생이 누나로부터 장난감의 소유권을 이전받은 것인지 → 동생은 누나가 준 것이라고 항변했다가, 누나가 부인하자 빌려준 것이라고(즉, 장난감을 점유할 권한이 있다고) 항변을 바꿨습니다.

③ 동생이 누나로부터 장난감을 점유할 권한을 얻었는지 → 누나가 동생에게 장난감을 빌려준 사실을 인정했으므로 동생은 점유할 권한이 있습니다. 다만, 누나는 동생이 계약을 위반해서 장난감을 돌려줘야 한다고 재항변을 합니다.

④ 장난감을 빌려주면서 정한 계약 내용을 위반했는지 → 당사자 간에 다툼이 있는 부분입니다. 따라서 이 사건의 쟁점은 동생이 계약을 위반했는지 여부입니다.

부인과 항변에 따라 주장과 쟁점이 어떻게 정리되는지 감이 잡히나요? 실제 재판에서는 부인과 항변을 구별하기 쉽지 않은 경우도 있습니다. 사실관계가 복잡하고 여러 가지 주장이 난무하기 때문입니다.

주장과 쟁점이 정리되면 그다음에는 그것을 증명하는 절차만 남습니다. 이를 증거조사라고 합니다. 어떤 사실을 주장하는 자가 입증해야 하지요. 앞에서 본 누나와 동생 간의 다툼에서는 '동생이 계약을 위반했다'는 사실을 주장하는 누나에게 그에 대한 증명책임이 있습니다.

증거조사

민사재판이 진행되는 모습을 아이들 다툼으로 예를 든 것은 재판 절차가 우리의 상식과 다르지 않음을 말씀드리기 위해서입니다. 법학이라는 학문은 공부할 양이 엄청나고, 내용이 딱딱해서 접근하기 쉽지 않습니다. 하지만 실제 재판은 그렇지 않습니다. 법을 잘 모르는 사람도 심판자의 역할을 할 수 있습니다. 미국의 배심원 제도가 그러한 모습을 보여주고, 독일 등 여러 나라들에서는 법 제도에 따라서 일반 시민이 임시 법관이 되어 직업법관과 함께 재판에 참여하기도 합니다. 이를 참심제라고 하며, 1부 9장에서 자세히 살펴보도록 하겠습니다.

다시 재판이 진행되는 법정으로 돌아가볼까요? 재판장이 당사자들의 주장과 쟁점을 정리하는 데는 그리 많은 시간이 필요하지 않습니다. 주장이 다소 엇갈리더라도 두세 번 재판을 하다 보면 주장과 쟁점이 어느 정도 파악됩니다.

또한 당사자들은 대부분 자신의 주장을 재판기일 전에 서면으로 내기 때문에 재판을 진행하기 앞서 당사자들의 주장과 쟁점이 무엇인지 상당 부분 판단할 수 있습니다. 그렇다면 재판이 금방 끝나야 하지 않을까요?

실제 재판은 빠른 시일 내에 끝나지 않는 경우가 많습니다. 상대방의 주장을 듣다 보면 새롭게 주장할 것이 생기기도 합니다. 때로는 상대방이 주장하는 바에 대해 '부인'만 하고 있다가, 상대방이 주장을 입증하는 데 성공하는 것처럼 보이자 비로소 '항변'을 하는 상황도 있습니다. 하지만 재판이 길어지는 가장 큰 이유는 당사자들이 자신의 주장을 증명하기 위해 필요한 증거를 제출하는 절차를 거치기 때문입니다.

제출 방법은 다양합니다. 가장 기본적인 것이 서면으로 된 증거입니다(서증). 대부분의 증거는 서증으로 제출하고 광범위하게 허용됩니다. 하지만 재판 내용에 따라 다른 증거방법이 필요한 경우도 있습니다. 예를 들어 아파트나 건물을 잘못 지어서 하자가 있음을 이유로 손해배상을 구하는 사건에서 아파트나 건물에 어떠한 하자가 있고 보수 비용은 얼마나 드는지 조사하는 것은 '감정'입니다. 만약 새로 지은 아파트에 가려서 집에 햇빛이 들어오지 않아 손해배상을 구하는 사건이라면, 재판장이 직접 현장에 가서 상황을 점검하는 '검증'을 할 필요가 있습니다. '감정'은 전문 감정인이 하는 것이고, '검증'은 판사가 직접 검사한다는 점에서 다릅니다.

또한 '증인신문'이라는 방법도 있습니다. 문제 된 상황을 잘 아는 사람을 법정으로 불러서 사건의 경위를 물어보는 것이지요. 앞의 사건에서 누나는 같이 놀던 친구 현서를 증인으로 신청했습니다. 현서를 증인으로 채택하면 법정으로 불러 증인신문을 해야 합니다.

증인신문은 널리 사용되는 증거방법이지만 종종 실효성에 의문이 제기되기도 합니다. 원고 측 증인은 원고에게, 피고 측 증인은 피고에게 유리한 진술만 하는 경우가 많기 때문입니다. 자기편에 불리한 질문이다 싶으면 잘 모르겠다거나 기억나지 않는다고 합니다. 청문회와 비슷하지요? 증인인 현서는 누나에게 유리한 증언을 할 가능성이 높습니다. 선서한 증인은 기억에 반하는 진술을 하면 위증으로 처벌받습니다만, 기억에 반하는 진술인지 아닌지 판단하기 쉽지 않습니다.

당사자들이 더 이상 새로운 주장을 하지 않고 증거조사까지 모두 마치면 변론을 종결합니다. 그리고 판결을 선고할 날짜를 정합니다. 당사자들이 간혹 오해할 때 있는데, 재판이 끝나는 날 바로 판결을 선고하는 것이 아닙니다. 당사자들이 제출한 증거들을 검토할 시간이 필요하고 합의재판이라면 세 명의 판사가 재판의 결론에 대해 합의해야 합니다. 판결문을 작성할 시간도 있어야 합니다. 이러한 이유로 재판이 끝나고 몇 주 뒤에 판결을 선고합니다. 엑스레이 사진을 즉석에서 해독하여 처방을 내리는 의사들과는 일하는 방식이 다른 것이지요.

　민사재판의 진행에 대해 간략하게 보았습니다만, 미처 설명하지 못한 절차가 많습니다. 증거를 제출하려면 어떤 과정을 거치는지, 증인신문은 어떻게 하는지 등등은 법에 자세히 규정되어 있지만, 여기서는 민사재판이 대략 어떻게 흘러가는지 이해하는 것으로 충분합니다.

7장

피고인이 범행을
부인하면

검사 동일체 원칙

이번에는 형사법정으로 가서 재판이 진행되는 모습을 보겠습니다. 형사법정에는 재판을 받는 피고인이 있고, 판사가 있습니다. 합의부재판이라면 세 명의 판사가 있겠지요. 그렇다면 변호사는 어떤가요? 재판을 받는 데 반드시 변호인이 있어야 할까요?

변호인은 형사재판의 필수 등장인물은 아닙니다. 형사소송법은 피고인이 구속되어 있거나 미성년자인 경우 등 반드시 변호인이 있어야만 재판을 할 수 있는 사건을 규정합니다. 이때 변호인이 없으면 법원은 국선변호인을 선임해야 합니다. 하지만 그 이외의 사건은 변호인 없이 진행할 수 있습니다.

짐작하셨듯이 형사법정에는 또 다른 주요 등장인물이 있습니다. 네, 바로 검사입니다. 검사의 역할을 다시 한 번 떠올려보겠습니다.

검사가 피의자를 수사하여 형사재판을 청구한다고 말씀드린 것을 기억하시리라 생각합니다. 이것을 공소제기 또는 기소라고 합니다. 그럼 여기서 한 가지 질문을 드려보겠습니다. 공소제기를 한 검사와 재판에 참석한 검사는 같은 사람일까요? 다시 말해 피의자를 수사해서 기소한 사람이 법정에 와서 재판도 하는 것일까요?

정답은 '거의 그렇지 않다'입니다. 검사들에게는 '검사 동일체 원칙'이 있습니다. 전국의 검사는 검찰권을 행사함에 있어 검찰총장을 정점으로 하여 일체 불가분의 유기적 조직체로 활동한다는 의미입니다. 검사들은 검찰이라는 조직 내에서 한 명처럼 움직이기 때문에 어떤 한 검사와 다른 검사가 서로 다르지 않다는 것입니다. 사건의 수사와 재판을 다른 검사에게 이전하는 일이 자유로울 뿐만 아니라 담당 검사가 바뀌더라도 법적인 효과가 같습니다.

이러한 이유로 일선의 검찰청에서는 효율적인 업무 처리를 위해 수사를 담당하는 수사 검사와 재판을 담당하는 공판 검사를 따로 두고 있습니다. 보통 6개월 단위로 돌아가면서 검사들 중 한 명이 공판 검사 역할을 하는 방식입니다. 법정에 들어선 피고인들이 종종 당황하기도 합니다. 자신을 조사한 검사가 아닌 다른 검사가 법정에 들어와 있으니까요.

검사의 모두진술

재판장이 형사법정에 들어서서 가장 먼저 하는 일은 피고인의 출석과 신분을 확인하는 것입니다. 극히 예외적인 상황을 제외하면 형사재판은 피고인 없이는 진행을 할 수 없습니다. 피고인이 법정에 출석하지 않았거나 피고인이 아닌 다른 사람이 피고인인 것처럼 재판을 받는 경우 등에는 복잡한 절차가 따르지만 여기서는 따로 자세히 다루지 않겠습니다.

형사재판 역시 크게 세 단계로 진행됩니다. ① 검사의 모두진술, ② 피고인의 모두진술(공소사실의 인부), ③ 증거조사의 과정입니다. 재판장은 피고인의 신분을 확인한 후 검사에게 말합니다.

"모두冒頭진술 하시겠습니까?" 또는 "공소사실과 죄명, 적용 법조를 말씀해보시겠습니까?"; 단순히 "의견 진술하시겠습니까?"

여기서 공소사실은 피고인의 범죄 혐의에 관한 사실을 말합니다. 적용 법조는 피고인의 범죄와 처벌을 규정한 조항을 의미하고요. 공소사실과 죄명, 적용 법조를 밝히는 것은 형사법의 대원칙인 죄형법정주의에 따른 것입니다. 범죄와 그에 대한 형량은 법으로 정해져 있어야 한다는 원칙이지요. 예를 들어 피고인이 다음과 같은 공소사실로 재판을 받는다고 가정해봅시다.

공소사실

피고인은 서울 강동구 일대를 배회하며 원룸, 상가, 찜질방, 취객을 상대로 금품을 절취하기로 마음먹었다. 피고인은 2012. 7. 20. 14:00경 서울 강동구 둔촌동 **찜질방 지하 2층 남자탈의실에서, 피해자가 수면실 바닥에 옷장 열쇠를 놓고 잠자고 있는 틈을 이용하여 피해자의 옷장 열쇠를 주워 옷장 문을 열었다. 피고인은 옷장 속에 놓여 있던 시가 170만 원 상당의 18k 금목걸이 1개, 시가 35만 원 상당의 18k 금반지 1개 등을 꺼내어 가 이를 절취하였다.

죄명: 절도

적용 법조: 형법 제329조

구체적인 시간과 장소는 바꿨습니다만, 위의 사례는 실제 사건의 공소사실을 옮긴 것입니다. 우리가 일반적으로 사용하는 문장과는 조금 다르게 느껴집니다. 공소사실은 공소제기를 하는 검사들이 작성합니다. 범행 시간과 장소, 피해자, 피고인의 행위를 비롯하여 범죄의 성립에 필요한 모든 사실이 기재되어야 합니다. 한 가지도 빠뜨리면 안 됩니다. 그렇기 때문에 문장이 길고 딱딱해지기도 합니다.

검사가 공소장에 기재된 공소사실과 죄명, 적용되는 법 조항을 낭독하는 것이 모두진술입니다. 공소사실이 길면 주요 내용을 포함하여 간략하게 요지만 진술합니다.

피고인의 모두진술

검사의 모두진술이 끝난 후 재판장은 피고인이나 그의 변호인에게 말합니다.

"피고인은 모두진술 하시겠습니까?" 또는 "피고인은 공소사실에 대해 인부하시겠습니까?"

재판장이 피고인에게 공소사실을 인정하는지, 부인하는지 묻는 것인데 이에 대한 피고인의 답변이 '피고인의 모두진술(공소사실의 인부)'입니다. 여기서 피고인이 어떻게 답변하는지가 매우 중요합니다. 먼저, 피고인이 공소사실을 인정한 경우를 생각해봅시다.

"공소사실을 모두 인정합니다."

이는 피고인이 범죄를 저질렀음을 자백한 것입니다. 민사재판에서도 자백(다른 사람이 주장하는 사실을 인정하는 것)이 중요합니다만, 형사재판에서 자백은 '증거의 왕'입니다. 자백만으로 유죄가 되는 것은 아니지만, 자백 외에 다른 증거(보강증거)가 하나라도 더 있으면 유죄가 인정됩니다. 판사가 보기에 자백 내용에 의문점이 있어도 유죄판결을 할 수밖에 없기 때문에 자백은 가장 강력한 증거입니다.

다음으로 피고인이 공소사실을 인정하지 않은 경우를 생각해보겠습니다. 이때 어떤 부분을 인정하지 않는지를 명확히 해야 합니다. 공소사실을 완전히 부인하는지 아니면 공소사실 중 일부를 인정하지 않는지 밝혀야 합니다. 예를 들어 위의 절도 사건에서, 피고인은 다음과 같이 전부 부인하거나 일부 부인할 수 있습니다.

① 전부 부인의 예시

저는 물건을 훔친 적이 없습니다. 찜질방에서 목욕을 마치고 옷을 갈아입기 위해 옷장 문을 열었더니, 처음 보는 가방이 들어 있었습니다. 그 가방에 금목걸이와 금반지가 들어 있었는데, 절대 제가 훔친 것이 아닙니다. 저는 전혀 모르는 일입니다.

② 일부 부인의 예시

찜질방에 간 것은 맞습니다. 하지만 피해자의 옷장 열쇠를 바닥에서 주운 것은 아닙니다. 옷을 갈아입기 위해 옷장으로 가던 중 제 옷장 옆에 있던 피해자의 옷장이 열려 있는 것을 보았습니다. 그 안에 금반지가 놓여 있는 것이 보여서 가져갔습니다. 이 점은 피해자에게 진심으로 죄송하게 생각합니다. 하지만 제가 금목걸이를 훔치지는 않았습니다. 제가 가져간 물건은 금반지뿐입니다.

검사의 입증책임

이제 공은 다시 검사에게로 넘어갑니다. 민사재판에서는 부인과 항변에 따라 당사자들이 주장하는 사실에 대한 입증책임을 분배한다는 것을 말씀드렸습니다. 하지만 형사재판에서는 피고인이 공소사실을 부인하면, 부인하는 부분 전부에 대해 검사가 입증을 해야 합니다. 이것이 민사재판과 형사재판의 중요한 차이점입니다. 검사가 공소사실에 대한 모든 입증책임을 부담하는 것입니다.

피고인이 예시 ①과 같이 전부 부인을 했다면, 검사는 피고인이 공소사실에 나오는 모든 행위를 했음을 입증해야 합니다. 피고인이 열쇠를 주워서 옷장을 열고 물건을 훔쳤다는 사실을 입증해야 하는 것이지요.

피고인이 예시 ②처럼 일부 부인했다면, 검사는 피고인이 부인하는 부분인 '피해자의 옷장 열쇠를 주워서 옷장을 열었다는 사실'과 '금반지뿐만 아니라 금목걸이도 훔쳐 간 사실'을 입증해야 합니다.

물론 일부 부인한 사실이 인정되지 않는다 해서 완전히 무죄가 되는 것은 아닙니다. 인정되는 부분, 즉 피고인이 자백한 사실만으로도 절도죄는 충분히 성립합니다(앞서 말씀드린 바와 같이, 일부 자백한 내용에 대해 보강증거가 있어야겠지요). 다만 범죄의 경위와 피해의 정도가 달라져서 피고인의 형량에 결정적인 영향을 미칠 수 있습니다.

전부 부인이든 일부 부인이든 피고인이 부인하면 검사는 판사가 공소사실에 대해 '합리적 의심의 여지가 없을 정도의 확신'을 가질 수 있을 정도로 입증해야 합니다. 이는 고도의 개연성을 요구하는 민사재판에서의 입증보다 엄격한 강도를 요구하는 것입니다. 이를 위해 검사는 증거서류를 제출하고 증인을 불러 심문합니다. 증인이 많으면 재판이 길어집니다. 때로는 수십 명, 수백 명의 증인이 존재하는 사건도 있습니다.

한편 피고인 측은 무죄를 다투기 위해 범죄의 성립에 방해가 되는 증거를 제출할 수 있습니다. 예를 들어 공소사실에 기재된 시간에 다른 장소에 있었다는 증거(이른바 알리바이)를 제출하기도 하지요. 이러한 증거는 검사의 입증에 의심을 불러일으킬 정도면 충분합니다. 또한 피고인은 유죄판결이 내려질 경우에 대비해 형량을 정하는 '양형'에 필요한 자료를 낼 수도 있습니다.

이렇게 검사와 피고인 측이 필요한 증거를 모두 제출하면 검사와 피고인과 변호사는 최종 변론을 합니다. 그 후 변론을 종결하고, 판결 선고기일을 지정합니다. 민사재판과 마찬가지로 판결은 그날 바로가 아니라 몇 주 뒤에 선고합니다.

구속의 필요성

형사재판과 관련하여 살펴볼 중요한 절차 문제가 있습니다. 바로 구속의 필요성에 관한 판단입니다. 피의자에 대한 수사는 불구속을 원칙으로 합니다(불구속 수사의 원칙, 형사소송법 제198조 제1항). 재판

역시 불구속 상태에서 진행되는 것이 원칙입니다. 피의자와 피고인은 유죄판결이 확정될 때까지 무죄로 추정되기 때문입니다(무죄 추정의 원칙, 대한민국 헌법 제27조 제4항, 형사소송법 제275의2). 열 사람의 범인을 놓치더라도 한 사람의 억울한 구속이 있어서는 안 된다는 이상을 담은 것입니다.

필요한 경우 검사는 판사로부터 구속영장을 발부받아 피의자를 구속할 수 있습니다. 언론에 보도되는 사건들을 보면 피의자가 구속되었는지 여부가 초미의 관심사입니다. 공소제기 전 수사 단계(즉, 피의자일 때)에서 구속 여부가 문제 되는 것입니다.

구속은 공소제기 후 재판 진행 중에 할 수도 있고, 1심 판결을 선고하면서 동시에 구속할 수도 있습니다. 예를 들어 재판이 진행되는 상황에서 실형이 선고될 가능성이 높은 피고인이 재판에 출석하지 않으면 구속할 수 있습니다. 불구속 상태로 재판을 받은 피고인에게 판결하면서 실형을 선고하는 경우를 '법정구속'이라고 합니다.

피의자 또는 피고인을 구속할지 여부는 유죄인지 무죄인지에 따라 결정되는 것이 아니라 구속의 필요성에 따라 달라집니다. 형사재판의 피고인이라고 해도 유죄가 확정되기 전에는 무죄 추정을 받기 때문에 불구속이 원칙입니다. 그렇다면 1심 재판에서 실형을 선고받은 피고인을 구속하지 않을 수 있을까요? 네, 가능합니다. 피고인이나 검사가 항소한다면 아직 유죄가 확정된 상태가 아니므로, 불구속 상태에서 2심 재판을 받게 되겠지요.

그렇다면 구속의 사유를 규정한 형사소송법을 확인한 후 구속의 필요성에 대해서 자세히 설명해보도록 하겠습니다.

제70조(구속의 사유)

① 법원은 피고인이 죄를 범하였다고 의심할 만한 상당한 이유가 있고 다음 각 호의 1에 해당하는 사유가 있는 경우에는 피고인을 구속할 수 있다.

1. 피고인이 일정한 주거가 없는 때

2. 피고인이 증거를 인멸할 염려가 있는 때

3. 피고인이 도망하거나 도망할 염려가 있는 때

② 법원은 제1항의 구속 사유를 심사함에 있어서 범죄의 중대성, 재범의 위험성, 피해자 및 중요 참고인 등에 대한 위해 우려 등을 고려하여야 한다.

위의 규정에서 제1항의 "죄를 범하였다고 의심할 만한 상당한 이유"는 반드시 필요한 요건이고, 여기에 제1, 2, 3호 중에서 한 가지 요건만 더 충족하면 구속할 수 있습니다.

1호의 "피고인이 일정한 주거가 없는 때"는 의미가 명확하기 때문에 크게 문제 되지 않습니다. 2호의 "피고인이 증거를 인멸할 염려가 있는 때"라 함은 중요한 증거가 담긴 컴퓨터를 훼손한다거나, 공범이나 참고인과 서로 말이 일치하도록 입을 맞추는 것 등을 의미합니다. 실무에서 가장 많이 문제 되는 요건은 3호의 "도망하거나 도망할 염려가 있는 때"입니다. 이미 도망한 전력이 있다면 "도망하거나"에 해당하지만 그렇지 않은 경우 "도망할 염려"가 있음을 판단하기 쉽지 않습니다.

'도망할 염려'를 판단할 때는 범죄의 중대성, 실형 가능성, 범죄 인정 여부 등을 고려합니다. 범죄가 중대하여 높은 형량이 나올 것으로 예상되거나 피의자가 혐의를 부인하는 경우 '도망할 염려'가 있는 것으로 볼 수 있습니다. 반대로 주거와 신분이 확실하다면 '도망할 염려'가 상대적으로 낮아진다고 볼 수 있습니다.

그렇다면 질문을 해보겠습니다. 피의자가 범죄 혐의를 강력히 부인하고 있으며 판사가 범죄의 성립에 대한 확신이 없는 상황에서 피의자를 구속하는 것이 옳을까요? 피의자가 중대한 범죄를 저질렀고 이를 자백하고 있지만, 주거와 신분이 분명해서 도망할 염려가 없어 보인다면 구속하지 말아야 할까요? 아니면 중대한 범죄 혐의가 있다면 언제나 구속하는 것이 옳을까요?

구속 사유의 판단

제가 처음 처리했던 구속영장은 애매한 특수상해* 사건이었던 것

---

* 형법 제257조(상해, 존속상해) ① 사람의 신체를 상해한 자는 7년 이하의 징역, 10년 이하의 자격정지 또는 1천만 원 이하의 벌금에 처한다.
형법 제258조의2(특수상해) ① 단체 또는 다중의 위력을 보이거나 위험한 물건을 휴대하여 제257조 제1항 또는 제2항의 죄를 범한 때에는 1년 이상 10년 이하의 징역에 처한다.

으로 기억합니다. 피의자는 호프집에서 술을 마시다 피해자와 시비가 붙었고, 순간 화가 나서 술병을 들어 피해자의 어깨를 내리쳤습니다. 이로 인해 피해자는 근육과 뼈가 손상되어 전치 8주의 치료를 요하는 꽤 중한 상해를 입었습니다.

피의자와 피해자가 시비 붙는 모습을 본 호프집 주인이 경찰에 신고했습니다. 하지만 피의자는 그 사실을 모른 채 경찰이 도착하기 전 현장을 떠났습니다. 한 시간이 지난 후 피의자는 두고 온 물건이 생각나서 그것을 찾으러 다시 호프집을 찾았다가 현행범으로 체포되었습니다. 피고인은 자신의 범행을 인정했습니다. 피고인은 아내와 자녀 두 명이 있는 가장이자 회사원이었습니다. 국선변호인은 이렇게 주장했습니다.

"피의자는 주거가 일정하고, 이미 피해자와 호프집 주인에 대한 충분한 수사가 이루어져서 모든 증거가 확보되었습니다. 피의자는 범행을 자백하고 있으며 수사에 협조할 것을 약속하고 있습니다. 피의자는 주거와 가족 관계, 직장 등이 확실해서 도망할 염려가 없습니다. 또한 경찰이 피의자를 현행범으로 체포한 것은 절차적으로 적법하지 않습니다. 비록 피의자의 죄가 가볍지 않으나, 불구속 상태에서 수사를 받을 수 있도록 선처해주시기 바랍니다."

피의자는 비슷한 유형의 폭행 전과가 두 번 있었습니다. 징역을 살지는 않았지만 폭행과 상해 전과로 벌금과 집행유예를 각각 한 차례 받았습니다. 피의자는 40대 중반이었는데, 10여 년 전에 그런 전력이 있었던 것이지요. 피고인에게 매우 불리한 사정입니다.

구속의 필요성에 대한 법 규정에 앞의 사실관계를 대입해보겠습니다. 제1항 본문의 '죄를 범하였다고 의심할 만한 상당한 이유'는 쉽게 인정할 수 있습니다. 피의자가 자백했고, 증인과 증거도 있기 때문입니다.

제1항 제1, 2, 3호의 요건 중 1호의 '일정한 주거가 없는 때'에 해당하지는 않고, 2호의 '증거를 인멸할 염려가 있는 때'에 해당한다고 보기도 어렵습니다. 다툼이 있었던 현장과 피해자 등에 대한 조사를 이미 마쳤기 때문입니다. 결국 문제는 '도망할 염려'로 귀결됩니다. 범죄의 중대성, 재범의 위험성, 피해자에 대한 위해의 우려 등을 고려해서 '도망할 염려'를 판단해야 하지요.

이 사건을 심사하면서 제 머릿속을 맴돌던 질문은 이것이었습니다. '구속을 하지 않았을 때 만약 피의자가 도망을 간다면 어쩌지? 혹시나 도망가서 비슷한 죄를 저지른다면?' 피의자가 도망할 염려가 있다면 구속하는 것이 타당합니다. 여러분은 이 사건에서 피의자가 도망할 염려가 있다고 생각하나요?

또 다른 쟁점은 국선변호인이 지적했듯 체포 절차가 적법한지 여부였습니다. 범행 현장을 벗어난 지 한 시간 후에 피의자를 현행범으로 체포한 것이 그리 적법해 보이지는 않았습니다. 체포 자체가 부적법한 절차로 이루어졌다면 구속을 할 수는 없겠지요.

검사가 구속영장을 청구하면 대부분 발부됩니다. 그럴 만한 사유가 있으니까 영장을 청구한 것입니다. 하지만 일부 사건은 과연 구속을 해야 하는지 고민하지 않을 수 없습니다. 잘못을 저질렀다고 반드시 구속해야 하는 것은 아니니까요.

언론에 보도되며 많은 사람들이 관심을 쏟는 사건에서 구속영장이 문제 될 때마다 담당 판사들의 이름이 실시간 검색어에 오르내립니다. 이러한 사건을 맡았을 때 판사 입장에서도 큰 부담입니다. 어느 쪽으로 결정하든 독단적, 자의적 판단이라는 비난을 피하기 어렵습니다. 한편으로는 두세 명의 판사에게 너무 큰 권한과 책임이 있는 것이 아닌가 하는 생각도 듭니다.

법원에서는 구속에 관한 일관된 판단 기준을 마련하기 위해 노력하고 있습니다만, 사건마다 구체적인 사실이 다르고 판사마다 생각이 다르기 때문에 쉽지 않습니다. 큰 잘못을 저질렀고 증거가 확실하다면 반드시 구속해서 수사해야 한다는 것이 국민들의 법 감정에 가깝지 않나 하는 느낌도 듭니다. 어떤 때는 중대한 범죄의 의심만으로도 구속을 해야 한다고 주장합니다.

무죄 추정과 불구속 수사의 원칙이 유지되는 한 고민과 논란은 계속되지 않을까요? 2015년부터 2018년까지 구속영장 발부 현황*은 표 3과 같습니다. 구속영장의 기각율은 17.8~19퍼센트입니다.

---

* 자세한 내용은 대검찰청 또는 e-나라지표 홈페이지(www.index.go.kr) 참조.

표 3 구속영장 청구, 발부, 기각 현황.

연도	2015	2016	2017	2018
전체 사건 접수	2,492,324	2,589,311	2,415,869	2,302,601
청구	38,370	40,083	35,102	30,060
전체 사건 접수 대비 구속영장 청구율(%)	1.5	1.6	1.5	1.3
발부	31,153	32,369	28,340	24,438
발부율(%)	81.2	80.8	80.7	81.3
기각	6,837	7,187	6,682	5,585
기각율(%)	17.8	17.9	19	18.6
구속 점유율(%)	1.3	1.3	1.3	1.2

8장

아무도
원하지 않은 결과

대체적 분쟁 해결 절차

재판을 하다 보면 대립하는 가치 사이에서 고민할 때가 많습니다. 민사재판은 실체 진실의 발견을 통한 법의 올바른 적용을 목적으로 하면서, 동시에 신속하고 원만한 분쟁의 해결을 지향합니다. 하지만 때로는 전자와 후자가 충돌합니다. 그러한 대표적인 예가 대체적 분쟁 해결 절차의 하나인 조정입니다.

조정이란 판사 또는 조정위원이 개입하여 당사자들이 원만하게 화해할 수 있도록 이끄는 절차를 말합니다. 법정이 아닌 조정실에서 진행되고, 변론기일이 아닌 별도의 조정기일을 정해서 판사와 당사자와 대리인이 모입니다. 조정위원회에 소속된 조정위원이 함께하기도 합니다.

제가 처음 조정에 참여한 것은 사법연수원 시절이었습니다. 법원에서 실무 수습을 하는 사법연수생들은 조정기일에 조정위원으로 참석할 기회가 있습니다. 그 당시 배당받은 조정 대상 사건은 총 다섯 건으로 500만 원의 자동차 대금 청구, 700만 원의 대여금 청구, 1,000만 원의 물품 대금 청구 등이었습니다.

한 사건당 10~20분이 허락되는 변론과 달리 조정은 한 시간 정도가 주어집니다. 당사자들은 조정 절차에서 자신이 원하는 바를 구체적이고 허심탄회하게 이야기할 수 있습니다. 당사자들 간의 법적 분쟁은 감정적인 문제로 시작된 경우가 많습니다. 조정 절차에서 당사자들이 법정에서는 하지 못했던 속마음을 말하고 상대방의 사정을 듣다 보면 꼬였던 문제가 쉽게 해결되기도 합니다. 당사자들의 의견이 모아지면 조정조서가 작성되는데, 이는 확정된 판결과 같은 효력이 있습니다.

조정이 성립되려면 당사자들이 조금씩 양보해야 합니다. 돈을 받을 권한이 있는 원고는 조금 적은 금액을 받는 대신 피고로부터 지급받을 날짜를 약속받습니다. 금액 측면에서는 손해를 보지만 신속한 분쟁 해결의 이점이 있는 것이지요. 하지만 당사자들의 양보를 이끌어내기가 쉬운 일이 아닙니다. 양보할 생각이 있었다면 소송이 제기되기 이전에 했을 테니까요.

조정에 뛰어난 재능을 보이는 판사들이 있습니다. 이들은 한 달에 수십 건의 사건을 조정으로 처리합니다. 어떤 판사는 조정기일 전에 당사자들을 미리 설득합니다. 그들의 사정을 듣고 납득할 만한 조정안을 마련하여 탁월하게 분쟁을 해결하기도 합니다.

저는 조정을 잘하는 편이 아닙니다. 연수생 시절이 조정 성공률이 높았던 시즌이었습니다. 무려 80퍼센트의 성공률을 보였으니까요. 당시 처음 해보는 조정이었지만 다섯 건 중 네 건이 연속으로 성립되었습니다. 어린 연수생이 고생한다고 생각해서인지 당사자들이 한 발짝씩 물러서며 양보한 덕분이었지요. 당사자들이 그간의 앙금을 풀고 화해하며 악수하는 모습을 보면서 보람을 느꼈습니다만, 마음 한구석에서는 이런 생각이 들더군요.

'판결을 하면 원고가 청구하는 금액 전부를 받을 수 있는데, 양보하도록 원고를 설득하는 것이 타당할까? 조정으로 사건을 해결하는 데 익숙해진 피고가 다른 사람에게도 돈을 갚지 않고 버티는 게 아닐까? 원고의 정당한 청구권을 온전히 인정해주는 것이 더 옳지 않을까?'

법원은 조정을 통한 분쟁 해결을 권장합니다. 조정이 성립되면 추가 재판 절차 없이 분쟁이 해결되고, 항소가 제기될 염려도 없습니다. 신속하고 종국적인 분쟁의 해결이 가능하다는 의미입니다. 법원이나 당사자들 모두에게 바람직한 결과입니다.

하지만 조정을 통한 분쟁 해결이 법치주의에 반한다는 비판이 있습니다. 실체 진실을 발견해 법을 올바르게 적용하는 것이 아니라 '좋은 게 좋은 거다'라는 식으로 분쟁을 해결한다는 지적입니다. 어떤 사건은 조정에 적합하지 않음에도 무리하게 시도하여 당사자들의 원망을 사기도 합니다.

연수원 시절 조정했던 마지막 사건은 다세대 주택의 아랫집에 사는 원고와 윗집에 사는 피고 사이의 분쟁이었습니다. 아랫집의 천장에 누수가 발생해서 윗집을 상대로 1,500만 원의 손해배상을 구하는 사건이었습니다. 피고는 자신에게 조금도 책임이 없다고 주장했습니다.

조정 절차의 지도 판사님이 가장 신경 쓴 것이 바로 이 사건이었습니다. 판결을 하려면 비용도 많이 들고(어떤 이유로 누수가 발생하는지 천장을 뜯고 조사하려면 비용이 들겠지요), 시간도 오래 걸린다는 이유였습니다. 누수가 있더라도 피고에게 그에 대한 법적 책임이 있는지 판단하기도 쉽지 않았습니다. 원고의 권한이 분명했던 앞의 사건들에 견주어 판결하기 훨씬 어려운 사건입니다.

마지막 사건은 끝내 조정이 성립되지 않았습니다. 뒤에 다른 사건이 없어서 한 시간 넘게 조정을 했음에도 당사자들은 자신의 주장을 굽히지 않은 채 평행선만 달렸습니다. 조정이 가장 필요한 사건인 동시에 조정하기 가장 어려운 사건이었던 것이지요.

분쟁의 원만한 해결과 법치주의

조정을 통한 분쟁 해결이 바람직함에도 조정이 성립되지 않는 경우가 많습니다. 당사자들 역시 조정이 자신에게 이익임을 알고는 있지만, 합리적인 해결책을 찾지 못하는 것입니다. 전형적인 사례가 무단 점유로 인한 건물 철거 소송입니다.

피고는 원고의 토지 위에 무단으로 건축한 집 또는 가건물의 소유자입니다. 피고가 직접 건물을 지었거나, 아니면 다른 사람으로부터 매입했을 수도 있습니다. 피고의 건물 전부가 원고의 땅을 침범한 것은 아니고 대략 3분의 1이 원고의 땅 위에 있습니다.

원고는 땅의 소유자이지만 사용하지는 않았습니다. 그 땅은 마을에서 떨어진 산지, 도시 외곽에 있어서 방치 상태였고요. 원고는 우연한 기회에 피고 건물의 일부가 자신의 토지 위에 지어졌음을 발견하고 소송을 제기한 것이지요.

원고는 피고를 상대로 건물 철거 소송을 제기했지만 내심 피고가 그 땅을 매수하기를 바라고 있습니다. 어차피 자신이 쓰지 않고, 앞으로도 사용할 계획이 없다면 적당한 가격에 파는 것이 나으니까요. 그렇다면 판결을 받아 피고의 건물을 철거하더라도 원고에게 실익이 있는 것은 아닙니다. 괜히 머리만 아프고 절차가 복잡해집니다. 원고가 소송을 제기한 이유는 피고를 압박하여 많은 금액을 받고 토지를 팔 생각이었던 거지요.

피고 역시 건물을 철거당하기보다 원고로부터 땅을 구입하는 것이 자신에게 이익임을 알고 있습니다. 건물의 일부를 철거당하면 사실상 전체를 사용할 수 없게 됩니다. 자신의 주거가 사라질 뿐만 아니라 건물이라는 재산도 함께 없어집니다.

하지만 토지 매매 가격이 문제입니다. 원고는 갖가지 이유를 들어 높은 금액에 팔려고 하고, 피고는 쓸모없는 땅이라면서 가격을 낮추려고 합니다. 적당한 선에서 타협이 이루어지면 다행입니다만, 당사자들이 원하는 금액에 차이가 있으면 합의가 쉽지 않습니다. 토지에 대한 감정평가로 가격을 알아볼 수는 있지만, 결과가 나온 후에도 다툼은 쉽게 끝나지 않습니다. 높게 나오면 피고가 납득하지 못하고, 낮게 나오면 원고가 납득하지 못합니다. 아무리 감정을 해봤자 어느 한쪽은 자신에게 불리한 결과가 나왔다고 생각할 수 있습니다.

이런 사건은 판결을 선고하는 것이 훨씬 간단합니다. 특별한 사정이 없는 이상 원고의 토지 위에 무단으로 건축된 피고의 건물 부분은 철거되어야 할 것입니다. 하지만 이러한 판결이 당사자들을 만족시킬 수 있을까요? 피고는 항소할 것이 분명하고, 재판은 길어집니다. 판결이 나오기까지 1~2년이 더 소요됩니다. 판결보다 조정으로 해결하는 것이 더 적합해 보입니다. 판결은 시간과 비용이 많이 들고 당사자들이 원하는 바를 달성할 수도 없으니까요.

그렇지만 조정을 강제할 수는 없습니다. 조정을 통한 분쟁의 해결은 어디까지나 당사자들의 자주적인 의사에 기초하는 것입니다. 위의 사건에서 조정이 성립되지 않으면 어쩔 수 없이 모두가 원하지 않는 판결을 선고해야 합니다. 법에 정해진 대로 분쟁을 해결할 때 발생할 수 있는 딜레마입니다.

형사합의와 처벌불원 의사

피고인의 죄와 형을 정하는 형사재판에도 딜레마가 발생할 때가 있습니다. 피고인과 형사 피해자의 '형사합의' 문제를 살펴봅시다. 여기서 '합의'는 피고인이 자신의 범죄를 진심으로 뉘우치면서 피해자에게 용서를 구하고, 피해자가 이를 받아들여 피고인의 처벌을 원하지 않는 것을 말합니다. 이를 '처벌불원 의사'라고 합니다. 보통 피고인은 합의를 하면서 피해자에게 정신적, 물질적 피해에 대한 배상금을 지급하는데, 합의금이라고 하지요.

형사판결에서 형량을 정할 때 피해자의 처벌불원 의사는 매우 중요한 감경 요소입니다. 이에 따라 재판 결과는 극명하게 달라집니다. 실형인지 집행유예인지가 결정되기도 합니다.

형사재판 과정에서 판사들은 피고인이 피해자와 합의했는지, 그래서 피해자의 처벌불원 의사가 있는지를 끊임없이 확인합니다. 이는 양형의 중요한 요소이기도 하지만, 범죄로 인한 피해자의 정신적, 물질적 피해를 회복시켜주기 위해서입니다. 변호인들 역시 피해자와 합의하기 위해 노력합니다. 피고인을 대신해 피해자를 만나 용서를 구하고 합의를 이끌어내는 것은 변호인의 역할 중 하나입니다.

형사합의 재판부에서 근무하던 시절 피고인과 피해자들 간에 합의가 되지 않아 어려움을 겪은 사건이 있었습니다. 피고인은 10대 소년이었고, 피해자들은 10대 소녀였습니다. 피고인이 총 3회에 걸쳐 피해자들을 성폭행했다는 사실 등으로 기소된 사건이었습니다.

공소사실만 보면 중대한 범죄에 해당합니다만, 구체적인 사정을 알고 보면 이야기가 조금 달라집니다. 피고인과 피해자들은 평소 안면이 있는 사이로 모두 가출한 청소년이었습니다. 피고인과 피해자들은 머무를 곳이 마땅치 않아 모텔과 찜질방을 전전하며 함께 지냈습니다. 피고인은 피해자들의 성매매를 알선했고, 이들은 성매매를 통해 받은 대가를 유흥비와 생활비로 사용했습니다.

피고인이 처음부터 피해자와 강제로 성관계를 맺은 것은 아니었습니다. 피고인과 피해자들은 같이 살면서 자연스럽게 몇 차례 성관계를 가졌는데, 어느 순간 피해자들이 거부하기 시작했습니다. 피고인은 그런 피해자들의 의사를 무시하고 성범죄를 저지른 것입니다.

피고인이 저지른 범죄만 보면 실형을 선고해야 마땅합니다. 하지만 과연 그것이 올바른 문제 해결 방법인지 고민되었습니다. 피고인은 아직 어린 청소년이었고 범행을 반성하고 있었습니다. 여기에 피해자들의 처벌불원 의사가 더해진다면 피고인이 실형을 면할 수도 있는 상황이었습니다.

실형 선고를 고민했던 또 다른 이유가 있습니다. 피해자들의 태도가 다른 사건과 조금 달랐던 것입니다. 피해자 중 한 명은 법정에서 피고인에 대한 처벌의사를 표현했지만, 피고인의 처벌을 진심으로 원한다는 인상을 주지 않았습니다. 피해자가 스스로 판단하여 처벌의사를 밝힌 것이 아니라, 그저 누군가 시키는 대로 말하는 것 같았습니다. 피해자는 피고인을 처벌하는 데 큰 관심이 없는 듯했습니다.

물론 그런 피해자의 태도를 탓할 수는 없습니다. 만 13세였던 피해자 스스로 판단할 능력이 부족해서 그랬던 것인지도 모르고, 아니면 너무 긴장하고 당황했을 수도 있지요. 다른 피해자 한 명은 재판이 진행되던 도중 또다시 가출해 법정에서 처벌의사를 확인하기 어려웠습니다. 피해자들이 피고인을 고소한 것 역시 나중에 그 사실을 알게 된 부모가 시켜서 한 일이었습니다. 이러한 사정은 재판에 직접 참여하지 않은 사람은 알기 어렵습니다.

여러 가지 상황을 고려하여 재판부는 피고인과 피해자들이 합의하는 것이 최선의 결과라고 생각했습니다. 피고인에게 피해자들과 합의하라고 독려했고 피고인 역시 합의를 위해 노력한다고 다짐했습니다. 만약 피해자가 억만금을 받는다 해도 피고인을 절대 용서하지 않겠다고 단언했다면, 법에 정해진 대로 처벌하는 것이 당연합니다. 그러나 이 사건의 피해자와 부모 들은 피고인과 합의할 의사가 있다고 했습니다. 이러한 경우 법원은 피해자와 피고인에게 합의할 기회를 주어야겠지요. 하지만 합의금에 관한 서로의 의견이 일치하지 않은 것이 문제였습니다.

형사합의의 어려움과 문제점

피해자에게 피고인과 합의하고 처벌불원 의사를 나타낼 것을 강요할 수는 없습니다. 형사사건의 피해자는 보호와 피해 회복의 대상입니다. 피고인의 처벌을 원한다면 그렇게 해야 합니다.

이와 달리 피해자 역시 피고인과 합의하기를 원할 때가 있습니다. 적당한 합의금을 지급받는 것을 전제로 말입니다. 피고인을 엄하게 처벌해서 얻을 수 있는 정신적 피해 회복도 중요하지만 피해에 대한 경제적인 배상을 받을 필요성도 있으니까요.

피해자와 피고인이 원한다 해도, 쉽게 합의가 이루어지지 않는 사건이 대부분입니다. '적당한' 합의금에 관한 서로의 의견이 일치하지 않는 것이지요. 최악의 경우 피해자들은 처벌불원 의사를 무기로 원하는 금액의 합의금을 요구하고, 피고인은 피해자가 지나치게 많은 돈을 요구한다면서 차라리 처벌을 받겠다고 합니다.

설령 피해자가 과도한 합의금을 요구해도, 피해자의 그러한 요구역시 존중해야 마땅합니다. 하지만 피고인에게 합의금을 지급할 능력이 있는지 없는지에 따라 처벌이 달라지는 것은 무전유죄, 유전무죄의 결과가 될 수 있습니다. 피해자와 합의할 능력이 있는 피고인은 실형을 면하지만, 그렇지 않은 피고인은 실형을 살 수밖에 없으니까요.

피고인의 경제적 능력에 따라 형벌이 달라져도 괜찮다고 여기는사람은 별로 없을 것입니다. 경제적 능력이 아니라 범죄 자체(죄질)와 피고인의 태도에 따라 형량이 달라져야 한다는 생각이 일반적인법 감정에 가깝습니다.

앞의 사건에서 피고인의 부모와 피해자 부모는 몇 달이 지나도록합의금에 대한 의견의 일치를 이루지 못했습니다. 피고인의 부모가경제적으로 여유 있는 사람들이 아니었거든요. 재판부는 피고인 부모의 요청에 따라 충분한 시간을 주었지만, 서로 간 감정의 골만 깊어질 뿐이었습니다. 피고인의 부모는 피해자의 부모가 지나친 요구를 한다고 했고, 피해자의 부모는 피고인의 부모가 뻔뻔하다고 했습니다. 합의를 통해 모두가 만족할 재판을 하려던 의도가 꼬여버려 시간만 낭비한 결과가 된 것입니다.

재판이 진행되는 동안 한 달 정도 짧은 기간만 허락한 후 법에서 정한 바에 따라 피고인을 실형으로 처벌하는 것이 옳지 않았을까 하는 의문이 들었습니다. 피해자가 어떤 마음으로 처벌의사를 표현했든지 의사를 가진 것은 분명했고, 합의가 이루어지기에 현실적인 어려움이 있는 상황이었습니다. 그렇다면 빠르게 판결을 선고하는 것이 최선의 해결책이 아니었을까요?

이러한 사건 역시 판결 선고는 어렵지 않은 일입니다. 유무죄 판단이 어려운 것도 아니고, 복잡한 쟁점도 없습니다. 그저 시간을 들여 재판을 하고 판결문을 쓰면 됩니다. 법에서 정한 대로 처리하는 것이 차라리 쉽습니다. 기간을 정해놓고 그때까지 합의가 되면 집행유예, 합의가 안 되면 실형, 이렇게 기계적으로 처리할 수도 있습니다. 그렇다면 별로 고민할 필요도 없겠지요. 하지만 그것이 항상 정의롭다고 단언하기는 어렵습니다.

결국 이 사건에서는 합의가 이루어지지 않았습니다. 피해자는 피고인의 처벌을 원한다는 의사를 유지했습니다. 그렇다면 재판부는 피고인에게 실형을 선고했을까요? 만약 피고인의 부모가 부자여서 피해자들의 부모에게 큰 금액을 지급하고 합의했다면 재판 결과가 달라졌을까요?

형사합의를 한다고 해서 무조건 집행유예가 나오고, 하지 않는다고 해서 실형이 나오는 것은 아닙니다. 반드시 실형이 나올 만한 사건은 아무리 합의를 해도 실형이 선고됩니다. 하지만 합의 여부에 따라 집행유예와 실형으로 달라지는 경계선에 있는 사건도 제법 있습니다. 피해자의 의사와 피해 회복이 중요한 재산범죄, 성범죄가 그러한 예입니다. 이런 사건에서는 양형에서 형사합의의 존재 여부가 핵심 고려 사항입니다.

실제로 피고인 측에 경제적 여유가 있어서 판결 선고 직전에 합의가 성립되는 경우가 종종 존재합니다. 재판이 진행되는 동안에는 합의금이 많다면서 버티다가도, 결국에는 실형을 면하기 위해 피해자가 요구하는 액수의 합의금을 지급하는 것이지요. 그렇다면 합의가 되었으니 집행유예를 선고하는 방식이 정의로운 결과일까요? 피고인에 대한 형벌을 정하는 절차에 돈이 커다란 영향력을 행사한다는 상황은 씁쓸한 현실이 아닐 수 없습니다.

9장

시민과 나란히
재판하다

독일의 민사법정

잠시 쉬어가는 의미에서 해외 연수 기간 가운데 독일 법정을 방청했던 경험을 말씀드려볼까 합니다. 법원에서는 매년 100명 정도의 판사에게 해외 연수의 기회를 줍니다. 1년 동안 외국에서 생활하면서 그 나라의 법률과 사법제도를 공부하고 체험할 수 있습니다. 저는 2017년 여름부터 1년 동안 독일의 뒤셀도르프라는 도시에서 연수를 했습니다.

해외 연수 기간 중 해야 하는 일에는 그 나라의 법원을 방문하는 것이 있습니다. 하지만 저는 법원 방문에 회의적이었습니다. 법원이 달라봤자 얼마나 다르겠나 하는 생각도 들었고, 법정에서 구사하는 수준 높은 독일어를 듣고 이해할 능력이 안 되는데 재판 방청으로 어떤 경험을 쌓을 수 있을까 싶었습니다.

예상과 달리 독일 법원 방문은 큰 의미가 있었습니다. 독일 법원은 출입구부터 우리나라와 완전히 달랐습니다. 출구와 입구가 따로 있었고, 훨씬 더 엄격하게 출입을 통제했습니다. 비행기에 탑승하는 수준의 보안 검색대를 통과해야 했습니다. 검색대를 지나가기 위해 길게 줄 선 모습은 우리나라 법원에서는 볼 수 없는 풍경이었습니다. 사실 우리나라와 비슷한 점은 하나도 없었습니다. 미술관을 방불케 하는 법원 내부 및 인테리어, 작지만 알뜰살뜰하게 꾸며진 판사실 등 모든 것이 달랐습니다.

뒤셀도르프 지방법원 공보판사는 저를 진심으로 반기면서 예상치도 못한 적극적인 태도로 도와주었습니다. 공보판사와 함께 의논해서 여러 가지 계획을 세웠는데 그중 재판을 방청하는 일정도 포함되어 있었습니다.

제가 방청하기로 한 재판은 세 종류였습니다. 상사합의부 재판, 상사합의부 조정, 형사합의부 재판입니다. 상사사건은 민사사건의 일종으로 상법이 적용되는 사건을 의미합니다. 상사합의부 재판과 조정은 민사법정에서 진행되었고, 형사합의부 사건은 뒤셀도르프 지방법원에서 가장 큰 1층의 대법정에서 진행되었습니다.

외국 영화에서 소란을 피우는 방청객이나 증인에게 판사가 "내 법정my court에서 나가세요"라고 명령하는 장면을 종종 볼 수 있습니다. 그 판사들이 '내 법정'이라고 말하는 것은 판사마다 자신의 법정이 있기 때문입니다. 하지만 우리나라 판사들은 '내 법정'이 없습니다. 여러 판사가 같은 법정을 요일별로 사용합니다.

가장 먼저 상사합의부 재판을 방청했습니다. 소송 금액이 큰 합의부 사건임에도 법정이 작아서 조금 놀랐습니다만, 독일 판사들 역시 자신만의 법정을 가지고 있었습니다. 방청석이 일고여덟 줄인 우리나라와 다르게 두 줄뿐이었습니다. 판사가 앉는 자리인 법대는 변호인석과 가까웠고 높이도 낮았습니다. 우리나라 법정은 변호인석과 거리가 멀고 고개를 들어야만 볼 수 있는 높은 곳에 판사가 앉아 있습니다. 법대와의 간격뿐만 아니라 당사자석 및 방청석 사이도 넓지 않았습니다. 권위적이지 않고 편안한 모습이었습니다. 아직 재판이 시작되지 않았는데도 많은 차이점이 눈에 들어왔습니다.

우리나라와의 차이점 및 시사점

재판을 진행하는 모습 또한 흥미로웠습니다. 물론 그들이 하는 말을 다 이해할 수는 없었지만 재판의 절차를 알았기에 판사와 대리인들의 행동이 어떤 의미인지 짐작할 수 있었습니다. 그중 우리나라와 크게 다른 점 두 가지에 대해 말씀드리겠습니다.

먼저 독일의 재판에는 직업법관이 아닌 사람이 참여합니다. 공보판사가 담당했던 1심 상사합의 재판부(소송가액이 5,000유로 이상인 경우입니다)에는 배석판사가 없고, 대신 참심재판관^{Handelsrichter}이 있었습니다. 이들은 직업법관이 아니므로 평소에는 자신의 일을 하다가 재판이 있는 날만 법정에 옵니다. 참심재판관은 그 지역에 있는 기업체의 경영자들이며 법을 알지는 못하지만, 실제 상거래가 어떻게 이루어지는지는 잘 아는 사람들입니다. 상사재판에는 상거래 경험이 많고, 상관습을 아는 사람이 재판관으로 참여할 필요가 있다는 뜻이겠지요.

참심제에 대해 들어본 적은 있지만 실제로 보니 놀라웠습니다. 재판은 직업법관이 해야 하는 것으로만 알고 있었던 고정관념이 무너졌지요. 해당 분야를 잘 아는 전문가가 참여함으로써 재판이 더욱 효율적으로 진행된다는 인상을 받았습니다. 우리나라에서는 사건과 관련된 분야의 전문가들이 조정에 참여하는 경우가 있습니다만, 직접 재판에 참석하지는 않습니다. 직업법관인 재판장이 참심재판관들과 재판을 진행하는 것은 재판과 동시에 조정이 이루어지는 모습이었습니다.

다음으로 인상 깊었던 점은 법정에 일반 직원이 없는 것이었습니다. 우리나라 법정에는 참여관, 실무관, 속기사, 법정 경위 등이 함께 있습니다. 이들 모두가 재판부를 구성합니다. 재판부 직원들은 사건을 기록하고, 절차 관련 서류를 점검하고, 증인의 증언을 녹취하는 등의 일을 합니다. 독일의 법정에서는 이 모든 것을 판사 혼자 했습니다.

판사는 소형 녹음기로 재판이 진행되는 상황을 전부 기록했고, 사건에 관한 서류가 담긴 수레를 직접 옮겼으며, 법정의 문을 열고 닫았습니다. 재판을 시작하는 시간이 되자 판사가 와서 열쇠로 직접 법정의 문을 연 다음, 기다리던 당사자 및 대리인들과 함께 입장하더군요. 마치 회의실에 들어가는 모습처럼 말입니다. 우리나라 법정에는 판사들만 드나드는 문이 따로 있고 판사가 입장을 하면 경위가 방청객과 재판 당사자들을 일어서게 합니다. 나라마다 문화와 제도가 다르겠지만, 우리나라 법정에서 판사들이 재판하는 모습과 방법을 되돌아보지 않을 수 없었습니다.

독일의 형사법정

형사사건은 공보판사의 추천에 따라 그 당시 가장 논란이 되었던 것을 방청했습니다. 인종차별주의자의 폭탄 테러 혐의에 관한 사건이었습니다. 그래서인지 검문 검색이 매우 엄격했습니다. 법원에 들어올 때 보안 검색대를 통과했음에도, 법정 문에 또 다른 검색대가 있었습니다. 형사법정은 법원 건물 1층 중앙에 있는 대법정이었는데, 미리 열어놓지 않고 재판이 시작되기 10분 전에 개방해 방청객들을 입장시켰습니다.

법정 입구의 검색대를 통과하면서 신분증을 제출해야 했고, 경찰관은 사람들의 신분증을 일일이 복사했습니다. 휴대폰이나 카메라 등 촬영이 가능한 물품은 전부 압수한 뒤 법정을 나서면 돌려준다고 했습니다. 방청객들은 자유롭게 원하는 자리에 앉을 수 없고 입장하는 순서대로 뒷줄부터 채워서 앉아야 했습니다.

법정은 대략 200명을 수용할 수 있는 크기였습니다. 조명도 최대한 자연광을 활용하여 조금 어두침침한 느낌이었습니다. 전체 규모와 분위기는 재판이 아니라 결혼식장으로 사용해도 될 듯했습니다. 많은 사람들이 주목하는 사건이어서인지 방청석은 꽉 찼습니다. 법정의 전체 모습은 민사법정을 확대해놓은 것과 같은 모습이었으나, 법대 및 당사자석에 유달리 많은 좌석이 있었습니다.

독일의 참심제

형사법정의 법대에 11명이 쭉 앉아 있는 모습이 인상 깊어서 공보판사에게 물었습니다. 독일의 형사재판이 참심제로 진행된다는 사실은 들었지만 11명이 어떻게 구성되는지 궁금했습니다.

11명 중 법복을 입은 가운데 세 명은 직업법관이고 가장 중앙에 있는 사람이 재판장이었습니다. 재판장을 중심으로 오른쪽, 방청석에서 보기에 왼쪽에는 참심원Schöffe, 법원시보(사법시험에 합격한 후 법원에서 수습을 받고 있는 사람) 및 속기사가 차례대로 앉습니다. 오른쪽으로는 또 다른 참심원, 예비 법관(직업법관 중 한 명이 질병 등의 사유로 결원이 생길 경우 대비), 예비 참심원 세 명(참심원 중 한 명이 질병 등의 사유로 결원이 생길 경우 대비)이 앉습니다.

그림 4 독일 형사합의 재판 법대의 모습(방청석에서 볼 때).

속기사	법원 시보	참심원	직업 법관	직업 법관 (재판장)	직업 법관	참심원	예비 법관	예비 참심원	예비 참심원	예비 참심원

사건에 관해 판결을 하는 합의부원은 직업법관 세 명 및 참심원 두 명으로 구성되는데, 합의 권한이 없는 예비 참심원뿐만 아니라 법원 시보와 속기사 역시 판사들과 함께 법대에 나란히 앉아 있는 것이 인상적이었습니다. 직업법관 세 명을 제외한 나머지 사람들은 정장이나 편안한 옷차림이었습니다.

　앞에서 보았듯이, 독일 민사재판의 경우 1심 상사합의부 재판에 참심재판관이 있지만 형사재판은 대부분 전문 직업법관이 아닌 사람의 참여로 이루어집니다. 상사사건 재판에 참여하는 사람들을 참심재판관이라고 하고, 형사재판에 참여하는 사람들을 참심원이라고 합니다.

　참심재판관은 명예직으로 변론기일에만 출석해 재판을 담당하며 직업법관과 마찬가지로 법복을 입고 법대에 앉습니다. 이들은 일반적인 상거래, 어음이나 수표, 상표법, 경쟁법 등을 다루는 상사재판부에만 배속되고, 변론기일에 참여할 뿐만 아니라 합의 시에 직업법관인 재판장과 동일한 권한을 갖습니다.

　참심재판관은 30세 이상의 독일 국민으로 자영업자이거나 과거에 자영업자였어야 하며, 임기는 5년이고 연임도 가능합니다. 이들은 명예직이기 때문에 보수를 지급받지 않고, 다만 출장비 명목의 비용은 지원받을 수 있습니다.

　한편 형사재판의 참심원은 법관이 아니라 일반인의 자격으로 재판에 참여한다는 점에서 진정한 의미의 참심제에 가깝다고 할 수 있습니다. 이들은 아주 가벼운 형사사건을 제외한 대부분의 1심 형사

사건에 참여하는데, 비교적 형량이 낮은 1심 형사사건은 직업법관인 재판장 한 명과 두 명의 참심원이 재판을 담당합니다. 보다 중한 1심 형사합의부 사건에서는 재판장 포함 세 명의 직업법관과 두 명의 참심원이 재판을 담당합니다. 제가 방청했던 사건이 바로 후자에 해당하겠지요.

형사재판에 참여하는 참심원의 임기는 5년입니다. 지원자가 충분하면 문제가 없으나, 그렇지 않다면 임의로 정해질 수도 있다고 합니다. 이들 참심원은 형사재판에서 증거서류를 검토하고 메모할 수 있고, 합의 시에 직업법관과 동일한(!) 권한을 갖습니다. 따라서 직업법관 한 명과 두 명의 참심원으로 구성된 재판에서 두 명의 참심원이 반대한다면 판사는 자신의 뜻에 따라 판결을 할 수 없습니다. 정말이지 놀라운 제도입니다.

앞에서 말씀드린 우리나라의 국민참여재판은 일부 형사재판에 대해서만 진행되고 그마저도 피고인이 동의하는 경우에만 가능합니다. 또한 배심원단의 결정에 법원이 반드시 따라야 하는 것이 아닙니다. 이에 비해 독일에서는 아주 가벼운 사건을 제외한 모든 사건에 대해 참심제가 실시되고, 참심원이 직업법관과 동일한 결정권을 갖습니다. 실감이 잘 안 나겠지만 두 제도는 어마어마한 차이가 있습니다.

국민의 참여로 이루어지는 참심재판을 보면서 올바른 재판이 무엇인가 생각하지 않을 수 없었습니다. 직업법관이 아닌 일반인이 재판에 참여하면 공정성과 투명성을 높일 수 있습니다. 국민에게 사법부에 대한 신뢰감을 갖게 하고, 국민의 법 감정에 충실한 사건 해결에 도움을 줄 것입니다. 독일의 참심제는 재판이 판사에 의해서만 이루어지는 것이 아니라 국민 모두가 참여하는 절차라는 인상을 주었습니다. 재판부의 판단을 더욱 신뢰할 수 있을 듯하다는 생각도 들었고요.

우리나라에서는 법원의 판결 결과에 사람들이 수긍하지 못하는 경우가 제법 많습니다. 판사들이 일상의 현실을 모른다거나 너무 법적인 논리에만 치중한다거나 판사, 검사, 변호사가 자기들끼리 속닥속닥해서 판결을 한다고 비판합니다. 실제로 그렇게 판결을 하는 때가 적지 않을 것입니다. 판사들이 잘 모르는 현실이 있는 게 사실이고, 현재의 소송 구조에는 판사에게 많은 권한이 있으니까요. 참심제와 배심제는 이와 같은 직업법관 제도의 단점을 보완하지 않을까 생각합니다.

물론 우리나라도 미국의 배심제와 유사한 국민참여재판을 시행하고는 있지만 실효성에는 약간의 의문이 듭니다. 국민참여재판이 실시되는 비율이 극히 낮고, 배심원단의 결정에 기속력이 없기 때문입니다. 재판이 반드시 판사들만의 전유물일 필요는 없습니다. 국민의 참여를 늘리고 권한을 확대하는 것이 더 바람직한 재판의 모습이 아닐까요?

벙커 부장
벙키 배석

부장판사와 배석판사의 갈등

2018년 법원에 주목할 만한 사건이 일어났습니다. 서울중앙지방법원에 있는 한 합의재판부 배석판사 두 명이 일시에 교체된 일입니다. 과거에도 부장판사와 배석판사의 갈등이 없었던 것은 아닙니다만, 이처럼 배석판사 두 명이 한꺼번에 교체된 상황은 처음이었습니다.

그 전에는 합의부 구성원들 사이에 갈등이 있어도 어떻게든 1년은 버티는 분위기였습니다. 법원에서는 1년 단위로 담당하는 업무가 바뀝니다. 누군가 다른 법원으로 가거나 맡은 업무를 바꾸기 때문입니다. 그 결과 같은 합의재판부가 2년 이상 유지되는 경우는 거의 없습니다. 즉, 합의재판부 구성원끼리 성향이 맞지 않아 힘들더라도 1년만 버티면 되는 것입니다.

하지만 몇 년 전부터 1년을 채우지 못하고 깨져버리는 합의재판부가 나타나기 시작했습니다. 버티다 못한 판사들이 인사권자에게 요청하여 재판부를 옮기거나 육아휴직을 신청하는 방식으로 어려움을 표출한 것입니다.

판사라는 직업은 인간관계에 어려움을 겪을 일이 별로 없지만, 합의재판부는 사정이 조금 다릅니다. 합의재판부는 10여 년의 경력을 가진 부장판사와 그보다 연차가 낮은 배석판사 두 명으로 구성됩니다. 최근에는 판사들의 평균 기수가 높아지면서 부장판사와 배석판사의 경력이 비슷한 경우도 종종 있습니다만, 법원 경력이 5년이 되지 않은 판사들은 기수가 높은 부장판사와 함께 일해야만 하는 구조입니다.

이처럼 합의재판부를 구성하는 것은 중요한 사건을 연륜 있는 판사에게 맡기는 동시에 배석판사에게 판사 업무의 노하우를 도제식으로 전수하기 위함입니다. 실제로 배석판사들은 함께 근무한 부장판사들로부터 재판의 진행과 판단 방법, 판결문 작성법을 배웁니다. 법원 생활 초기에 어떤 부장판사와 함께 일했는지가 그 사람의 재판 스타일을 결정하기도 합니다.

그렇지만 이러한 교육 방식과 상호 간의 경력 및 연령의 차이로 인해 부장판사와 배석판사 사이에 위계가 생깁니다. 게다가 부장판사들은 배석판사들의 평정評定에 관한 의견을 제시할 수 있습니다. 아무래도 눈 밖에 난 배석판사에게는 안 좋은 점수를 줍니다. 모든 판사는 독립된 헌법기관으로 같은 '판사'지만, 합의재판부의 운영에서는 상하의 서열이 있는 관료제적 요소가 나타나는 것입니다.

법원에는 '개똥밭에 굴러도 단독이 낫다'는 말이 있습니다. 합의재판부의 배석판사보다 아무리 사건이 많고 힘들어도 단독판사가 더 편하다는 뜻입니다. 단독판사는 부장판사와 갈등을 겪을 일이 없으니까요. 배석판사를 힘들게 하는 부장판사를 '벙커'라고 부릅니다. 벙커는 골프장에 있는 모래 구덩이인데, 그만큼 배석판사들을 어렵게 한다는 것입니다. 물론 좋은 부장판사가 더 많습니다. 벙커 부장판사는 소수지요. 그럼에도 '아무리 좋은 부장판사도 없는 것보다 못하다'고 합니다.

부장판사도 힘들다

벙커 부장판사가 배석판사들을 힘들게 하는 모습은 다양합니다만, 크게 '업무형 벙커'와 '생활형 벙커'로 나눌 수 있습니다. '업무형 벙커'는 일과 관련된 문제로 배석판사들을 괴롭힐 때를 말합니다. 예를 들어 판결문 작성을 까다롭게 하여 여러 번 고쳐 쓰게 한다거나 부장판사가 해야 할 업무를 배석판사에게 요구하는 것입니다.

판결문을 여러 번 고쳐 쓰면서 완성도를 높이는 일은 판사로서 당연히 해야 할 의무입니다. 하지만 벙커 부장판사들은 단순히 판결문의 완성도를 높이는 데 그치지 않습니다. 합의한 내용에 따라 판결문을 작성해 갔더니 갑자기 엉뚱한 소리를 하면서 결론을 바꿔서 쓰라고 한다거나 심지어 결론이 다른 버전으로 여러 종류의 판결문을 쓰라고 하는 경우도 있습니다. 원칙대로라면 합의를 해서 한 가지 결론을 내린 다음 그에 따라 판결문을 써야겠지요. 하지만 간혹 사건을 제대로 파악하지 못하고 합의하거나 스스로 결론을 못 내리는 부장판사가 있기 때문에 이런 일이 벌어집니다.

심지어 애써 쓴 판결문이 마음에 들지 않는다고 면전에 던져버렸다거나 눈앞에서 판결문을 파쇄기에 넣고 갈아버렸다는 전설도 전해져 내려옵니다.

'생활형 벙커'는 업무 외 사적인 영역에서 배석판사들의 생활을 침해하는 경우를 말합니다. 합의재판부에서 일반적으로 점심 식사는 함께하지만, 저녁 식사까지 같이하자고 한다거나 지나치게 회식을 자주 하고, 주말이나 휴일에 등산이나 영화 관람을 가자고 권하는 것입니다.

어쩌다 한번쯤은 같이 저녁 식사나 등산을 할 수도 있습니다. 하지만 부장판사의 제안을 거절하기 어려운 배석판사의 입장을 생각하지 않고 무리하게 요구할 때가 문제입니다. 부장판사는 훨씬 선배일 뿐만 아니라 배석판사들의 평가에 의견을 제시할 수 있기 때문에 배석판사들은 부장판사의 눈치를 보지 않을 수 없습니다.

재판의 결론에 관해서 합의할 때도 마찬가지입니다. 간혹 용기 있게 자신의 의견을 끝까지 주장하는 배석판사도 있지만, 대부분은 부장판사의 의견을 들으며 적당히 물러섭니다. 괜히 부장판사 앞에서 주장을 고집하면 미움만 받기 십상이니까요. 배석판사 입장에서는 자신의 결론을 고집해봤자 이득 될 것이 별로 없습니다. 배석판사의 의견대로 판결을 했다가 항소심에서 깨지면 부장판사에게 좋은 소리를 듣지 못할 것이고, 설령 배석판사의 판단이 옳다고 해도 자존심 센 부장판사가 쉽게 자신의 잘못을 인정할 리는 만무합니다.

부장판사들도 할 말이 없는 것은 아닙니다. 배석판사가 기록을 열심히 검토하고 관련 사례를 분석해서 합의를 준비하는 것이 아니라, 그저 부장판사만 바라보면 답답함을 느낍니다. 배석판사가 자신의 의견을 가지고 기개 있게 주장을 펼치지 못하고, 부장판사의 결론이 무엇인지 짐작하기에만 급급하다고 불평합니다.

배석판사가 정해진 시간이 지나도록 판결문 초안을 작성하지 않는 것도 문제입니다. 일정에 따라 판결문을 '납품'해야 기일에 맞춰 선고를 할 수 있는데, 초안이 작성되지 않으니 막막합니다. 배석판사가 마침내 판결문 초안을 가져오긴 했는데, 비슷한 사례를 복사하여 짜깁기한 것이라면 깊은 한숨부터 나오겠지요. 그런 경우 배석판사에게 판결문을 다시 작성하라고 요구하지 않을 수 없습니다. 도저히 대책이 없다면 부장판사가 직접 판결문을 써야겠지요.

부장판사 입장에서도 배석판사들과 식사를 하고 등산을 가는 것이 마냥 좋지만은 않습니다. 그저 맛있는 음식 사주려고, 재판으로 인한 스트레스를 풀어주려고, 우애를 다지려고 저녁 시간이나 주말에 함께하자는 것인데, 배석판사들이 그 마음을 몰라준다고 푸념할 수도 있습니다. 부장판사들이 배석판사 시절에는 그렇게 어울리는 게 당연한 일이었으니까요. 부장판사를 힘들게 하는 배석판사를 '벙키'라고 합니다. 배석판사들처럼 부장판사들도 모이면 벙키 배석판사를 험담합니다.

이처럼 판사의 생활은 합의재판부인지 단독재판부인지에 따라 크게 달라집니다. 모든 회사가 그렇듯 누구와 함께 일하는지가 일상에 절대적인 영향을 끼치겠지요.

합의재판부 운영 개선을 위한 권고안

합의재판부 부장판사와 배석판사 간 갈등을 해결하기 위해 법원 내에서는 여러 방안이 논의되었습니다. 사회 곳곳에서 문제 되는 직장 상사와 부하 직원의 갈등을 해결하는 방법과 비슷한데, 대표적인 내용은 아래와 같습니다.

- 합의부 구성 초기(주로 2월 말입니다)에 1년 단위 전체 일정, 선고 일정 및 선고하는 사건 수, 합의하는 방식 등을 협의하는 것이 바람직하다.
- 사건의 검토는 합의부 구성원 각자가 하고, 부장판사가 배석판사에게 메모나 검토 보고서를 작성하게 하는 것은 지양한다.
- 부장판사는 기록을 파악하여 사건을 충실히 검토한 후 합의에 임하여야 하고, 주심판사의 보고나 주심판사가 작성한 판결문 초고를 통하여 사건이나 기록을 파악하는 것은 지양하여야 한다.
- 판결문 수정 횟수는 최소한으로 하고, 재판장의 개인적인 선호

등에 따른 수정은 지양하여야 한다.

- 업무 외의 생활은 원칙적으로 각자의 전적인 자유에 속한 부분 이라는 것을 합의부원 모두가 인식하여야 한다.
- 합의부원이 함께하는 점심 식사는 원칙적으로 주 3회 이하로 정하고, 그 외의 점심시간은 각자 활용할 수 있도록 하는 것이 바람직하다.
- 합의부의 저녁 회식은 반기별 1회 정도를 일응의 기준으로 하여 구성원들의 협의에 의하여 정하는 것이 바람직하다.

2부

결론
내리기

1장

소송기록과
메모지

사건에 관한 서류철, 기록

주변 사람들이나 학생들이 떠올리는 판사는 아마도 법정에서 법복을 입은 모습일 것입니다. 법정에서 재판을 진행하고 증거조사를 하고 판결을 선고하기 때문이겠지요. 법복을 입은 판사만 아는 것입니다. 하지만 판사들의 일은 법정을 나서면서 본격적으로 시작됩니다. 사실 법복을 입고 지내는 시간보다 벗고 있을 때가 훨씬 더 많습니다.

사건별로 제출된 서류와 증거들을 모아놓은 것을 '기록'이라고 부릅니다. '기록'의 사전적 의미는 "주로 후일에 남길 목적으로 어떤 사실을 적은 것"입니다. 법원에서는 사건 하나하나마다 관련된 서류와 증거들을 모아 '기록'을 만듭니다. 법원뿐만 아니라 법조인이라면 모두 그렇습니다. 변호사들도 나름의 방법으로 기록을 만들고 검사들도 마찬가지입니다. 법조계에서 '기록을 봐야 한다'는 것은 '사건을 검토해야 한다'는 말입니다. 기록에는 다음과 같은 서류들이 편철됩니다.

- 소송 절차에 관한 서류
- 당사자들이 제출한 소장, 답변서, 준비서면 등 주장을 담은 서류
- 당사자들이 제출한 증거들(주로 서증이지만, 사진이나 동영상 파일 등을 담은 CD, USB, 증인신문을 녹취한 서류도 있음)
- 법정에서 있었던 일을 기재한 서류(민사재판이면 변론조서, 형사재판이면 공판조서)

즉, 해당 사건에 관한 정보를 모아놓은 것이 기록입니다. 원고가 언제 소송을 제기했는지, 원고의 소장에 대해 피고가 어떻게 답변했는지, 법정에서 진행된 재판에서 판사와 당사자들은 어떤 이야기를 했는지 등 제출 가능한 모든 정보가 포함되어 있습니다. 형사재판도 마찬가지입니다.

예전에는 이러한 서류들을 모두 편철하여 두꺼운 종이 기록을 만들었습니다. 하지만 최근에는 민사재판의 경우 전자화된 기록으로 재판을 진행하는 것이 일반적입니다. 파일을 업로드 하는 방식으로 서류와 증거를 제출하여 기록을 만듭니다.

법조인의 입장에서 '기록'은 재판에 없어서는 안 될 필수품이지만, 법조계 사정을 잘 알지 못하는 사람들은 기록이라는 것이 있다는 사

실조차 잘 모릅니다. 저 역시 연수원 시절에 처음 보았습니다. 사례 연구, 판례 해설과 같은 책보다 구체적이고 실감 나게 사건이 다가 왔습니다.

판사들은 재판을 마친 후 법복을 벗자마자 사무실에 앉아 기록을 검토합니다. 물론 법정에서 재판이 진행되는 동안 당사자들의 이야 기를 듣고, 어떤 증거들이 제출되었는지 확인했습니다. 마음속으로 대략적인 결론을 내렸을 수도 있습니다. 하지만 법정에서는 하루에 수십 건의 사건이 진행됩니다. 사건별로 당사자가 어떤 주장을 했고 무슨 증거를 제출했는지 일일이 기억하는 것은 불가능에 가깝습니 다. 그래서 판사들은 변론이 종결된, 즉 판결 선고를 앞둔 사건의 기 록들만 별도로 모아 꼼꼼히 검토합니다. 그동안 진행된 재판에서 당 사자들이 충분히 주장했는지, 보완할 증거는 없는지, 누구의 주장이 옳은지 등을 살펴봅니다.

소송기록은 전자화된 것과 종이로 된 것이 있습니다만, 종이를 기 준으로 말씀드리면 대략 500쪽의 서류를 모아놓은 것이 기록 한 권 에 해당합니다. 한 사건의 기록이 그 이하라면 한 권으로 끝나겠지 만, 제출된 서류가 많아 500쪽이 넘는다면 두 권 이상의 기록이 만들 어집니다. 어렵고 복잡한 사건은 수십 권이 넘는 기록으로 이루어지 기도 합니다.

기록을 검토하는 시간

판사로 임용되어 법원에 들어가면 처음 몇 년 동안은 합의재판부 배석판사로 일합니다. 그렇다면 배석판사가 일주일 동안 보는 기록의 양은 얼마나 될까요? 재판부마다 업무량이 다르기 때문에 일률적으로 말씀드릴 수는 없습니다만, 일주일에 다섯 건의 판결을 선고하고 각 사건의 기록이 평균 두 권이라면 대략 열 권, 5,000쪽을 살펴보아야 합니다.

제 경험에 비추면 이것은 그나마 적은 편입니다. 사건의 수와 내용에 따라 더 늘어날 가능성이 있습니다. 배석판사가 기록을 본다는 일은 단순히 사건을 검토하는 게 아니라 판결문까지 작성해야 한다는 의미입니다. 즉, 일주일에 수천 쪽에 달하는 내용의 사건 기록을 보고 판결문을 작성해야 한다는 뜻이지요.

저는 합의재판부 배석판사로 근무할 때 일주일에 이틀씩 재판을 했습니다. 월요일과 목요일 또는 화요일과 금요일에 한 적도 있었습니다. 재판하는 요일은 재판부마다 다릅니다. 재판이 없는 사흘 중 1.5일은 기록을 보고 나머지 1.5일은 판결문을 씁니다. 법정에서 재판을 하는 것보다 기록을 보고 판결문을 작성하는 시간이 더 많지요. 단독판사로 일할 때는 일주일에 하루만 재판을 했기 때문에 기록 검토와 판결문을 쓰는 시간은 더욱 늘어납니다. 법정에서의 모습은 판사의 업무 중 일부인 것이지요.

기록을 검토하는 모습

종이 기록은 양이 많아 전부 보관하기 어렵고, 변호사나 당사자가 소송 서류와 증거를 제출하기에도 불편합니다. 우편으로 보내거나 법원에 직접 방문해야 하니까요. 이러한 종이 기록의 단점을 해소하기 위해 법원에서는 2010년부터 전자소송시스템을 마련했습니다. 당사자와 대리인들은 전자소송시스템에 접속하여 소송을 제기하고 재판을 진행할 수 있습니다. 전자소송은 종이 기록이 전자 문서로 대체되었을 뿐 재판이 진행되는 절차와 방식은 다르지 않습니다.

전자소송이 널리 보급되면서 판사들의 책상에도 변화가 찾아왔습니다. 책상에는 컴퓨터 모니터가 두 개 있습니다. 한 개의 모니터로는 판결문을 작성하고, 다른 하나로는 법조문과 판례를 찾아보는 용도로 사용합니다. 전자소송이 도입되면서 모니터가 전자소송 화면을 담을 수 있는 와이드 형태로 바뀌었습니다.

판사를 비롯한 법조인들이 기록을 검토하면서 사용하는 특이한 물건이 두 가지 있습니다. 하나는 메모지이고, 다른 하나는 골무입니다. 메모지는 기록을 보거나 재판을 하면서 당사자들의 주장과 사건의 쟁점, 재판 진행 상황 등을 정리한 것입니다. 법정에서 부장판사나 당사자가 했던 말, 행동에서부터 사건의 결론도 메모지에 기록합니다.

메모지는 개별 사건마다 하나씩 만듭니다. 한 장일 때도 있지만, 사건이 길고 복잡하면 메모지가 열 장이 넘기도 합니다. 사법부 전자 시스템에는 여러 종류의 메모지 양식이 업로드 되어 있어서 자신의 스타일에 맞게 골라서 쓸 수 있습니다.

원래 골무는 바느질할 때 손가락을 보호하기 위해서 사용하는 것입니다만, 법조인들은 기록을 볼 때 사용합니다. 재질이 고무로 된 골무를 손가락에 끼면 종이를 쉽게 넘길 수 있습니다. 짧은 시간에 많은 양의 기록을 봐야 하기 때문에 반드시 필요한 물건입니다. 마음은 급한데 종이가 잘 안 넘어가면 답답하니까요. 민사소송에 전자소송시스템이 도입되면서 골무를 사용하는 일은 점점 줄고 있습니다.

판사들은 이처럼 여러 도구의 도움을 받아 기록을 검토하며 사건의 전말을 파악하고, 결론을 내림과 동시에 어떻게 판결문을 쓸지도 고민해봅니다. 하지만 진짜 중요한 것은 이제부터입니다. 판사는 기록을 단순히 검토만 하는 것이 아니라 결론을 내려야 하거든요. 아무리 어렵고 잘 이해되지 않는 복잡한 사건이라고 해도, 어떤 주장이 옳은지 판단이 서지 않거나 양측의 주장이 모두 맞는 것처럼 보인다 해도 결론을 내리지 않을 수 없습니다. 게다가 그 결론이라는 것은 중간이 없습니다. 양쪽 모두를 긍정할 수도 부정할 수도 없고, 절충이나 조화를 이루기도 쉽지 않다는 말입니다.

사건의 결론을 내리는 일, 대립하는 가치 가운데 어느 하나만을 선택한다는 것은 결코 쉽지 않습니다. 다음 장부터는 판사들이 판단을 내리는 과정에서 겪는 어려움과 고민에 대해 자세히 살펴보도록 하겠습니다.

2장

그동안의 공부는 무용지물

재판할 때마다 결론이 달라진다?

2019년 8월, 흥미로운 대법원 판결이 있었습니다. '붉은 소' 모양을 둘러싸고 에너지 음료 회사인 레드불이 자동차 용품 판매회사인 불스원을 상대로 상표등록 무효 소송을 제기한 사건입니다. 원심인 특허법원은 두 상표의 유사성은 인정하면서도, 불스원에 '부정한 목적'이 없었다는 이유로 레드불의 청구를 기각했습니다. 하지만 대법원은 불스원이 레드불의 국내 영업을 방해하려는 '부정한 목적'으로 상표를 등록했다고 볼 여지가 있다고 판단했습니다. 원심과 대법원의 판단이 엇갈린 것이지요.*

---

* 구 상표법 제7조(상표등록을 받을 수 없는 상표) ① 다음 각 호의 1에 해당하는 상표는 제6조의 규정에 불구하고 상표등록을 받을 수 없다.
  12. 국내 또는 외국의 수요자 간에 특정인의 상품을 표시하는 것이라고 현저하게 인

이처럼 상급심에서 결과가 뒤집히는 사건이 적지 않습니다. 1심 원고 승소, 2심 원고 패소, 3심 다시 원고 승소인 사건은 말 그대로 재판을 할 때마다 결론이 달라진 것입니다. 이를 두고 법원의 판결을 믿을 수 없다, 사법부의 신뢰가 떨어진다고 하는 사람들도 있습니다.

당연한 이야기지만 사실관계와 당사자들의 주장이 같음에도 판결의 결과가 달라지는 이유는 사건을 담당하는 판사가 달라지기 때문입니다. 같은 증거를 두고 판사마다 판결이 다를 수 있다는 의미입니다. 왜 이런 일이 일어날까요? 실제 사건에서 어떤 과정을 거쳐 결론에 도달하는지 살펴보면 그 이유를 알 수 있습니다.

판단의 어려움

판사로 일하기 시작했을 때 재판을 해본 적은 없지만 큰 문제는 없을 것이라고 생각했습니다. 대학교 4년, 고시 공부 3년, 사법연수원 2년, 군법무관 3년을 합쳐서 10년 이상 법학을 공부했고 실무를 담당하기도 했으니까요. 하지만 법원에서 일한 지 일주일도 되지 않아서 제가 자만했음을, 하룻강아지였음을 깨달았습니다. 실제 재판에

식되어 있는 상표와 동일 또는 유사한 상표로서 부당한 이익을 얻으려 하거나 그 특정인에게 손해를 가하려고 하는 등 부정한 목적을 가지고 사용하는 상표.

서는 그동안 배우고 익힌 지식이 크게 쓸모없었거든요.

2017년에 다룬 사건 하나를 예로 들어보겠습니다. 다음과 같은 임대차 관련 분쟁은 아주 흔하게 벌어집니다.

건물 반환 청구 사건

사실관계

원고는 5층 상가 건물의 건물주이고, 피고는 식당을 운영하기 위해 원고로부터 그 건물 1층을 임차했습니다. 임대차 보증금은 3,000만 원, 월세는 300만 원이었고, 임대차 기간은 1년이었습니다. 원고는 피고를 상대로 건물 1층을 반환하라는 소송을 제기했습니다. 임대차 기간이 끝났음에도 피고가 건물에서 나가지 않는다는 이유였습니다.

당사자들의 주장

재판에서 원고와 피고는 다음과 같이 주장했습니다.

① 원고: 임대차 기간이 끝난 후 4개월이 지났습니다. 그런데도 피고가 건물에서 나가지 않고 있습니다.

② 피고: 임대차 기간이 끝난 것은 맞지만 아직 보증금 3,000만 원을 돌려받지 못했습니다. 보증금을 받기 전까지는 건물에서 나갈

수 없습니다.

③ 원고: 제가 보증금을 반환하지 않은 것은 사실입니다. 하지만 보증금은 한 푼도 남아 있지 않습니다. 왜냐하면 피고가 10개월 전부터 월세를 지급하지 않아서 보증금에서 3,000만 원(=300만 원×10개월)이 전부 공제되었기 때문입니다.

④ 피고: 제가 10개월 동안 월세를 지급하지 않은 것은 맞습니다. 하지만 월세를 지급할 수 없었습니다. 원고의 건물은 계약하던 당시에도 원고가 이야기한 것과 달리 너무 낡고 문제가 많았습니다. 식당을 운영하기 어려울 정도였지만, 계약을 체결한 이상 어쩔 수 없이 영업을 개시했습니다. 제가 식당을 운영하려 한다는 것은 원고도 알고 있었습니다. 하지만 영업을 시작한 지 6개월이 지난 무렵에는 벽이 심하게 갈라지고 천장과 벽에서 물이 샜습니다. 뿐만 아니라 주방의 하수구가 고장 나 하수가 역류해서 2주 동안 물이 빠지지 않았습니다. 제가 월세를 지급하지 않은 이유는 건물을 제대로 사용할 수 없었기 때문입니다.

⑤ 원고: 아닙니다. 피고는 거짓말을 하고 있습니다. 건물은 식당을 운영하는 데 아무런 문제가 없었습니다. 건물 벽에 금이 가고 물이 샌다고 주장하지만 사실과 다릅니다. 물론 건물 벽에 조금 금이 갈 수 있고 물이 약간 샐 수도 있지만 그 정도를 가지고 식당 영업을 하지 못한다는 것은 말이 되지 않습니다. 피고는 식당이 잘되지 않아서 문을 닫은 것이지 건물에 문제가 있어서가 아닙니다. 게다가 아무리 문제가 있어도 계약이 끝났을 때 건물을 반환했으면

괜찮았을 것입니다. 하지만 그 이후로도 지금까지 나가지 않고 있어서 새로운 세입자를 구하지 못하고 있습니다. 저의 피해가 너무 막심합니다.

⑥ 피고: 아닙니다. 건물 벽에 한눈에 봐도 위험할 정도로 커다란 금이 가고 여름철이 지나면서부터 천장에는 누수가 심했습니다. 누수로 인해 천장과 벽이 곰팡이로 얼룩졌고 퀴퀴한 냄새가 났습니다. 하수구에서 물이 역류하여 2주 동안 식당을 운영하지 못했습니다. 제가 직접 사진 찍어놓은 것들이 있습니다. 원고에게 수리를 해달라고 몇 차례 요청했지만 묵묵부답이었습니다. 그래서 월세를 지급하지 않은 것입니다.

처음에는 '쉽게 해결할 수 있겠다'고 여겼던 사건이 점점 복잡해지고 끝도 없는 주장이 이어졌습니다. 쉽기는커녕 어떻게 해결해야 할지 실마리가 보이지 않았습니다.

당사자들의 주장을 단계별로 살펴봅시다. 이 사건은 번호를 매긴 각각의 단계에서 재판이 끝날 수 있었습니다. ①에서 원고가 주장한 사실을 피고가 인정하면 재판이 끝나고, ②에서 피고가 주장한 사실을 원고가 인정하면 여기서 재판이 끝납니다. ③도 마찬가지입니다.

설령 피고나 원고가 상대방의 주장을 인정하지 않더라도 ③까지는 크게 문제되지 않습니다. 왜냐하면 ①, ②, ③의 사실관계를 확인하는 것은 어렵지 않거든요. 임대차 기간이 끝났는지는 계약서와 달력을 보면 알 수 있고, 보증금을 지급했는지는 원고와 피고 사이의 계좌 내역이나 영수증을 보면 확인 가능합니다. 피고가 10개월 동안 월세를 지급했는지 여부 또한 은행 계좌를 통해 알 수 있습니다.

하지만 ④부터는 복잡해지기 시작합니다. 임대차 관계에서 임대인은 임차인으로 하여금 건물을 목적에 맞게 사용할 수 있도록 유지할 의무가 있습니다(민법 제623조). 임차인에게 건물을 사용하게 하는 대가로 월세를 지급받는 것이니까요. 즉, 원고는 피고가 상가 건물(식당)의 용도로 1층 부분을 사용 가능하도록 해줄 의무가 있다는 것입니다. 피고는 원고가 이러한 의무를 다하지 못했다고 주장했습니다.

판사는 재판을 통해 원고가 이러한 의무를 다했는지 판단해야 합니다. 그런데 '건물을 용도에 맞게 사용할 수 있도록 해준다'는 말은, 무엇을 어느 정도로 해주어야 하는 것일까요? 예를 들어 물이 조금 새는 건 괜찮지만 많이 새는 건 안 된다면, '조금'과 '많이'는 어떻게 판단할 수 있나요? 물이 계속 새지는 않지만 비가 올 때마다 천장 구석이 젖을 정도라면 어떠한가요? '건물을 용도에 맞게 사용한다'의 기준이 뚜렷하지 않습니다.

어려움은 그뿐만이 아닙니다. 재판을 진행하는 현재 시점에서 과거의 건물 상태를 확인할 수 있을까요? 재판이 진행되던 당시로부터 적어도 1년 전의 일일 텐데, 현재의 모습이 예전과 같다고 단정할 수 있을까요? 그 밖에 다른 증거를 통해서도 과거의 상태를 파악하기는 쉽지 않습니다. 지나간 과거의 상황을 그대로 재현하는 일은 거의 불가능하니까요. 다시 말해 '건물을 용도에 맞게 사용한다'의 기준을 정하기에 앞서 건물이 어떤 상태였는지 사실관계를 확정하는 것부터가 어렵습니다.

물론 객관적인 진실이 존재합니다. 원고와 피고 중 한 명이 거짓말을 하는 것일 수도 있습니다. 하지만 판사가 신이 아닌 이상 객관적 진실이 무엇인지 알기는 거의 불가능합니다. 판사는 재판 과정에서 드러난 증거를 통해 과거 사실을 '짐작'할 수밖에 없습니다.

이제는 제가 일하기 시작했을 때 느꼈던 당황스러움이 무엇인지 짐작하시겠지요? 조금 과장하면, 대학교와 연수원에서 공부한 것은 ①, ②, ③까지를 판단하는 방법이었습니다. 학설과 판례를 통해 법리를 공부했지요. 하지만 실상은 달랐습니다. 재판에서 수로 다투게 되는 것은 ④ 이후의 주장에 관한 판단이었거든요. ③까지만 문제가 되는 사건은 애초에 소송이 제기되지 않는 경우가 많습니다. 재판에서 다툼이 일어나는 사건은 '딱 떨어지는' 일이 별로 없습니다. 비교적 명백한 사건이라면 빠른 시일 안에 간단하게 재판이 끝나겠지요. 어떻게 해결해야 할지 당사자들이 더 잘 알고 있으니까요.

재판에서 다루어지는 많은 사건들이 판사가 되기 전에는 배우지 않았던 부분에 대한 판단을 필요로 했습니다. 그래서 저는 '그동안 헛공부했구나' 하는 생각을 했습니다.

고도의 개연성 판단

앞서 말씀드린 민사재판의 원칙 중 하나는 '주장하는 자가 그 사실을 입증해야 한다'는 입증책임의 분배입니다. 이때의 입증은 그러한 사실이 있었을 것이라는 높은 개연성을 요구합니다.

다시 사건을 봅시다. '임대인이 임차인으로 하여금 건물을 용도에 맞게 사용할 수 있도록 할 의무를 다하지 않았다'고 주장하는 사람은 임차인인 피고입니다. 다시 말해 임대인의 의무 위반을 입증할 책임이 피고에게 있습니다.

이 사건의 원고는 부유한 건물주였고, 피고는 가난한 상인이었습니다. 두 명 모두 본인이 직접 소송을 했는데, 원고는 이전에도 비슷한 소송을 여러 차례 진행해서 이긴 경험이 있는 듯했습니다. 큰 목소리를 내는 원고에 비해 피고는 움츠러들었고 절박해 보였습니다. 만약 피고의 주장이 인정되지 않는다면 보증금 3,000만 원을 한 푼도 돌려받지 못하게 됩니다.

피고가 제출한 증거는 갈라진 벽, 누수가 발생한 천장 그리고 하수구가 역류하여 주방에 물이 찬 모습을 찍은 사진 몇 장(증거 1)이 전부였습니다. 하지만 그 사진이 언제 찍힌 것인지 분명하지 않았습니다. 또한 벽에 얼마나 금이 갔고 물이 얼마나 샜는지, 하수구는 왜 역류했는지 사진만으로는 도저히 알 수 없었습니다.

이런 경우 판사가 취할 수 있는 가장 손쉬운 방법은 피고의 주장을 받아들이지 않는 것입니다. 주장을 뒷받침할 증거가 부족하다고 판단하면 됩니다. 법정에서 겉으로 드러내지는 않았지만 피고의 사정은 딱해도 원고 승소 판결을 할 수밖에 없겠구나, 생각했습니다. 피고가 제출한 증거가 너무 부족했고, 피고의 주장이 인정되지 않는 이상 건물 반환을 주장하는 원고의 청구가 정당한 셈이니까요. 하지만 피고는 건물이 용도에 맞게 사용할 수 없는 상태였다고 거듭 주장하면서 억울하다고 했습니다. 저는 피고에게 증거를 보완하라고 말했습니다.

그 후 피고는 주방 하수구를 수리한 공사 업자의 진술서(증거 2)를 제출했습니다. 진술서는 본인이 하수구를 수리했으며 걸핏하면 하수구가 막혀서 역류한다, 하수가 역류한 원인은 확실하지 않으나 건물의 구조적인 결함으로 보인다는 내용이었습니다.

이 정도면 피고가 자신이 주장하는 내용을 입증했다고 볼 수 있을까요? 이러한 증거를 통해 원고가 임대인으로서의 의무를 다하지 않았다는 확신이 드나요? 저는 피고가 추가로 제출한 증거로도 입증이 충분하지 않다고 생각했습니다. 그것만으로 원고가 '건물을 용도에 맞게 사용하도록 할 의무'를 이행하지 않았다고 단정할 수는 없었거든요. 또 다른 증거가 있었다면 도움이 되었겠지만 피고는 더 이상의 증거를 제출하지 못했습니다. 만약 다음과 같은 증거들을 추가로 냈다면 어땠을지 생각해봅시다.

증거 3: 피고가 원고에게 건물 벽에 금이 가고 천장에서 물이 샌다고 항의하면서 수선을 요구한 문서들(내용증명이나 편지)

증거 4 : 금이 간 내벽과 천장의 누수 부분을 수리한 영수증

증거 5 : 건물 벽이 심하게 갈라져 외관상 좋지 않을 뿐만 아니라 위
　험해 보였다는 지인의 증언

증거가 많아질수록 피고 주장의 신빙성은 높아질 것입니다. 하지
만 그럼에도 여전히 확신하기(고도의 개연성 인정하기)는 쉽지 않습니
다. 피고가 항의한 문서들은 피고의 일방적 주장이고, 공사 업자는
피고의 요청에 따라 공사한 것일 뿐이며(건물의 하자가 어느 정도인지
분명하지 않습니다), 증언 내용은 피고의 편에 있는 증인이 거짓으로
진술한 것일지도 모르니까요.

판단의 영역

사실관계와 주장이 같다면 판사들은 대부분 같은 판결을 합니다.
하지만 이런 사건들은 어렵지도 않고, 그리 고민되지도 않습니다.
문제는 사실관계나 법리가 명확하지 않아서 사실적인 또는 법적인
판단을 필요로 하는 영역에서 논쟁이 벌어질 때입니다. 이러한 사건
은 판사의 입장에서도 많은 고민이 되고, 때에 따라서는 판사마다
판단이 달라지게 됩니다.

그와 달리 사실관계와 법리가 명확하다면 분쟁이 일어날 이유가
별로 없고, 분쟁이 생겨도 신속하게 해결되기 마련이니까요. 이러한

판단의 영역은 애초에 법이 예정한 부분이기도 합니다. 법조문에는 판사의 판단을 필요로 하는 개념이 많습니다.

> 민법 제103조(반사회질서의 법률행위) 선량한 풍속 기타 사회질서에 위반한 사항을 내용으로 하는 법률행위는 무효로 한다.
> 민법 제109조(착오로 인한 의사표시) ① 의사표시는 법률행위의 내용의 중요 부분에 착오가 있는 때에는 취소할 수 있다. 그러나 그 착오가 표의자의 중대한 과실로 인한 때에는 취소하지 못한다.
> 민법 제126조(권한을 넘은 표현대리) 대리인이 그 권한 외의 법률행위를 한 경우에 제삼자가 그 권한이 있다고 믿을 만한 정당한 이유가 있는 때에는 본인은 그 행위에 대하여 책임이 있다.

위의 법조문에 나오는 "선량한 풍속 기타 사회질서", "중요 부분", "중대한 과실", "정당한 이유"는 판사가 재판을 통해 여러 가지 사정을 종합해서 판단할 수밖에 없습니다. 이번 장의 서두에서 예로 든 레드불과 불스원의 상표권 분쟁 역시 '부정한 목적'이 있었는지에 관한 판단을 필요로 합니다. 즉 '부정한 목적'이라는 요건이 판사의 판단을 필요로 하는 개념입니다. 여기서 문제는 판사마다 당사자가 입증책임을 다했는지에 대한 판단이 달라질 수 있다는 것입니다.

앞의 사건을 다시 보겠습니다. 저는 증거 1, 2만으로는 피고의 입증이 충분하지 않다고 보았지만, 달리 판단하는 판사도 있겠지요(하수구의 구조적 문제로 얼마간 식당 운영에 어려움이 있었다는 사실을 인정할 수도 있습니다). 저로서는 증거 3부터 5까지 있었다면 피고의 주장을 인정했을 것 같습니다만, 다른 판사는 그것만으로 부족하다고 생각할 수도 있습니다. 피고가 건물을 사용할 수 없는 상태가 어떤 것인지, 어느 정도의 증거로 확신을 얻을지는 판사마다 달라집니다. 그런 것은 교과서에 나와 있지도 않고 배운 적도 없으니까요.

판결에는 한 사람의 판사가 가진 가치관, 신념, 그동안의 직·간접적인 경험이 개입하기도 합니다. 예를 들어 '건물을 임차했으면 사용하는 사람인 임차인이 적절히 수선해서 사용해야지, 임대인이 일일이 수선해줄 수는 없다'라는 생각을 가진 판사와 '월세를 받고 있으니까 임차인이 건물을 제대로 사용할 수 있도록 임대인이 신경 쓰는 게 당연하다'라는 생각을 가진 판사가 있다면 두 명이 같은 결론을 내리기는 힘들겠지요.

판사들이 하는 결정과 판결의 상당수가 이와 같은 판단의 영역에 있습니다. 칼로 무를 자르듯 딱 잘라서 말할 수 없다는 이야기입니다. 양쪽의 주장이 모두 그럴듯한 상황에서, 혹은 모두 불확실한 가운데에서도 판단을 내려야 하는 것이 판사의 역할입니다.

앞의 사건에서 저는 피고의 주장이 터무니없는 것은 아니지만 증거를 제출하기 쉽지 않겠다고 생각했습니다. 하지만 다른 판사라면 피고가 그저 자신의 책임을 면하기 위해 시간을 끈다고 느꼈을지도 모릅니다.

저는 끝내 이 사건을 처리하지 못하고 다른 곳으로 옮겼습니다. 하지만 뒤를 이어 사건을 처리한 판사는 쉽게 결론을 내렸을지도 모릅

니다. 어떤 사람에게는 어려운 판단이 다른 사람에게는 쉬울 수도
있으니까요.

3장

중요한 것은
양심이다

양심에 따른 판결

헌법 제104조는 "법관은 헌법과 법률에 의하여 그 양심에 따라 독립하여 심판한다"라고 규정하고 있습니다. 헌법과 법률 그리고 양심이 판결을 하는 기준이 되는 것입니다. 저는 판사가 되기 전, 위 헌법 조항을 보면서 이런 생각을 했습니다. '헌법과 법률에 따라 판결하면 충분하지 굳이 양심에 따라 판결하라고 규정할 필요가 있을까? 그런 규정이 필요할 정도로 판사들이 비양심적으로 판결을 해왔을까?' 하지만 판사로 일하면서 '양심'에 따라 판결하는 것이 헌법과 법률에 의하는 것만큼이나 중요하다는 사실을 깨닫게 되었습니다. 여기에는 두 가지 이유가 있습니다.

첫째, 예전의 저는 단순히 '양심'을 악한 행동을 하지 않는 것, 정의로운 행동을 하는 것이라고 생각했습니다. 하지만 헌법에서 말하는 양심은 선함이나 정의를 의미하지는 않습니다. '자신의 주관적 가치판단에 따른 사물의 옳고 그름에 관한 내적 믿음'을 뜻합니다. 즉, 다른 누구의 것이 아닌 판사 자신의 옳고 그름에 관한 내직 믿음에 따라 판결해야 한다는 것입니다.

둘째, 헌법과 법률에 의해서만 판결할 수 없는 사건이 제법 많기 때문입니다. 국회의원들이 만든 법률이 있고, 법률을 보다 구체적으로 규정한 수많은 시행령과 시행규칙이 있습니다. 뿐만 아니라 법률의 부족한 부분을 보완하는 법리와 판례가 수십 년 동안 쌓여왔습니다. 하지만 이러한 법리와 판례로도 해결할 수 없는 사건들이 있습니다. 법리와 판례를 눈앞에 있는 사건에 적용할지 결정하는 것부터 문제가 되고요. 구체적인 사실관계가 완전히 똑같은 사건은 거의 없기 때문입니다.

따라서 법원장이나 동료 판사, 선후배 법조인, 혹은 누군가 다른 사람의 양심이 아닌 재판을 하는 판사 자신의 양심에 따라 판결할 수밖에 없습니다. 어떤 사건에 대한 주관적 판단이나, 옳고 그름에 대한 내적 믿음은 사람마다 다를 수 있습니다. 그러한 이유로 같은 사건에 대해서도 다른 결론을 내리고, 판사들마다 심급마다 판결이 달라집니다.

재판상 이혼 사유

양심이나 가치관에 따라 판결 결과가 달라질 수 있는 사건을 하나 살펴보겠습니다. 지금도 수많은 법정에서 다툼이 벌어지는 이혼 사건입니다. 이혼소송은 민사재판이 아닌 가사재판에 해당하지만 민사재판과 거의 비슷한 절차로 진행됩니다. 먼저 간단한 사실관계를 살펴본 후 쟁점과 당사자들의 주장을 검토해보겠습니다.

사실관계*

원고와 피고는 1987년 10월 10일 혼인신고를 마친 법률상 부부입니다. 두 사람에게는 성인인 자녀 두 명이 있습니다. 원고는 2001년경부터 A라는 사람과 불륜 관계를 유지해왔는데, 2002년 5월경에는 A와 자녀 한 명을 낳기도 했습니다.

2003년경 피고는 원고가 바람피워온 사실을 알게 되었습니다. 둘은 많이 싸우면서 갈등을 겪었습니다. 피고는 마침내 원고로부터 다시는 A를 만나지 않겠다는 다짐을 받은 다음 원고와 혼인 관계를 유지해왔습니다.

하지만 그 후에도 원고는 A와 계속 연락을 유지했으며, A가 낳은 자신의 자녀를 만나 선물을 주기도 했습니다. 피고는 10년의 세월

---

* 대법원 2016. 3. 10. 선고 2015므500 판결 참조.

이 지난 어느 날 그 사실을 알게 되었습니다.

피고는 다시 큰 충격에 빠졌습니다. 오랜 시간 속고 살았다는 생각이 들었습니다. 피고는 원고에게 화를 냈습니다. 원고는 A와 이메일을 주고받을 뿐 만나지는 않았다고 변명하면서 오히려 피고에게 "A와의 자녀(혼외자)에게 선물을 주거나 챙겨주면 안 되겠느냐"라고 말했습니다.

두 사람의 다툼은 쉽게 끝나지 않았습니다. 바람피운 원고이지만 물러날 생각이 없었습니다. 결국 원고는 2012년 3월 피고에게 별거하자고 말하고는 집을 나갔습니다. 화가 난 피고는 집 현관 잠금장치의 비밀번호를 바꿔버렸습니다.

두 달이 지났습니다. 피고는 아들과 함께 원고가 머물고 있는 곳을 찾아가 집으로 돌아오라고 원고를 설득했습니다. 하지만 원고는 거절했고, 재판이 진행되기까지 3년이 넘게 A와 동거 중이었습니다. 앞으로도 계속 A와 함께 살려고 생각하고 있습니다.

뿐만 아니라 원고는 피고와 두 자녀가 거주하는 원고 명의의 아파트를 다른 사람에게 담보로 제공했습니다. 재판 당시 그 아파트에 관하여 경매 절차가 진행 중이었습니다. 피고와 자녀가 살던 아파트에서 쫓겨날 수도 있는 것입니다.

원고는 피고를 상대로 이혼소송을 제기했습니다. 하지만 피고는 원고와 계속해서 혼인 관계를 유지하고 싶다고 말하고 있습니다.

관련 법조문

민법 제840조(재판상 이혼원인) 부부의 일방은 다음 각 호의 사유가 있는 경우에는 가정법원에 이혼을 청구할 수 있다.

1. 배우자에 부정한 행위가 있었을 때

2. 배우자가 악의로 다른 일방을 유기한 때

3. 배우자 또는 그 직계존속으로부터 심히 부당한 대우를 받았을 때

4. 자기의 직계존속이 배우자로부터 심히 부당한 대우를 받았을 때

5. 배우자의 생사가 3년 이상 분명하지 아니한 때

6. 기타 혼인을 계속하기 어려운 중대한 사유가 있을 때

이는 실제 사건의 사실관계를 재구성한 것입니다. 부부인 원고와 피고 사이의 현실은 이보다 훨씬 더 복잡하고 다단하겠지요. 하지만 재판에서 그러한 내용까지 모두 파악하기는 쉽지 않습니다. 어떤 사실에 대한 심증이 생기더라도 증거가 없다면 그 사실을 인정하기는 어렵습니다. 증거로서 인정되는 사실만으로 판단을 해야 합니다.

부부는 협의해서 이혼하거나 법률로 정한 사유가 있으면 일방 당사자가 법원에 이혼을 청구할 수 있습니다. 전자를 협의이혼, 후자를 재판상 이혼이라고 합니다. 만약 두 사람이 협의해서 이혼하기로 했다면 문제가 없습니다. 하지만 이 사건은 부부 관계에서 피해자라고 할 수 있는 피고가 혼인을 유지하기를 원했기에 협의이혼이 안 되었습니다. 그래서 재판까지 오게 된 것입니다.

이 사건의 문제는 부부의 의무를 저버린 사람이 이혼하겠다고 재판을 청구했다는 것입니다. 원고는 오랫동안 부정행위를 한 사람이고, 피고는 아무런 잘못이 없습니다. 구체적인 사정은 알 수 없지만, 피고가 적어도 부부로서의 동거의무나 부양의무 등을 위반한 것으로 보이지는 않습니다. 만약 피고가 원고의 불륜을 이유로 재판상 이혼을 청구했다면 쉽게 인정이 될 것입니다. 하지만 이 사건은 오히려 바람을 피운 원고가 피고를 상대로 재판상 이혼을 청구했습니다. 불륜 행위를 저질렀고 집을 나간 뒤 다른 사람과 같이 살면서 이혼을 원하고 있습니다. 이와 달리 피고는 이혼을 원하지 않습니다.

원고는 재판상 이혼의 원인으로 민법 제840조 제6호에 따라 혼인을 계속하기 어려운 중대한 사유가 있다고 주장합니다. 같이 살지도 않고, 신뢰 관계가 깨졌기 때문에 더 이상 혼인 생활을 이어가기 힘들다고 말합니다. 법률만 보면 원고의 주장이 타당한 듯합니다. 원고와 피고가 혼인 관계를 유지하기는 어려워 보이기 때문입니다.

유책주의와 파탄주의

재판상 이혼이 청구 가능한지에 관하여 두 가지 입장이 있습니다. 하나는 잘못을 저지른 사람은 이혼을 청구할 수 없다는 관점입니다. 다른 하나는 혼인 관계가 지속되기 어렵다면 그 잘못이 누구에게 있든 이혼을 허용해야 한다는 것입니다. 전자를 유책주의, 후자를 파탄주의라고 합니다.

우리나라에서는 '혼인 관계를 계속해서 유지하기 어려운 경우'라도 주된 책임이 있는 배우자는 그 파탄을 사유로 하여 이혼을 청구할 수 없다는 것이 지금까지의 판례입니다. 즉, 유책주의를 취하고 있습니다. 이를 따르면 앞의 사건에서 원고의 이혼 청구는 원칙적으로 받아들여지지 않을 것입니다.

그렇지만 원고는 유책주의가 아니라 파탄주의에 따라 이혼 여부를 결정해야 한다고 주장했습니다. 대법관들의 의견도 갈려서 유책주의를 버리고 파탄주의를 취해야 하는지 격렬한 논의가 이루어졌습니다. 양측의 주장을 들어보도록 하겠습니다.

당사자들의 주장

-원고: 사회 변화와 함께 이혼에 대한 인식이 변화하고 이혼이 증가했다. 혼인 생활을 지속하기 어려운 경우에는 그 원인이 누구에게 있든 더 나은 삶의 질을 추구하기 위하여 이혼도 가능하다는 가치관의 변화가 생겼다. 따라서 혼인 관계를 지속하기 어렵다면 바람피운 잘못이 있는 원고가 이혼을 청구하는 경우에도 받아들여야 한다.

-피고: 혼인 관계의 파탄을 자초한 원고에게 재판상 이혼 청구를 인정하는 것은 혼인 제도가 요구하고 있는 도덕성과 신의성실의 원칙에 근본적으로 배치된다.

-원고: 부부간의 공동생활이 도저히 회복될 수 없을 정도로 파탄되었다면 혼인은 한낱 형식일 뿐이다. 그럼에도 혼인 관계를 유지하라고 강제하는 것은 원고의 인격적인 존엄과 행복추구권을 침해한다.

-피고: 현재 법 제도는 잘못이 없는 배우자인 피고를 보호할 법적 조치가 완전히 마련되어 있지 않다. 잘못이 있는 배우자의 이혼 청구를 널리 인정한다면, 잘못이 있는 배우자의 행복추구를 위해 잘못이 없는 피고의 행복추구권이 일방적으로 희생되는 결과가 될 수 있다.

-원고: 원고와 피고는 장기간 떨어져 살아서 실질적으로 공동생활이 이루어지지 않았고 회복될 수도 없는 상태다. 법적으로만 혼인이 해소되지 아니하였을 뿐, 혼인 관계를 이전의 상태로 돌이킬 수 없다면 정상적인 가정의 기능을 수행할 수 없는 것은 마찬가지다. 원고와 피고 간의 갈등이 지속되면 자녀에게도 부정적인 영향을 미친다.

-피고: 아직까지 여성의 사회적·경제적 지위가 남성에 비해 열악한 것이 현실이다. 만일 잘못이 있는 배우자의 이혼 청구를 널리 허용한다면, 잘못이 없는 여성 배우자인 피고가 이혼 후의 생계나 자녀 부양에 큰 어려움을 겪는 등 일방적인 불이익을 입게 될 위험성이 크다.

-원고: 혼인 생활이 회복할 수 없을 정도에 이른 이상 누구에게 잘못이 있는지는 혼인의 유지나 회복에 아무런 영향을 미치지 못한

다. 따라서 원고에게 잘못이 있다는 이유로 원고의 이혼 청구를 기각해서는 안 된다. 다만 원고가 피고의 정신적 손해에 대하여 적절한 배상 책임을 부담하면 충분하다.

　—피고: 원고와 피고는 협의이혼이 가능하다. 원고가 진솔한 마음과 충분한 보상으로 피고를 설득함으로써 이혼할 수 있는 방법이 있는 것이다. 따라서 원고는 피고에게 용서를 구하면서 피고의 동의를 이끌어 협의이혼을 해야 한다. 따라서 재판상 이혼을 허용할 수는 없다.

　—원고: 잘못이 있는 배우자의 이혼 청구라는 이유로 받아들이지 않으면, 이혼소송에서는 상대방의 잘못을 들추어내기에 급급하게 된다. 그 결과 부부 관계는 더욱 적대적이 되고, 자녀의 양육과 복지 등에 관하여 합리적인 해결책을 찾는 데 소홀해진다.

　—피고: 유책 배우자의 책임 사유로는 여러 가지가 있겠지만 현실적으로 가장 문제가 되는 것은 다른 사람과 사실혼에 가까운 불륜 관계를 맺는 경우다. 이 사건에서 원고의 일방적인 의사에 의한 이혼을 허용한다면, 아무런 잘못이 없는 기존의 배우자인 피고를 쫓아내는 것이나 다름없는 결과가 된다.

　가만히 읽다 보면 양측의 주장이 모두 구구절절 옳습니다. 법률은 단순히 '기타 혼인을 계속하기 어려운 중대한 사유가 있을 때'라고 규정하기 때문에 유책주의를 취하든, 파탄주의를 취하든 법률에 위

배되는 것이 아닙니다. 이러한 상황에서 최종적인 판단을 해야 하는 판사는 결국 자신의 양심에 귀 기울여야 합니다.

판단의 영역

법리나 증거의 문제로만 사건이 해결되면 고민할 거리가 별로 없습니다. 법리에 따라 옳고 그름을 결정하고, 증거가 없으면 입증책임 분배의 원칙에 따라 승패를 결정하면 됩니다. 물론 이런 사건들 역시 판결문 쓰기는 쉽지 않습니다만, 적어도 승패를 나누는 것은 어렵지 않습니다.

어떤 법리를 적용하기 애매하거나 증거가 있긴 있으되 불충분해서 이렇게 판결하는 것도 가능하고 저렇게도 가능할 때가 있습니다. 판결의 결론이 판단의 영역에 있는 것입니다. 이러한 사건에서 양심이 필요합니다. 그러한 이유로 헌법과 법률 그리고 양심에 따라 재판한다는 헌법 규정이 있는 것입니다.

특히 가치관의 대립을 담은 문제들은 양심에 따른 판단이 더욱 요구됩니다. (앞서 말씀드렸듯이 여기서의 양심은 선함이나 정의로움이 아니라 '사물의 옳고 그름에 관한 내적 믿음'을 뜻합니다. 이는 법관으로서 법규의 의미를 공정히 이해하려는 자세를 바탕으로 합니다.) 예를 들어 피고가 원고를 해고했는데 그것이 정당한지, 원고가 무언가 잘못한 점이 있더라도 해고할 정도의 사유가 되는지, 만약 피고가 국가이거나 공기업이라면 사기업과 달리 판단해야 하는지, 이러한 사건에서 개인의 권한이 우선인지, 국가든 기업이든 공동체의 이익이 먼저인지 등을 대신 결정해줄 사람은 아무도 없습니다. 객관적인 정답을 찾는 것이 아니라 주관적인 양심을 발견해야 합니다. 양심을 발견하면 그 길을 가는 것이 어렵고 힘들지라도 따라야 합니다. 반대로 말하면 양심보다는 대체적인 분위기나 기존의 선례를 좇는 판결을 하는 것이 더 쉽다는 이야기지요.

앞에서 유책주의와 파탄주의의 문제를 살펴보았습니다만, 여기에 정답은 없습니다. 시간이 지나고 사람들의 인식이 바뀌면 결론이 달라지기도 합니다. 2016년에 있었던 판결에서 대법원은 유책주의를 유지했습니다. 하지만 파탄주의로 바꿔야 한다는 입장도 만만치 않았습니다. 대법관들 사이에서도 양측의 입장이 팽팽하게 대립했습니다. 5년이나 10년쯤 지나서 사람들의 인식이 달라지면 바람피운 배우자가 쉽게 이혼 청구를 할 수 있을지도 모릅니다.

그 밖에도 재판하는 판사들 사이에서 의견이 갈렸던 사건이 많습니다. 비슷한 사건이 또다시 문제 되더라도 아마 의견이 분분할 것입니다.

앞에서 본 사건은 부부 중 한쪽에 명백한 잘못이 있었습니다. 이와 달리 부부 모두에게 분명한 잘못이 없음에도 한쪽 배우자는 이혼을 원하고, 다른 사람은 반대하는 경우는 어떨까요?

제가 간접적으로 경험한 사건을 살펴보겠습니다. 피고는 공무원으로 성실히 일하면서 월급을 꼬박꼬박 원고에게 갖다줍니다. 조용하고 온화한 성품, 훤칠한 키에 훌륭한 외모를 가졌고 객관적으로는 아무런 문제가 없는 남편이었습니다. 원고 역시 그런 피고의 모습에 반해 결혼했고요.

그렇지만 피고는 퇴근 후 집에 오면 혼자 저녁을 먹습니다. 가끔 가족들과 같이 먹을 때도 있지만 한마디도 하지 않습니다. 저녁을 먹고 나서는 혼자 방에 들어가서 책을 읽거나 게임을 합니다. 잠자리에 들 때까지 방 밖으로 잘 나오지도 않고, 원고와 대화를 하지 않습니다. 잠은 같은 방에서 잘 때도 있고, 다른 방에서 잘 때도 있습니다. 주말에도 이런 생활은 계속됩니다.

원고는 피고와 함께 집 안에 있는 것이 답답합니다. 그래서 피고에게 말을 걸어봅니다. 피고는 예 또는 아니오로 간단하게 대답합니다. 만약 원고가 짜증 내거나 불평하면 그냥 방으로 들어가버립니다. 그렇다고 피고가 화를 내는 것은 아닙니다. 피고는 혼자 있는 시간과 공간을 즐기는 사람이었습니다. 원고는 답답해서 미칠 지경입니다. 결혼을 한 것인지 아닌지 모르겠습니다.

원고는 그렇게 15년을 피고와 함께 살았습니다. 결혼 초기에 몇 차례 관계를 맺어서 두 명의 자녀를 두었지요. 그 이후로는 관계조차 거의 없었습니다. 원고는 이혼을 원하지만 피고는 반대합니다. 이혼할 이유가 없다는 것입니다. 견디다 못한 원고가 재판상 이혼을 청구했습니다.

원고의 이혼 청구를 받아들여야 할까요? 피고가 딱히 무엇을 잘못했는지 말하기 어렵습니다. 부부로서의 동거의무와 부양의무를 성실히 수행했습니다. 파탄주의가 필요한 대표적인 사례일지 모릅니다. 이러한 사건 역시 판사는 자신의 양심에 따라 판단할 수밖에 없습니다.

4장

자식을 죽게 한 아빠의 상속권

법적 쟁점의 해결 단계

앞의 장에서는 판결을 함에 판단의 영역이 있음을 보았습니다. 여러 가지 사실관계와 복잡한 법리가 얽힌 상황에서 양심에 따라 판단하는 것이 쉽지는 않습니다만, 경험이 쌓일수록 수월해지기는 합니다. 처음에는 판결에 어려움을 겪었던 사건들도 비슷한 유형이 반복되다 보면 자신만의 판단 기준이 정립됩니다. 다양한 종류의 많은 사건을 경험한 높은 연차의 단독판사 정도 되면 큰 고민 없이 사건을 처리하기도 합니다.

하지만 경험해보지 못한 낯선 사건을 처리해야 하는 경우가 여전히 많습니다. 당연한 말이지만 판사라고 해서 모든 법과 판례를 아는 것은 아닙니다. 낯선 사건에 맞닥뜨리면 판사들도 공부를 해야합니다. 법리를 찾아보고 비슷한 사례를 어떻게 해결했는지 연구합

니다. 새로운 판단 과정을 거치고, 때로는 기존의 생각에 도전해야
합니다.

판사들이 법적 쟁점을 해결하는 과정을 알아보고자 2019년 1월
언론 보도를 통해 알게 된 사건 하나를 살펴볼까 합니다. 기사 제목
은 다음과 같습니다.

[단독] 세 살 아들 숨지게 내버려 둔 아빠… 재산 절반 상속받는다.

제목을 보고 약간 의아했습니다. 기사 내용을 읽어보니 더욱 이해
가 가지 않았습니다. 아들에 대한 '학대치사죄'로 징역형을 선고받은
아빠에게 상속권이 인정된다는 판결이었거든요. 판사가 아닌 한 사
람의 시민으로서 제가 가진 법 감정으로는 도저히 이해가 되지 않았
습니다.

언론에 보도된 사실관계를 바탕으로 사건을 재구성해보겠습니다.

사례

고등학생이던 원고는 2013년경 피고 1을 만나 교제를 시작했고,
다음 해인 2014년 피고 1과의 사이에 아들 A군을 출산했습니다.
그리고 얼마 후 두 사람은 결혼했습니다. 하지만 원고는 몇 개월 후
가출했고, 2015년 5월 결국 피고 1과 이혼했습니다. 원고는 A군에
대한 양육권을 포기했습니다. 피고 1이 A군의 친권자로 지정되었

습니다.

피고 1은 원고가 가출한 후 피고 2를 만나 동거를 시작했습니다. 원고와 이혼한 이후에는 피고 2와 혼인신고를 했지요. 피고 1은 재혼 후 원고의 어머니가 키우고 있던 A군을 데려와 피고 2와 함께 A군을 양육하기 시작했습니다.

A군은 친부인 피고 1과 계모인 피고 2의 학대·폭행에 시달렸습니다. 피고 1과 2는 집 안을 어지르고 보기 싫다는 이유로 A군의 목에 반려견용 목줄을 채워 작은 방 침대에 묶어 가두었습니다. 말을 듣지 않는다면서 A군에게 음식도 주지 않았습니다. A군의 몸에 혹이 나고 피부가 찢어졌지만 학대 사실이 드러날까 두려워 병원에도 데려가지 않았지요.

A군은 피고 1과 2의 방치 속에 학대당하다 침대에서 숨진 채 발견됐습니다. 턱 부분에서 찢어진 상처가 발견됐고, 항문이 괴사할 정도로 처참한 상태였습니다.

이후 피고 1과 2에 대하여 A군을 학대하여 사망에 이르게 했다는 등의 공소사실로 아동 학대 범죄의 처벌 등에 관한 특례법 위반죄(아동학대치사) 등으로 공소가 제기되었습니다. 공소사실은 전부 유죄로 인정되어 피고 1과 2에게 각 징역 15년의 판결이 선고되었고 그대로 확정되었습니다.

이 사실을 알게 된 원고는 피고 1과 2를 상대로 불법행위로 인한 손해배상 청구 소송을 제기했습니다. 피고가 A군을 사망하게 한 불법행위를 저질렀으니 그로 인한 손해배상을 하라는 것이었습니다.

원고의 주장은 A군의 사망으로 자신이 정신적 피해를 입었다는 것이 아니라, A군이 입은 신체적, 정신적 손해에 대한 배상금을 어머니인 원고가 상속했다는 주장이었습니다. 원고와 피고들은 다음과 같이 주장했습니다.

당사자들의 주장

① 원고: 피해자 A군은 불법행위의 가해자인 피고에게 4억 원의 손해배상을 받을 권한이 있다. A군의 어머니인 원고는 이러한 권한을 단독으로 상속했으므로, 피고들은 원고에게 4억 원을 지급하여야 한다.

② 피고들: 피해자 A군에 대한 책임은 인정한다. 하지만 피고 1은 A군의 아버지로서 원고와 함께 공동상속인의 자격이 있다. 따라서 원고가 받을 수 있는 금액은 4억 원의 절반인 2억 원이다. 나머지 2억 원은 피고 1이 받아야 하는 것이니 원고에게 지급할 수 없다.

③ 원고: 피고 1에게 공동상속인의 자격이 있었던 것은 맞다. 하지만 피고 1은 A군을 학대하여 사망에 이르게 했으므로, 상속에 관한 권한이 박탈(상속결격)되었다. 따라서 피고 1은 A군에 대한 상속권이 없다.

④ 피고들: 피고들의 죄는 인정한다. 하지만 그것만으로 상속에 관한 권한이 박탈되는 것은 아니다.

⑤ 원고: 설령 피고 1에게 상속권이 인정된다고 하더라도, 피고 1은 A군을 학대하여 사망에 이르게 한 불법행위를 저질렀다. 따라

서 피고 1이 A군의 상속인으로서 자신의 상속 권한을 주장하는 것
은 신의칙에 위반되거나 권리남용으로, 허용되어서는 안 된다.

참으로 슬픈 사건입니다. 기사를 보고 깜짝 놀랐습니다. 이런 일은
절대 일어나서는 안 되는데, 아직도 사회 곳곳에서는 불행한 상황이
많이 벌어지고 있습니다. 아픈 마음을 잠시 가다듬고 사건을 살펴보
겠습니다.

먼저 원고의 주장 ①은 사실을 인정하는 데 아무런 문제가 없습니
다. 피고들이 이미 형사판결을 받았기 때문에 원고로서는 유력한 증
거를 가지고 있습니다. 형사재판을 통해 확정된 사실은 다른 강력한
반대되는 증거가 없는 한 그대로 인정됩니다. 실제로 피고 1은 주장
②에서 피해자인 A군이 가해자인 피고 1 자신으로부터 손해배상을
받을 권한이 있음을 인정했습니다. 다만 피고들은 피고 1이 A군의
아버지로서 상속권이 있다고 주장하고 있습니다.

A군이 사망할 당시 다른 상속권자가 없었습니다. 특별한 사정이
없다면 A군의 부모인 원고와 피고 1이 공동상속인이 되는 것은 맞습
니다. 문제는 그다음입니다. 원고의 주장 ③을 보면, 피고 1이 A군을
학대하여 사망에 이르게 했으니 더 이상 상속권을 갖지 않는다고 합
니다. 피고들의 주장 ④는 이에 대하여 다투고 있습니다.

결국 이 사건의 쟁점은 피고 1이 A군의 아버지로서 상속권을 갖느
냐 하는 것입니다. 아들을 학대해서 죽음에까지 이르게 한 사람이 자

식에 대한 상속권을 갖는다는 점이 심정적으로 납득이 되나요? 법적인 문제를 떠나서 감정적으로 받아들이기는 쉽지 않은 것이 사실입니다. 법리를 떠나서 생각해보면 원고의 주장이 그럴듯해 보입니다. 그래도 원고 주장의 타당성을 법적으로 살펴보아야 하겠지요.

법적 쟁점을 해결하기 위해서는 크게 세 단계로 검토가 이루어집니다. 첫째, 법조문, 둘째, 판례, 셋째, 학설입니다. 모든 법적 분쟁의 출발점은 법조문입니다. 하지만 법이 모든 경우의 수를 전부 정해놓을 수는 없습니다. 세상에서 일어나는 무수히 많은 사건과 분쟁을 다 알 수도 없고, 지금까지 발생한 모든 사건과 분쟁을 파악한다고 해도 법을 만드는 사이에 새로운 사건이 끊임없이 일어날 테니까요. 그래서 법은 여러 가지 경우에 두루두루 적용 가능한 일반적인 규정을 두고 있습니다.

판례는 쟁점이 같은 사건이나 유사한 사건을 대법원이 어떻게 판단했느냐는 것입니다. 쟁점이 같은 사건에 관하여 대법원이 판단한 바가 있으면 그것이 판례가 되어 다음 사건에도 적용할 수 있습니다.

학설은 법조문만으로 해결되지 않는 부분이 있거나, 법조문의 내용이 명확하지 않을 때 이를 해석하는 방법에 관한 것입니다. 문제되는 부분에 대해 학자들의 의견이 거의 일치하기도 하고 서로 다른 해석을 하면서 첨예하게 대립하기도 합니다.

판례와 학설은 모두 법을 보완합니다. 법만으로는 해결할 수 없는 부분이 있을 때 판례와 학설이 이를 풀어가는 데 도움을 준다는 의미입니다.

쟁점의 분석

다시 문제로 돌아가볼까요. 이 사건의 쟁점은 피고 1이 피해자 A군에 대한 상속권을 갖느냐 하는 것입니다. 언론에 보도된 내용을 통해 사실관계를 파악한 후 민법에서 상속결격에 관한 조문을 찾아보았습니다.

제1004조(상속인의 결격사유)
다음 각 호의 어느 하나에 해당한 자는 상속인이 되지 못한다.
1. 고의로 직계존속, 피상속인, 그 배우자 또는 상속의 선순위나 동순위에 있는 자를 살해하거나 살해하려 한 자
2. 고의로 직계존속, 피상속인과 그 배우자에게 상해를 가하여 사망에 이르게 한 자
3. 사기 또는 강박으로 피상속인의 상속에 관한 유언 또는 유언의 철회를 방해한 자
4. 사기 또는 강박으로 피상속인의 상속에 관한 유언을 하게 한 자
5. 피상속인의 상속에 관한 유언서를 위조·변조·파기 또는 은닉한 자

우리 민법은 '상속인의 결격사유'라는 표제 아래 상속인이 되지 못하는 사유를 규정합니다. 원래는 상속인이지만 법에서 정한 사유가 있을 때 상속할 자격을 잃게 된다는 것입니다. 피고는 A군을 학대

하여 사망에 이르게 했습니다. 이러한 경우가 위 법조문에 규정되어 있는지 살펴볼까요?

일단 제3, 4, 5호는 제외해도 될 것 같습니다. 이 사건과 관계가 없어 보입니다. 제1, 2호의 조문을 살펴보면 직계존속, 피상속인, 그 배우자 등이 규정되어 있는데 피해자 A군은 그중 피고 1의 '피상속인'에 해당합니다. '피상속인'은 상속을 해주는 사람을 뜻하고, '상속인'은 상속을 받는 사람을 의미합니다.

그렇다면 이 사건에서 피고 1이 제1, 2호에 따라 '고의로 피상속인을 살해하거나 살해하려 한 자' 또는 '고의로 피상속인에게 상해를 가하여 사망에 이르게 한 자'에 해당하는지가 문제 됩니다. 피고가 A군을 학대하여 사망에 이르게 한 것이 위 조문에 해당되는지를 판단해야 합니다.

그렇다면 피고 1이 어떤 범죄로 징역형을 받았는지 다시 한 번 봅시다. 피고 1은 A군을 학대하여 사망에 이르게 했다는 등의 범죄로 징역형을 받았습니다. 여기서 '사망에 이르게 했다'는 말은 처음부터 사망을 의도한 게 아니라 어떤 행위로 인해 사망의 결과가 발생했음을 말합니다. 즉, 피고 1은 A군을 학대하려는 의도(고의)만 있었는데, 그러한 의도(고의)였음에도 이로 인해 사망의 결과가 발생했다는 것이지요. 만약 처음부터 사망의 결과를 발생시킬 의도(고의)였다면 살인죄가 됩니다.

학대의 고의가 있었는지, 살해의 고의가 있었는지는 법적인 효과가 완전히 다릅니다. 피고 1에게 학대의 고의가 있었던 것은 분명하지만, 살해의 고의가 있었다고 인정할 증거는 없습니다. 그렇다면 피고가 '고의로 피상속인을 살해하거나 살해하려 한 자'에 해당한다고 보기는 어렵습니다.

다음으로 '고의로 피상속인에게 상해를 가하여 사망에 이르게 한 자'는 어떤가요? 피고는 고의로 '학대'를 가하여 사망에 이르게 한 자입니다. 법조문과는 조금 다릅니다. 법조문을 문자 그대로 해석하면 피고는 고의로 '상해'를 가하여 사망에 이르게 한 자에 해당하지 않습니다. 결국 이 조항도 적용하기 어려운 결과가 됩니다.

이쯤에서 여러 가지 의문이 떠오릅니다. 고의가 아니라 '과실로' 사망에 이르게 한 경우도 포함해야 하지 않을까? 고의로 '상해'를 가한 것뿐만이 아니라 '고의로 폭행, 학대, 감금, 유기 등'을 하여 사망에 이르게 한 경우도 포함되어야 하지 않을까?

이러한 의문은 당연합니다. 왜냐하면 어떠한 행위가 되었든 피상속인을 사망에 이르게 했다는 것은 중대한 범죄이기 때문입니다. 과실로 사망에 이르게 한 예로 자동차를 운전하다가 실수로 다른 차와 충돌하여 함께 타고 있던 피상속인을 죽게 한 것을 들 수 있습니다. 또한 고의로 폭행, 감금, 유기하여 사망에 이르게 한 것은 밀치거나(폭행), 좁은 옷장에 가두거나(감금), 낯선 동네에 갖다 버려서(유기) 사망에 이르게 한 사례가 있겠지요.

이와 같은 예들은 업무상 과실치사, 폭행치사, 감금치사, 유기치사 같은 중대한 범죄에 해당합니다. 피상속인을 사망에 이르게 하는 이런 범죄를 저지른 사람에게는 상속권이 인정되어서는 안 된다는 주장도 얼마든지 할 수 있습니다.

정의롭고 합리적인 해결책 찾기

위의 사례를 통해 이야기하고 싶은 바는 이제부터입니다. 법조문을 찾아본 후에야 피고 1이 상속결격이 아니라고(=여전히 상속권을 갖는다) 판단한 이유가 조금 납득이 갔습니다. 그럼에도 여전히 결론이 썩 마음에 들지는 않습니다.

'피고 1에게 반드시 상속권을 인정해야 하는 것일까? 인정하지 않을 수는 없을까? 민법에서 고의로 상해를 가하여 사망에 이르게 한 경우에만 상속결격을 인정한 이유는 무엇일까? 감금, 학대, 유기로 피상속인을 사망하게 하는 상황도 얼마든지 발생할 수 있는데, 이럴 때도 상속권을 인정하는 것이 타당할까?'

이러한 의문들을 해결하기 위해 다음과 같은 단계의 생각을 했습니다. 아마 담당 판사들 역시 비슷한 고민을 했을 것입니다.

> 1단계: 법조문에 적혀 있는 문언 그대로 해석하여, 피고가 상속결격에 해당하지 않는다고 판단한다.
>
> → 법조문에 따른 것으로 가장 쉽고 빠른 해결책이지만, 결론이 그리 마음에 들지 않습니다. 이런 경우에도 상속권을 인정하는 것은 법을 형식적으로만 해석한 게 아닌가 하는 의문이 듭니다.

2단계: 판례와 학설, 유사한 사건의 판결례를 검토하여 법조문에 적혀 있는 것 이상으로 해석 가능한지를 살펴본 후, 그에 따른다.
→ 판례와 학설, 유사 사건을 검토해봅니다. 판례에는 동일한 사안은 아니지만 이런 법리가 있었습니다.
민법 제1004조 제1, 2호의 상속결격은 '고의'로 살해 또는 상해 행위를 한 경우에만 적용되는 것으로서 위 규정이 적용되기 위해서는 가해자에게 '상속에 유리하다는 인식'까지는 아니더라도 적어도 '살해의 고의' 또는 '상해의 고의'는 요구된다고 할 것이다(대법원 1992. 5. 22. 선고 92다2127 판결 참조).

'살해의 고의' 또는 '상해의 고의'를 요구하는 판례를 보아도 피고 1의 상속결격을 인정하기는 어려워 보입니다. 이에 대해 별다른 학설을 찾을 수는 없었습니다. 그러면 유사한 사건을 찾아보아야 합니다. 두 건의 예가 있었습니다.

첫 번째 사례는 피고가 자살방조죄로 피상속인을 사망하게 한 사건이었습니다. 사실관계는 이렇습니다. 피고는 배우자인 B씨와 다투던 중 동반 자살하기로 합의한 후, 소주에 쥐약을 섞어 나누어 마셨습니다. 그럼에도 아무런 이상이 없자 피고는 집에 석유를 뿌려 불을 붙였습니다. 이로 인해 배우자인 B씨는 사망했지만, 피고는 살아남았습니다. 피고는 자살방조죄 등으로 징역 3년, 집행유예 5년을 선고받았습니다.

이 사건에서 법원은 피고가 배우자인 B씨에 대한 상속권을 잃었다, 즉 상속결격이라고 판단했습니다. 자살방조죄는 '고의로 살해하거나 살해하려 했다'는 문구에 포함된다는 이유로 민법 제1004조 제1호의 상속결격 사유에 해당한다고 본 것입니다.

두 번째 사례에서 피고는 아들 C군의 친모입니다. 피고는 C군에 대한 기본적인 보호 의무를 소홀히 하여 방임했다는 이유로 처벌받았습니다. 의붓아버지가 세 차례에 걸쳐 C군을 상해하고 이어서 살해했는데, 이로부터 C군을 보호하기 위한 조치를 취하지 않았다는 것입니다. 이 사건에서 법원은 피고가 아들 C군에 대한 상속권을 잃지 않았다, 즉 상속결격에 해당하지 않는다고 보았습니다.

두 사례 모두 앞서 본 사건과 동일하지는 않기 때문에 결론을 직접 비교하기는 어렵습니다. 하지만 이런 의문이 듭니다. '자살방조죄보다 학대하여 죽게 한 것이 더 큰 잘못이 아닌가? 동반 자살을 시도하다 배우자를 죽게 한 사람에게 상속권이 없다고 보았는데, 자식을 학대하여 죽게 한 사람과 자식을 보호할 의무를 다하지 않은 사람이 상속권을 가질 수 있을까?'

자살방조죄(징역 1년 이상 10년 이하)보다 아동 학대 범죄의 처벌 등에 관한 특례법(아동학대치사, 무기 또는 징역 5년 이상)의 법정형이 더 높습니다. 후자의 불법성이 더 큰 것입니다. 과연 A군을 학대하여 사망하게 한 피고 1에게 상속권을 인정하지 않을 방법은 없는 것일까요? 더욱 깊은 고민에 빠집니다. 만약 피고 1을 상속결격으로 인정하려면 다음과 같은 방법이 있습니다.

첫째, 판례와 학설, 유사 사건을 검토하였음에도 피고를 상속결격으로 판단하기 어려운 경우, 판사 스스로 법조문의 의미를 넓혀서 해석한다.

→ 고의로 학대하여 사망에 이르게 한 행위를 고의로 상해를 가하여 사망에 이르게 한 행위에 준하는 것으로 보아 피고가 상속결격에 해당하는 것으로 판단합니다. 즉, 새로운 법리를 만드는 거지요.

둘째, 판사가 스스로 법조문의 의미를 넓혀서 해석할 수는 없다. 다만, 권리의 행사와 의무의 이행은 신의에 좇아 성실히 하여야 하는데(신의칙, 민법 제2조 1항) 피고의 주장은 상속인으로서의 권리를 남용한 것이다. 따라서 신의칙 위반 내지 권리남용으로 상속권이 있다는 피고 1의 주장을 배척한다.

→ 구체적인 타당성을 위해 일반 조항을 이용하는 것입니다. 사례의 ⑤에서 원고가 주장하는 내용이기도 합니다. 다만 이를 위해서는 그에 합당한 증거가 있어야 합니다.

셋째, 판사가 스스로 법조문의 의미를 넓혀서 해석할 수는 없고, 이 사건의 경우 신의성실의 원칙(신의칙)을 적용하는 것도 쉽지 않다. 하지만 고의로 상해를 가하여 사망에 이르게 한 경우만을 상속결격 사유로 정하고 고의로 폭행, 학대, 유기 등의 범죄를 저질러 사망에 이르게 한 경우를 제외한 민법 규정은 국민의 생명권과 재산권 등 기본권을 침해한 것이다. 이러한 법조문은 잘못된 것이므로, 헌법에 위반되는지 판단받기 위하여 헌법재판소에 위헌법률심판을 제청한다.

→ 아마 이 방안은 다수 판사들의 선택지에는 없을 것이라 생각합니다. 법률에 대해서 위헌 제청을 한다는 것이 쉬운 일은 아닙니다. 하지만 이 방법도 충분히 검토해볼 여지가 있습니다. 만약 제가 담당 판사였다면 심각하게 고민했을 겁니다.

법은 판사가 아니라 입법기관인 국회의원이 만듭니다. 국민에 의하여 선출되어 국민을 대표하는 권한을 가진 국회의원들이 국민의 뜻에 따라 법을 만드는 것이지요. 이를 대의민주주의라고 부릅니다. 사법부는 이렇게 만들어진 법을 적용하고 해석하는 역할을 할 뿐 새로 만들어낼 수는 없습니다. 그렇기 때문에 법에 어긋나는 재판을 할 수는 없습니다.

하지만 재판을 잠시 멈추고 헌법재판소에 '법이 헌법에 위반되었다는 의심이 든다'는 내용의 청구를 할 수 있습니다. 국회의원들이 만든 법이라도 헌법에 위반되어서는 안 되니까요. 이를 위헌법률심판제청이라고 합니다. 국민이 직접 헌법재판소에 위헌임을 청구하는 절차로는 헌법소원이라는 제도가 있습니다. 여러분 생각은 어떤가요? 앞에서 본 법 규정*이 헌법에 위반되어 기본권을 침해했다고

---

* 2019년 8월 14일 현행법에 따르면 가정폭력 피해자가 다른 이유로 사망한 경우 가정폭력 가해자가 상속인이 되어 피해자의 재산을 상속받는 불합리한 결과가 발생할 수 있다는 이유로 민법 제1004조에 6조(직계존속, 피상속인 또는 그 배우자에 대한 폭행이나 상해로 유죄의 확정 판결을 받은 자)를 신설하는 법안이 발의되었습니다. 또한 2020년 3월 18일 현행법에 따르면 자녀에 대한 양육 의무를 오랫동안 다하지 않은 부모라고 하더라도 자녀가 사고 등으로 부모보다 먼저 사망한 경우 특별한 사정이 없는

생각하나요?

실제로 2018년 헌법재판소에 민법 규정에 대해 헌법소원을 청구한 사례(헌재 2018. 4. 3. 2018헌마272)가 있었습니다. 청구인은 유기치사로 배우자를 사망하게 한 남편에게는 상속권이 없다고 주장하면서 민법 제1004조 제2호가 위헌이라고 청구한 것입니다. 안타깝게도 이 사건은 절차적 하자를 이유로 각하되었습니다. 만약 재판이 진행되었다면 헌법재판소가 어떤 결정을 했을까요?

어렵고도 중요한 판단의 과정

언론에 보도된 바와 같이, 앞의 사건에서 1심 법원은 피고 1이 상속결격이 아니다. 즉 피고 1에게도 상속권이 있다고 판단했습니다. 이 판결에 의문을 제기했던 사람들은 대부분 '자식을 학대해서 죽게 했는데 상속권이 있어? 그런 말도 안 되는 판결이 다 있어'라고 생각했겠지요. 그리고 그러한 생각이 일반적인 법 감정에서 어긋난 것도 아닙니다. 저 역시 언론에 보도된 기사를 봤을 때 그렇게 생각했으니까요.

하지만 왜 그렇게 판단했는지 살펴보았더니, 법조문이 앞에서 보

한 사망 보험금을 비롯한 자녀의 재산은 그 자녀를 버린 부모에게 상속된다는 이유로 민법 제1004조에 6조(직계존속 또는 직계비속에 대한 보호 내지 부양 의무를 현저히 해태한 자)를 신설하는 입법 청원이 있었습니다(일명 '구하라법'입니다).

았던 것과 같은 내용이었습니다. 저라면 어떻게 했을까 하는 의문이 계속 들더군요. 한 가지 말씀드리면, 이 사건을 판결한 재판부는 앞의 두 번째 방안(신의칙 위반 내지 권리남용을 인정하여 상속권이 없다고 보는 방안)까지 고려해본 것 같습니다. 언론에 보도된 내용은 이렇습니다.

> 원고 역시 아이를 출산한 후 가출하고 피고 1과 이혼하면서 당시 만 1세가 채 되지 아니한 아이의 양육권을 포기하고 그 뒤로 아이를 면접 교섭하거나 양육권을 찾기 위해 진지한 노력을 기울였다고 보기는 어려운 사정이 있다. (…) 원고가 자기 고유의 상속분을 넘어 유일한 상속인으로서 아이의 손해배상 채권 전액을 상속하도록 하는 것이 상속결격 제도의 취지에 부합한다거나 신의칙상 반드시 관철되어야 한다고 단정하기도 어렵다.

어디까지나 추측입니다만 이 판결을 내린 판사들은 '피고가 잘못한 것은 맞다, 하지만 그렇다고 원고가 잘한 것도 아니다, 그러므로 원고에게 4억 원 전액을 상속받게 할 필요까지는 없다'라고 생각한 듯합니다.

왜 이러한 판결이 나왔는지 이해가 되나요? 실제 사건에서 판단을 하는 것은 어렵고도 중요한 문제입니다. 여러 가지 가능성을 생각해야 하고, 무엇이 정의인지에 대해 끊임없이 고민해야 하는 과정입니다.

5장

어디까지 정당방위일까

사실관계 파악의 중요성

2014년 이런 사건이 있었습니다. 한 청년이 외출했다가 새벽 3시쯤 집으로 돌아왔는데, 처음 보는 사람이 거실에서 서랍장을 뒤지고 있었습니다. 빈집에 몰래 들어온 도둑이었던 것입니다.

청년을 본 도둑은 도망을 갔습니다. 하지만 청년은 달아나는 도둑을 쫓아가 주먹으로 때려눕혔습니다. 도둑이 넘어진 상태로 기어서 도망가자 다시 쫓아가서 발로 걷어차고 빨래 건조대로 등을 가격했습니다. 이로 인해 도둑은 식물인간 상태가 되었다가 결국 사망했습니다.

이 사건에서 청년의 행동이 정당방위에 해당하는지 쟁점이 되었습니다. 법원은 정당방위에 해당하지 않는다고 판단했습니다. 청년의 행동은 도둑의 저항을 제압하는 정도를 넘었고 상대방을 공격하려는 생각이 지배적이었으며, 사회 통념상 용인될 수 없을 수준이라고 판결했습니다.

이에 대해 사람들은 "도둑이 집에 들어왔는데 어떻게 하라는 것이냐", "도둑이 칼이나 흉기를 들고 있었는지 어떻게 아느냐", "도둑이 들어도 가려서 때려야 하느냐", "저항할 수 없을 정도로만 제압했다가 나중에 오히려 공격당할 수도 있지 않느냐" 하면서 비판했습니다.

사건을 더 자세히 들여다보면 생각이 조금 달라질 수 있습니다. 청년은 20대 초반의 건장한 체격을 가졌고, 도둑은 50대 중반으로 왜소한 체구였습니다. 청년은 짧게는 4분에서 길게는 20분 동안 빨래건조대로 도둑을 가격했고, 자신의 허리띠를 풀어 내리치기도 했습니다. 도둑은 흉기를 소지하지 않았으며 청년을 보자마자 달아나려고 했고 폭행에 조금도 저항하지 못했습니다. 이런 사실을 알고 나니 '청년이 조금 심했네'라는 생각이 들기도 합니다.

언론 보도는 시간과 공간의 제약이 있어 이렇게 자세한 내용까지 담기는 어렵습니다. 자세하게 설명해도 사람들이 꼼꼼히 전체를 읽지 않은 채 성급하게 의견을 말하는 경우도 있습니다. 하지만 판결은 다릅니다. 재판에서는 시간이 걸리더라도 구체적이고 세부적인 사실관계를 정확히 파악한 다음 결론을 내려야 합니다.

만약 앞의 사건에서 다음의 사정들이 추가된다면 결론이 변할 수도 있습니다. 다만 지금부터 말씀드리는 상황은 실제 사건에서 있었던 내용이 아니고 상상해본 것입니다.

예를 들어, 도둑이 들어왔을 당시 집 안에는 몸이 불편한 어머니만 있었는데, 달아나던 도둑이 어머니 방으로 들어가려고 했다면 어땠을까요? 도둑이 흉기를 소지하지는 않았지만 넘어진 상태에서 바닥에 있는 가위를 집으려고 했다면? 청년이 도둑을 폭행한 시간은 5분 정도인데, 그동안 계속 때린 것이 아니고 도둑이 몸을 움직이면서 어떤 행동을 취하려고 할 때만 한두 번 폭행을 했다면 어떨까요? 도둑이 왜소하지만 복싱을 배운 적이 있어서 몸놀림이 날쌔고 주먹이 세다면 결론이 달라질까요?

한두 가지 정황이 추가되는 것만으로도 마음이 왔다 갔다 합니다. 그만큼 사실관계를 파악하는 일이 중요합니다.

제한된 사실관계

형사재판에서 사실관계가 중요하다고 했습니다만, 정확한 사실관계를 알아내기는 쉬운 일이 아닙니다. 과거에 있었던 일인 데다가 갑작스럽게 일어나 정확하게 떠올리기 어렵습니다. 왜곡해서 기억하기도 하고, 처음부터 잘못된 사실을 인식했을 수도 있습니다.

청년은 도둑을 폭행한 시간이 1~2분이라고 생각하지만, 도둑의 기억으로는 10~20분일지 모릅니다. 집 안에 있던 가족들의 이야기를 들어도 정확한 시간을 알아내기는 어렵습니다. 그 긴박한 순간에 얼마나 시간이 흘렀는지 분 단위로 체크하는 사람은 거의 없으니까요. 청년과 도둑의 행동에 대해서도 서로 기억이 다를 수 있습니다. 청년은 도둑이 바닥에 있는 가위를 집으려고 움직였다고 생각했지만, 도둑은 그저 몸이 너무 아파서 괴로워한 것일 수도 있습니다.

재판 과정에 참여한 사람들은 최대한 많은 사실관계를 밝혀내려고 하지만 한계가 있습니다. 판사는 그러한 상태에서 주어진 사실관계를 바탕으로 판결해야 합니다. 무엇인가 마음에 걸려도 어쩔 수 없습니다. 그렇다면 정당방위가 문제 된 사건을 통해 주어진 사실관계로 판단을 하는 과정을 살펴보겠습니다.

공소사실

피고인은 피해자(43세)와 함께 피해자의 무쏘 승합차를 타고 저녁 식사를 하러 가다가 피해자와 다투게 되어 피해자로부터 벗어나기로 마음먹었다.

피고인은 20××. 6. 30. 20:20경 ○○시 ○○구에 있는 근린공원 정문 입구 앞길에 주차된 위 승합차에 피고인이 먼저 타고 피해자는 밖에 있는 상태에서 조수석과 운전석 문을 모두 잠그고 출발하려고 하였다. 이에 피해자가 조수석 옆에 붙어 서서 차 문을 열어달라며 차 지붕을 두드리면서 출발을 막는데도 피고인은 그대로 출발하였다.

피고인은 피해자가 승합차 조수석 앞 유리창 윈도브러시를 붙잡고 승합차에 매달려 있는데도 시속 40킬로미터 이상의 속력으로 200미터가량을 진행하다가 한국수자원공사 시화사업소 앞길에서 갑자기 속도를 낮추면서 피해자를 도로 위에 떨어뜨렸다.

이러한 방법으로 피고인은 피해자의 머리를 땅바닥에 부딪치게 하여 두개골 골절상 등을 가하고 이로 인하여 20××. 7. 4. 03:40 경 ○○시 ○○동 ○○종합병원에서 뇌간마비 및 심폐기능 정지로 사망에 이르게 하였다.

죄명: 상해치사
적용 법조: 형법 제259조 제1항

이 사건에서 피고인은 공소사실은 인정하지만 정당방위에 해당한다고 주장했습니다. 피해자의 체포와 감금 및 성폭력으로부터 벗어나기 위한 행동이라고 말했습니다. 정당방위에 해당하면 범죄의 위법성이 없는 것으로 보아 무죄가 됩니다. 재판부는 증인신문과 현장검증을 통해 그날 있었던 일을 가능한 자세하게 파악하려고 했습니다. 공소사실은 간단해 보이지만 법정에서 샅샅이 조사하니 많은 뒷이야기가 숨어 있었습니다.

재판 과정에서 밝혀진 사실관계

피고인은 38세의 여성으로 남편과 두 자녀가 있는 사람입니다. 피고인은 피해자와 3년 정도 내연 관계를 가져왔습니다.

피고인은 사건이 있었던 날 오후 7시가 넘어서까지 피해자와 함께 집에서 멀리 떨어진 공원에서 드라이브를 하며 데이트를 즐겼습니다. 하지만 남편이 돌아올 시간이 되었고 아이들 저녁 식사도 준비해야 해서 집에 돌아가려고 했습니다.

하지만 피해자는 "같이 저녁을 먹자"고 하면서 피고인을 가지 못하게 했습니다. 피고인이 차에서 내리지 못하게 하려고 차를 세우지 않았습니다. 피고인이 차를 세우려고 운전석의 핸들을 꺾자 피고인의 따귀를 때리기도 했습니다.

마침내 피해자는 가로등이 켜져 있는 공원 주차장에 차량을 세웠습니다. 저녁 7시 30분쯤이었습니다. 피고인은 이때다 싶어서 문을 열고 주차장 옆 편도 2차선의 도로로 뛰어갔습니다. 그 도로에는 차량이 수시로 다녔고, 근처에는 식당도 있었습니다. 피고인은 그곳을 지나가는 A의 승용차를 세우고는 "살려달라"면서 도움을 요청했습니다.

A는 피고인을 자신의 차에 태운 후 "경찰에 신고해줄까요?"라고 물었습니다. 하지만 피고인은 대답을 하지 않았습니다. 오히려 A로부터 핸드폰을 빌려 피해자에게 전화를 걸어 차에 두고 나온 핸드백과 핸드폰을 가져오라고 말했습니다.

피해자는 A의 차에 타고 있는 피고인에게 왔습니다. 하지만 순순히 피고인을 보내주지 않았습니다. 피고인의 핸드백과 핸드폰은 가져오지도 않았습니다. 피해자는 피고인의 다리를 붙잡아 강제로 A의 차에서 끌어 내린 다음 자신의 차로 끌고 가서 다시 태웠습니다.

A는 어쩔 줄 몰라 하면서 피고인에게 "경찰에 신고해줄까요?"라고 다시 물었지만, 피고인은 대답을 하지 않았습니다. 그래서 A는 두 사람 사이에 사소한 다툼이 있다고만 생각했지요.

피해자의 승합차로 돌아간 피고인은 재빨리 운전석에 올라탔습니다. 피해자가 들어오지 못하게 문을 잠갔습니다. 피해자는 조수석 창문을 두드리면서 "문을 열라"고 소리쳤습니다. 하지만 피고인은 빨리 그곳을 벗어나고 싶은 마음에 차를 출발시켰습니다.

그러자 피해자가 조수석 유리창에 매달렸습니다. 피고인은 그 사실을 알았지만 겁이 나서 속도를 높였습니다. 그럼에도 피해자는 내려오지 않았습니다. 피고인은 더욱 속도를 높여 시속 40킬로미터로 200미터를 달렸지만, 그래도 피해자는 떨어지지 않았습니다. 피고인이 이렇게는 안 되겠다 싶어서 속도를 줄였는데, 그제야 피해자가 떨어졌습니다. 하지만 피해자는 머리 부분이 도로에 부딪혀서 죽고 말았습니다.

쟁점의 해결 과정

쟁점을 해결하기 위해 법령과 판례, 학설을 순서대로 살펴보겠습니다.

먼저 해당 법조문입니다.

형법 제21조(정당방위)

① 자기 또는 타인의 법익에 대한 현재의 부당한 침해를 방위하기 위한 행위는 상당한 이유가 있는 때에는 벌하지 아니한다.

② 방위행위가 그 정도를 초과한 때에는 정황에 의하여 그 형을 감경 또는 면제할 수 있다.

③ 전항의 경우에 그 행위가 야간 기타 불안스러운 상태하에서 공포, 경악, 흥분 또는 당황으로 인한 때에는 벌하지 아니한다.

우리나라 형법의 정당방위에 관한 규정은 세 개의 조문으로 구성되어 있습니다. 1항은 정당방위에 관한 조항이고, 2항은 과잉방위입니다. 방위행위는 맞지만 그 정도를 초과한 것을 말합니다. 3항은 면책적 과잉방위라고 합니다. 과잉방위가 특수한 상황에서 이루어진 경우 처벌하지 않는다는 규정입니다.

앞 사건에서 1항의 정당방위나 3항의 면책적 과잉방위가 인정된다면 피고인은 처벌받지 않고 무죄가 되는 것입니다. 2항의 과잉방위에 해당하면 형량을 감경받을 수 있습니다. 어떤 조항을 적용할지 결정하려면 첫째, 방위행위인지, 둘째, 방위행위라면 정당방위인지 아니면 과잉방위인지, 셋째, 과잉방위라면 면책적 과잉방위에 해당하는지의 순서로 살펴보아야 합니다. 정리하면 다음과 같습니다.

① 방위행위가 아니다. → 유죄(형법 제21조 적용 안 됨)

② 방위행위이고 그 정도가 적당하다. → 정당방위로 무죄(형법 제

21조 제1항)

③ 방위행위이나 그 정도가 적당하지는 않다. → 과잉방위로 형을 감면(형법 제21조 제2항)

④ 방위행위이고 그 정도가 적당하지는 않지만, 야간 기타 불안스러운 상태하의 공포 등 특수한 상황이었다. → 면책적 과잉방위로 무죄(형법 제21조 제3항)

다음으로 판례를 보겠습니다. 정당방위에 대해서는 비교적 명확한 판례가 확립되어 있습니다. 판례*에 따르면, 정당방위가 성립하려면 ① 침해행위에 의하여 침해되는 법익의 종류와 정도, ② 침해의 방법, 침해행위의 완급, ③ 방위행위에 의하여 침해될 법익의 종류와 정도, ④ 상당한 이유가 있는지 등을 참작하여 방위행위가 사회적으로 받아들일 수 있는 정도여야 합니다.

또한 정당방위의 방어 행위에는 수비적 방어뿐 아니라 적극적 반격 방어의 형태도 포함합니다. 하지만 그 반격 행위는 자기 또는 타인의 법익 침해를 방위하기 위한 행위로서 상당한 이유가 있어야 합니다.

학설 역시 조금 다른 용어를 사용하지만 판례와 같은 입장입니다. 학설에 따른 정당방위의 요건은 크게 네 가지입니다. 자기 또는 타인의 법익 보호, 침해의 현재성, 침해의 부당성, 상당한 이유가 그것

---

* 대법원 1992. 12. 22. 선고 92도2540 판결 등 참조.

입니다. 그렇다면 판례에서 요구하는 요건을 하나하나 분석해보겠습니다.

① 침해되는 법익의 종류와 정도
피해자의 체포, 감금으로 인하여 피고인의 신체적 활동의 자유와 안전이 침해되었습니다. 피고인이 체포와 감금된 시간은 확실하지는 않지만 한 시간 이내로 보입니다. 피고인은 정지한 차에서 빠져나갈 수 있을 정도로 감금되었습니다. 피고인이 생명이나 성폭력의 위험에 처했다는 증거는 없습니다.

② 침해의 방법과 침해행위의 완급
피해자는 주행 중인 차를 세우지 않는 방법으로 피고인을 자동차에 감금했습니다. 또한 다른 차량에 타고 있던 피고인을 끌어 내려 자신의 차에 강제로 태우는 방법으로 체포했습니다. 피해자는 피고인의 따귀를 때렸으나 그 이상으로 피고인을 폭행하지는 않았습니다. 피고인은 상처를 입지 않았습니다. 제3자인 A는 피고인과 피해자가 사소한 다툼을 한 것으로 생각했습니다.

③ 방위행위로 침해된 법익의 종류와 정도
피고인은 차에 매달려 있는 피해자를 떨어지게 하려는 고의(상해의 고의)가 있었습니다. 뿐만 아니라 피해자가 달리던 차에서 떨어지면 중한 상해를 입거나 목숨을 위협받음을 예상할 수 있었습니다.

다시 말해, 피고인은 피해자의 신체적 완전성을 침해했고, 생명권의 침해를 예견할 수 있었습니다.

④ 상당한 이유가 있는지
피고인은 A에게 구조 요청을 하거나 스스로 경찰에 신고하는 등 다른 대처 방법이 있었습니다. 피고인은 피해자가 달리는 차량에 매달려 있음을 알았을 때 차를 세우거나 속도를 높이지 않을 수 있었습니다. 그럼에도 가속을 하며 200미터를 주행했습니다.

정당방위의 인정 범위

이렇게 정리해놓으니 판례의 법리에 따르면 피고인에 대해 정당방위를 인정하기 쉽지 않아 보입니다. 하지만 결론이 썩 마음에 들지 않을 수 있습니다. 침해행위가 있는 경우 정당방위를 넓게 인정해야 한다는 입장, 집 안에 침입한 도둑을 빨래 건조대로 폭행한 청년을 옹호했던 사람들의 입장에서는 판례가 정당방위를 지나치게 좁게 인정하는 것이 불만이겠지요.

피해자는 피고인을 강제로 차에 다시 태웠으며, 피고인에게 문을 열라고 소리치면서 차 안으로 들어오려고 했습니다. 피고인은 신체의 자유 및 안전에 대한 침해에서 벗어나기 위해 자동차를 운전해 간 것입니다. 즉, 피고인의 행위가 방위행위임은 분명합니다.

그렇다면 이런 의문이 들 수도 있습니다. 피해자는 피고인의 따귀를 때리는 폭행을 했고, 다른 사람의 차량에 탄 피고인을 강제로 끌어 내려 자신의 차에 태웠는데, 피고인에게 그저 차 안에 가만히 있는 것을 기대해야 할까? 피고인이 피해자를 차에 매단 채 운전한 잘못이 있기는 하지만, 자동차가 출발하면 차량에서 물러나는 게 일반적이므로, 피고인은 피해자가 차량에 매달려서까지 쫓아올 것을 예상하기 어렵지 않았을까? 그렇다면 피고인으로서는 사회적으로 용인될 수준의 행동을 한 것이 아닐까? 설령 피고인의 행동이 사회적으로 인정되는 정도를 초과했더라도, 사건이 발생한 시간은 해가 진 이후였고, 장소는 인적이 뜸한 공원 주차장 부근이었습니다. 피고인이 그처럼 불안한 상태에서 범행을 했으므로 면책적 과잉방위를 인정해야 하지 않을까?

　실제 사건에서 정당방위나 면책적 과잉방위가 인정되는 경우는 많지 않습니다. 여기에 대해 급박한 위험의 순간에조차 적당한 방어만 하는 것이 가능한지에 대해 의문을 제기하는 사람들이 있습니다. 방어적인 행동과 거기에 포함된 공격성을 뚜렷하게 구분하기 어렵기 때문에 정당방위를 좀 더 폭넓게 인정해야 한다고 주장합니다. 자신에 대한 침해나 위협이 계속되고 있는 것인지, 이미 종료되었는지 명확하지 않을 때가 많기 때문에 딱 필요한 만큼의 방어행위만을 기대하기는 어렵다고 말합니다. 법은 멀고 주먹은 가깝습니다. 경찰은 멀고 범죄자는 가까운데, 눈 깜짝할 사이에 예기치 못한 일이 벌어지면 어떻게 하나요?

하지만 판례는 여러 사정을 종합해서 방어적인 행동이었는지 아니면 분노 또는 공격적 충동이 발현된 상태였는지를 엄격하게 구분합니다. 야간이나 불안한 상태에서 공포나 흥분 등으로 이루어진 행위라는 면책적 과잉방위 역시 쉽게 인정하지 않습니다. 그렇다면 몇 가지 선택지가 남습니다.

첫째, 방위행위조차 되지 않으므로, 피고인은 유죄이다.

→ 방어적인 행동이 아니라, 분노 또는 공격적 충동이 발현된 상태라는 판단도 가능합니다. 하지만 피고인의 법익이 침해되고 있는 상황에서 이를 피하기 위해 한 행동으로 방위행위에 해당하지 않을까 하는 의문이 듭니다.

둘째, 방위행위는 맞지만 상당한 이유가 없으므로 과잉방위이다. 따라서 피고인은 유죄이지만, 형을 감면받을 수 있다.

→ 피고인의 방위행위가 사회적으로 용인되는 정도를 초과했다는 것입니다. 사회적으로 용인되는 것이 어느 정도인지 정확히 말하기는 어렵지만, 지난 대법원 판례를 보면 이 사안과 같은 경우 상당한 이유를 인정하지 않았습니다.

셋째, 방위행위에 해당하고 상당한 이유도 있으므로 정당방위로 무죄이다.

→ 위와 달리 피고인의 방위행위가 사회적으로 용인되는 정도라는 판단입니다. 기존의 판례를 무릅쓰고 정당방위를 인정해야 한다는 입장이지요. 정당방위를 보다 폭넓게 인정해야 한다는 의견을 갖

는다면 이러한 결론을 채택할 수도 있습니다.

넷째, 방위행위에 해당하지만, 상당한 이유는 없다. 다만 야간 기타 불안스러운 상태하에서 공포, 경악, 흥분 또는 당황으로 인한 행위이므로, 면책적 과잉방위로 무죄이다.

→ 사실관계가 불분명하지만 사건이 일어난 시간은 해가 진 이후였고, 인적도 많지 않은 곳이었습니다. 계속되는 피해자의 법익 침해에 흥분하거나 당황했을 수 있으므로, 면책적 과잉방위를 인정할 여지가 있습니다. 다만, 기존의 판례를 따르는 경우 이러한 견해역시 채택하기 쉽지 않습니다.

여러분이라면 어떤 판결을 하시겠습니까?

6장

DNA는 일치한다, 하지만…

유죄, 무죄의 판단

형사재판에서 대부분의 피고인은 공소사실을 모두 인정합니다. 이 경우 형사재판은 피고인에 대한 형량을 결정하는 것, 즉 양형에 더 집중되고 재판 절차도 비교적 신속하게 진행됩니다.

피고인이 범행을 부인하면서 다툴 때는 유죄인지 무죄인지를 판단해야 합니다. 정확한 통계자료는 없지만 경험에 비추어 보면 형량이 높은, 실형 가능성이 있는 사건일수록 범행을 부인하는 경우가 많습니다. 약식재판보다는 불구속 정식재판이, 그보다는 구속 정식재판에서 다툼이 더 잦다는 의미입니다.

표 4*를 보면, 전체 형사사건 가운데 무죄 비율은 극히 미미합니다.

---

* e-나라지표 홈페이지(www.index.go.kr)에서 확인할 수 있습니다.

2014년부터 2018년까지의 1심 형사재판 중 0.56~0.79퍼센트가 무죄에 해당합니다. 2심의 경우 그 비율이 1.47~1.78퍼센트로 다소 높아지지만 여전히 일부 사건만이 무죄를 선고받습니다. 법률 전문가인 검사들이 유죄라고 생각한 사건만 기소하기 때문에 유죄판결이 나올 가능성이 높은 것이 당연합니다.

하지만 전부 혹은 일부 부인하는 사건의 무죄 비율은 표 4와는 다릅니다. 이 표는 피고인이 자백한 것도 포함하는데, 문제는 피고인이 다투면서 범죄 혐의를 부인할 때이며 이런 사건의 무죄 비율은 생각보다 높습니다. 제 경험이나 주변 판사의 이야기를 들어보면, 피고인이 다투는 사건에서 무죄가 나오는 경우가 드물지 않다고 합니다. 부인하는 사건 10건 중 2~3건이 무죄판결을 받는다고 하니 입증이 부족한데도 기소되는 사건이 적지 않음을 의미합니다.

표 4 **1심, 2심 무죄 현황.**

연도		2014	2015	2016	2017	2018
제1심 무죄	계	5,264	5,084	5,392	5,873	5,731
	(무죄율, %)	0.56	0.58	0.59	0.71	0.79
	구속재판	194	176	170	211	135
	불구속재판	2,533	2,669	2,839	3,073	3,068
	약식재판	2,537	2,239	2,383	2,589	2,528
제2심 무죄	계	1,188	1,303	1,179	1,327	1,244
	(무죄율, %)	1.78	1.72	1.47	1.58	1.69
	구속재판	131	168	128	134	105
	불구속재판	1,057	1,135	1,051	1,193	1,139

또한 표에서는 잘 드러나지 않습니다만, 상대적으로 형량이 낮은 사건을 대상으로 하는 단독재판보다 형량이 높은 사건을 처리하는 합의재판에서 무죄 비율이 더 높지 않을까 생각합니다. 다툼의 여지가 있고 실제 무죄판결이 많이 나오는 횡령, 배임, 사기 등의 재산범죄(피해액이 5억 원 이상인 경우)와 성범죄 사건을 주로 합의부에서 재판하기 때문입니다.

합리적 의심의 여지가 없을 정도의 확신

형사판결에서 무죄를 선고하는 두 가지 경우가 있습니다. 첫째는 공소사실을 전부 인정하더라도 죄가 되지 않을 때입니다. 법리적으로 피고인의 행위가 공소제기된 범죄에 해당하지 않는다는 것입니다. 둘째는 피고인이 부인하여 공소사실의 전부 혹은 일부가 인정되지 않을 때입니다. 실무에서 첫 번째 사례는 많지 않고, 대부분 두 번째 이유로 무죄판결이 나옵니다. 첫 번째는 법리의 문제이기 때문에, 여기서는 공소사실의 전부 혹은 일부가 인정되지 않아서 무죄가 선고될 때에 대해 살펴보겠습니다.

민사판결에서의 입증은 실제 생활에 적용될 정도의 정확성, 즉 '고도의 개연성에 대한 확신'으로 충분합니다. 일체의 의심이나 반대 가능성을 허용하지 않는 과학적 정확성이 아니라 십중팔구까지 확실하다는 확신이면 됩니다.*

이와 달리 형사사건에서 범죄 혐의의 입증은 '합리적 의심의 여지가 없을 정도의 확신'을 필요로 합니다. 이는 민사판결의 입증보다 훨씬 엄격한 증명입니다. 수치로 표현하기는 어렵지만 열에 아홉을 넘어선 것이고, 100퍼센트는 아니지만 그에 가까운 확신이 필요합니다. 합리적 의심의 여지가 조금이라도 있으면 안 되니까요. 이는 '의심스러울 때는 피고인의 이익으로in dubio pro reo'라는 무죄 추정의 원칙에 따른 것입니다. 검사의 입증이 부족하여 합리적 의심이 들면 판사는 무죄판결을 해야 합니다.

실제 사건에서는 이를 판단하기 쉽지 않은 경우가 많습니다. 어느 정도가 확신이고, 어느 정도가 합리적 의심의 여지가 있는지 분명하게 구분되지 않습니다. 가치관이나 생각에 따라 어떤 이는 확신이 들었지만, 다른 사람은 여전히 확신하지 못할 수도 있습니다. 그래서 합의재판부에서 판사들끼리 의견이 엇갈리기도 합니다.

이 장과 다음 장에서는 실제 사건을 통해 유무죄 판단을 해보도록 하겠습니다. 첫 번째 사건은 한 명의 피고인이 다음과 같은 두 가지 공소사실로 기소된 사건입니다. 피고인은 그 당시 30대 초반의 남성이었습니다.

먼저 공소사실을 보겠습니다(범행 시간과 장소만 바꾸었고, 실제 사건의 공소사실을 재구성한 것입니다). 문장구조가 복잡하고 딱딱해서 읽

---

* 이시윤, 《신민사소송법 제2판》, 박영사, 2004년, 440쪽.

기 쉽지 않습니다. 공소사실을 정확히 특정하기 위해서 범행의 시간과 장소, 범행의 성립에 필요한 행위가 모두 담겨 있어야 하기 때문입니다.

공소사실

1. 흉기휴대상해

피고인은 2015. 7. 27. 00:50경 ○○시 ○○구 ○○동 소재 **회사 옆 골목길에 11가2222호 엑센트 차량을 세워놓고 있다가, 술을 마신 채로 그곳을 걸어가던 피해자 A(42세, 여)가 주차된 차량 사이에 쪼그려 앉은 것을 발견하였다.

피고인은 피해자 A에게 다가가 한 손으로 피해자 A의 목을 감싸고, 소지하고 있던 흉기인 잭크나이프(칼날 길이 8.5cm, 증 제1호)를 피해자 A의 목 쪽에 들이대며 "소리 지르지 마, 칼 보이지"라고 위협하며 주먹으로 피해자 A의 얼굴을 수 회 때리고 인근에 주차된 자신의 차량 쪽으로 피해자 A를 끌고 갔다.

이에 피해자 A가 피고인의 팔을 뿌리치고 잭크나이프의 칼날을 붙잡으며 반항하자, 칼날을 잡아 빼 피해자 A의 손가락이 베이게 하여 피해자 A에게 약 3주간의 치료를 요하는 손가락의 열린 상처 등을 가하였다.

이로써 피고인은 흉기를 휴대하여 피해자 A를 상해하였다.

2. 강제추행상해

피고인은 2012. 9. 16. 02:50경 ○○시 ○○동에 있는 **고가도로 밑에서, 그곳을 지나가던 피해자 B(24세, 여)를 발견하였다.

피고인은 "저기요"라고 말하여 피해자 B를 불러 세운 후 주먹으로 피해자 B의 얼굴을 수 회 때리고, 소리를 지르려는 피해자 B를 고가도로 밑 교각 쪽으로 끌고 가 넘어뜨린 다음 "씨발 조용히 안 해, 죽고 싶지 않으면 조용히 해"라고 위협하며 주먹과 발로 수 회 때려 항거 불능하게 하였다.

피고인은 피해자 B의 가슴을 만지다가 바지를 벗기고, 피고인의 손목을 밀치며 저항하는 피해자 B의 얼굴을 때린 후 팬티를 벗기고 손가락을 음부에 집어넣어 추행하였다. 이로 인하여 피고인은 피해자 B에게 약 6주간의 치료를 요하는 안와 바닥의 폐쇄성 골절 등의 상해를 가하였다.

이로써 피고인은 피해자 B를 강제추행하여 상해하였다.

쟁점의 정리

1번 흉기휴대상해 혐의의 피고인은 체포되어 구속되었습니다. 범행 현장 근처에 있는 CCTV에 피고인의 모습이 포착되었고, 얼마 후 경찰은 피고인을 검거할 수 있었습니다. 피고인은 수사기관에서 1번 범죄에 대한 혐의를 인정했고, 법정에서도 이를 인정했습니다. 1번 범죄의 유죄를 인정하는 데는 아무런 문제가 없었습니다.

2번 범죄는 1번 범죄가 일어나기 약 3년 전에 발생한 것입니다. 1번 범죄로 체포되고 나서 얼마 뒤인 2015년 9월경, 피고인은 2번 강제추행상해 혐의의 범인으로 지목되었습니다. 피해자 B가 범행을 당했던 3년 전 경찰은 범인이 누구인지 밝혀내지 못했습니다. 2번 범죄는 미제 사건으로 남게 되었지요. 다만 경찰은 범행 현장에 떨어져 있는 담배꽁초 한 개를 발견했습니다.

경찰은 피고인을 1번 범죄로 체포한 후 DNA를 채취하여 조사했습니다. 그 결과 피고인의 DNA가 약 3년 전 벌어진 2번 범죄의 범행 현장에 떨어져 있던 담배꽁초에서 채취된 DNA와 일치한다는 사실을 알아냈습니다. 수사기관은 피해자 B를 통해 2번 범죄의 용의자의 얼굴을 확인하고자 피해자 B에게 피고인의 사진(주민등록 화상 파일)을 이메일로 전송했습니다. 이를 확인한 피해자 B는 그 자리에서 피고인이 2번 범죄의 범인이라고 지목했습니다.

2번 범죄의 공소사실에 대해 피고인은 다음과 같이 모두진술(공소사실의 인부)을 했습니다.

공소사실에 기재된 날짜와 시간 무렵에 범행 장소에 있는 **고가도로를 자동차로 지나간 적은 있습니다. 차량 통행이 거의 없는 곳이라서 고가도로 위에 자동차를 세워놓고 담배를 피웠습니다. 하지만 범행 현장인 고가도로 밑으로 간 적은 없습니다. 2번 범죄는 전혀 모르는 사실입니다. 정확히 기억나지는 않지만 담배를 다 피운 다음 고가도로 아래로 담배꽁초를 버렸던 것 같습니다.

피고인은 2번 범죄가 일어난 시간에 범행 장소를 지나간 사실은 인정했지만, 자신은 범인이 아니라고 극구 부인했습니다. 자신의 담배꽁초가 우연히 고가도로 밑에 있는 바닥으로 떨어졌고, 그 전이나 후에 다른 사람에 의해 범죄가 저질러졌다는 것입니다. 이제는 검사가 피고인이 범인임을 입증해야 합니다.

검사의 입증

검사는 피고인의 유죄를 입증하기 위해 다음과 같은 증거를 제출했습니다.

- 범행 장소에서 발견된 담배꽁초에 대한 DNA 감정 결과
- 담배꽁초에 대한 국립과학수사연구원 감정 결과
- 범행 발생 후 현장 상황을 기록한 자료와 현장 사진
- 범행이 있었던 날 피고인의 신용카드 사용 내역
- 범행 현장 근처에 사는 참고인들의 진술을 기재한 서류(참고인 진술조서)
- 증인 피해자 B의 법정 진술

피고인이 범인임을 뒷받침하는 강력한 증거는 범행 현장에서 발견한 담배꽁초에서 채취된 DNA 감정 결과였습니다. 또한 피고인의 신용카드 사용 내역을 보면 피고인은 범행이 있기 10여 분 전에 범행 장소에서 약 2.7킬로미터 떨어진 편의점에서 물품을 구입했음을 알 수 있었습니다. 범행 장소는 편의점에서 피고인의 집으로 향하는 일반적인 이동 경로에 위치한 곳이었습니다.

피고인이 범행 시간 전후에 범행 장소 부근을 지나갔다는 것은 확인할 수 있었습니다. 하지만 피고인 역시 이러한 사실을 인정했습니다. 피고인이 그곳을 전혀 모른다거나 그 시간에 다른 곳에 있었다고 주장하는 것은 아니었습니다. 즉, DNA 감정 결과와 신용카드 사용 내역만으로는 피고인이 범인임을 입증하기는 조금 어려웠습니다.

또 다른 증거로는 피해자 B의 증언이 있었습니다. 검사는 피해자 B를 증인으로 피고인의 얼굴을 확인하게 한 후 범인이 맞는지 물었습니다. (이 사건에서 피해자 B는 피고인과 대면하는 것을 꺼렸기 때문에 법정이 아닌 화상 증언실에서 증언했습니다. 판사들과 피고인의 변호인은 법정의 화면을 통해 증인을 볼 수 있지만, 피고인은 피해자가 나오는 화면을 볼 수 없습니다.) 피해자 B는 화면으로 피고인의 얼굴을 확인한 뒤 피고인이 안경을 벗은 모습이 범인의 얼굴과 같고 목소리도 똑같다고 진술했습니다.

하지만 피해자 B의 증언 역시 그대로 믿기는 쉽지 않았습니다. 피고인이 범인으로 지목된 과정에 의문이 있기 때문입니다. 앞서 말씀드렸듯이 피해자 B는 수사기관 즉, 경찰로부터 전송받은 이메일에 첨부된 피고인의 사진을 보고 피고인을 범인으로 지목했습니다. 하지만 피해자 B가 피고인의 사진을 확인한 것은 범행일로부터 약 3년이 지난 후였습니다. 피해자 B의 증언만으로 피고인이 범인임을 확신할 수 있을까요?

경찰이 범죄자를 지목할 때는 범인식별절차를 거칩니다. 목격자(또는 피해자) 진술의 신빙성을 높이려면, 용의자를 포함하여 여러 사람을 동시에 목격자와 대면시켜 범인을 지목하도록 해야 합니다. 사진을 제시해 범인식별절차를 거치는 경우에도 마찬가지로 이러한 원칙을 따라야 합니다. 다만 범죄 발생 직후 목격자의 기억이 생생하게 살아 있는 상황에, 현장이나 그 부근에서 범인식별절차를 실시한다면 일대일 대면도 허용됩니다.

이 사건에서는 적법한 범인식별절차를 거치지 않았습니다. 3년이 흘러 피해자 B의 기억이 흐릿해졌을 수도 있습니다. 피해자 B는 경찰이 용의자라면서 보낸 한 장의 사진을 큰 의심 없이 받아들였을지 모릅니다. 만약 경찰이 피고인의 DNA가 담배꽁초에서 채취된 것과 동일하다고 말했다면 피해자 B는 사진을 보기도 전에 피고인을 범인으로 믿었겠지요. 피해자 B의 증언은 이러한 적법하지 않은 범인식별절차의 연장선에 있었습니다.

담배꽁초 외의 단서는 범행 현장에서 발자국이 발견되었고, 범인이 오토바이를 타고 도주했다는 것입니다. 범인이 오토바이를 타고 있었던 사실은 피해자의 증언과 범행 장소에 인접한 주택에 사는 사람의 진술로 확인할 수 있었습니다.

범행 현장에서 발견된 발자국이 피고인의 것이라면 범행의 유력한 증거가 되고, 만약 피고인이 오토바이를 소유했거나 운행했다는 증거가 있다면 피고인이 범인일 가능성이 좀 더 높아질 것입니다. 하지만 검사는 이러한 사실에 대하여 더 이상 입증하지 못했습니다. 즉, 범행 현장의 발자국이 피고인의 것인지 알 수 없었고, 피고인이 오토바이를 운행했다는 증거도 없었습니다.

추가적인 증거조사가 필요하다고 생각한 재판부는 검사의 신청에 따라 검사 및 피고인과 함께 범행 현장을 둘러보았습니다(현장검증). 사진으로만 본 고가도로와 그 밑의 범행 현장에 직접 간 것입니다. 하지만 현장검증에서 피고인이 범인임을 뒷받침하는 사실은 발견하지 못했습니다. 오히려 고가도로 위에서 담배꽁초를 떨어뜨리면 범행 현장 부근에 떨어질 수 있음을 확인했습니다.

드러나지 않은 심증

이 사건에는 보이지 않는 아주 강력한 심증이 두 가지 있었습니다. 첫 번째는 피고인이 1번 범죄를 저질렀다는 사실입니다. 1번 범죄는 2번과 죄명이 다르지만, 범행 수법이 유사합니다. 자정이 지난 시간에 으슥한 곳에 혼자 있는 여성에게 접근하여 폭력적으로 피해자의 반항을 억압하려고 한 것이 비슷합니다. 비록 1번 범죄는 성범죄가 아니지만 피해자 A가 저항하지 않았다면 추행을 시도했을지도 모릅니다. 합리적이지 않을지는 몰라도, 1번 범죄를 저지른 사람이 2번 범죄도 저지를 수 있지 않을까 하는 생각이 드는 것은 사실입니다.

두 번째는 피고인이 최초 경찰 조사 당시 1번 범죄를 적극적으로 은폐하면서 범행을 부인했다는 사실입니다. 피고인은 1번 범행 직후 중요한 수사 단서인 본인 소유의 자동차를 도난당했다고 허위 신고했습니다. 뿐만 아니라 피고인은 범행 현장 주변의 CCTV 화면이 결정적인 증거로 제시되기 전까지 부인하다가 CCTV 자료를 본 후 어쩔 수 없이 범행을 인정했습니다. 이러한 사실은 2번 범죄를 부인하는 피고인의 태도에도 의심의 눈초리를 보내기에 충분합니다. 아마 이 사건을 수사했던 경찰관들도 이러한 심증을 가지고 있었을 것입니다.

위와 같은 여러 사정을 종합하여 피고인의 유무죄를 판단해봅시다. 검사가 제출한 증거만으로 피고인이 범행 시간에 범행 장소를 지나간 것뿐만 아니라 강제추행상해의 범죄를 저지른 사실이 입증되었다고 할 수 있을까요? 범행은 새벽에 이루어졌고 범행 장소는 많은 사람들이 지나다니는 곳이 아니라는 점까지 고려하면 피고인이 범인일 가능성이 매우 높다고 할 수도 있습니다. 그렇다면 피고인이 범인이라는 확신이 드나요?

그렇지만 피고인에게 불운이 겹쳐 하필이면 범죄 현장에 자신에게 불리한 흔적들이 남은 것일 수도 있습니다. 미국 범죄 드라마나 법정 드라마에는 억울한 피고인들이 많이 등장하고, 실제로도 무고하게 형벌을 받은 사람들의 사연이 심심찮게 이야깃거리가 되기도 합니다. 여러분이 판사라면 어떻게 판결하시겠습니까?

형사사건에서 유죄 판단의 기준은 어디까지나 '합리적 의심의 여지가 없을 정도의 확신'입니다. 저는 만에 하나 피고인이 범인이 아닐 가능성이 있지 않을까 생각했습니다. 합리적 의심의 여지가 있었던 것입니다. 심증만으로 유죄판결을 할 수는 없으니까요.

7장

마약인지
정말 몰랐을까

판사가 진실에서 가장 멀다

유죄의 확신은 사람마다 달라질 수 있습니다. 판사 역시 사람인지라 개개인의 생각이 다르기도 합니다. 때로는 부장판사와 배석판사의 의견이 갈리고, 때로는 1심과 2심 법원의 의견이 다릅니다. 잠시 후 말씀드릴 사건 역시 '고의'에 대한 부장판사와 배석판사였던 저의 생각이 달랐습니다. 재판의 결론을 내리는 데 많은 시간이 필요했습니다.

이처럼 결론이 달라지는 판결에 대해 사람들이 왈가왈부하는 것은 당연합니다. 하지만 사람이 재판을 하는 이상 모든 사건에 모든 판사의 생각이 일치하기는 불가능에 가깝습니다. 이는 우리 법이 3심제를 두는 이유이기도 합니다. 물론 자명한 증거를 가지고 무죄로 판단하거나 부족한 증거만으로 유죄판결을 해서는 안 되겠지요.

'합리적 의심의 여지가 없는 확신'은 성범죄에서 특히 문제 됩니다. 성범죄는 당사자들만 있는 공간에서 이루어지는 경우가 대부분이어서 목격자나 다른 물적증거가 없을 때가 많습니다. 따라서 피해자의 진술에 전적으로 의존하게 되고, 피해자 증언의 신빙성만으로 유무죄 판단을 해야 하는 사건도 있습니다.

논란이 있었던 강간 등 성범죄에 대한 재판을 예로 들면 피고인은 성관계를 한 것은 맞지만, 폭행하거나 협박하지 않았다면서 범행을 부인합니다. 피해자의 묵시적인 동의가 있었다고 주장합니다. 이런 사건에서 진실이 무엇인지 알기는 어렵습니다. 다만 '합리적 의심의 여지가 없는 확신'이 있는지를 고민해야 합니다.

'확신'은 증인의 증언 내용뿐만이 아니라 표정이나 자세, 말투 같은 태도에서 얻기도 합니다. 사건 전후에 일어난 일, 사건 이후의 피고인과 피해자의 태도에서 확신을 얻을 수도 있습니다. 하지만 어느 경우든 '합리적 의심의 여지가 없을 정도'여야 합니다. 조금이라도 의심이 든다면 유죄판결을 해서는 안 되겠지요. 그리고 가능하다면 확신을 어떻게 얻게 되었는지 판결문에서 논리적으로 드러낼 수 있다면 더욱 좋겠습니다.

법조계에는 '판사가 진실에서 가장 멀리 떨어져 있다'는 말이 있습니다. 진실을 가장 잘 아는 사람은 당연히 당사자들입니다. 그다음은 당사자들을 직접 대면해 면담하고 조사한 변호인과 검사입니다. 판사들이 보는 것은 변호인과 검사를 통해 진실이 어느 정도 여과된 다음입니다. 판사들이 변호사나 검사와 달리 피해자와 피고인을 직접 대면하지 않는 이유는 객관성을 확보하기 위함입니다. 객관성을 확보하는 자리는 진실에서 조금 멀 것이고요.

판사로 일하면서 진실을 밝힐 수 없었던 사건을 한 가지 더 살펴보도록 하겠습니다. 2부 6장에서 다루었던 것보다 오랫동안 심각하게 고민했던 사건입니다. 피고인 두 명이 다음과 같은 필로폰 밀수출 혐의로 공소제기가 되었습니다.

공소사실

피고인들은 마약류취급자가 아니다.

피고인 1은 2012년 6월 말 어릴 적 친구인 A로부터 메트암페타민(일명 '필로폰', 이하 필로폰이라 한다)을 일본으로 안전하게 배송해주면 1,000만 원을 운송비로 주겠다는 제안을 받았다.

피고인 1은 공주교도소에서 복역하면서 알게 된 피고인 2에게 연락하여 A의 제안을 전달하였고, 생활이 곤궁했던 피고인 2는 이를 승낙하였다. 피고인들은 피고인 1이 운송비 1,000만 원 중 200만 원을, 피고인 2가 800만 원을 각각 나누어 갖기로 약속하고 필로폰 밀수출을 공모하였다.

피고인 1은 2012. 7. 24.경 **시 상동 **아파트 111동 111호에 있는 자신의 집에서 이름을 알 수 없는 김실장으로부터 다른 사람의 명의로 개통한 휴대폰인 속칭 '대포폰'을 구입하고, 피고인 2가 타고 갈 부산발 하카다행 비틀호 배편을 예매하였다.

피고인 1은 2012. 7. 27. 오후 KTX 열차를 타고 부산역으로 가 같은 날 18:10경 부산 **구 **동에 있는 **호텔 로비에서 A의 지시를 받고 온 이름을 알 수 없는 40대 중반의 여성으로부터 필로폰 1kg이 은닉된 커피믹스, 비누 상자 등이 들어 있는 가방을 받았다.

그 후 피고인 1은 부산 **구 **동에 있는 **모텔의 호실 불상의 객실에 가방을 보관한 다음 같은 날 22:50경 부산역에서 뒤늦게 내려온 피고인 2를 만났다.

피고인들은 함께 **모텔에서 잠을 잔 후 다음 날인 2012. 7. 28. 09:20경 부산항국제여객터미널 출국장으로 갔다. 피고인 1은 필로폰이 들어 있는 가방을 피고인 2에게 넘겨주고, 피고인 2는 이를 받아 소지한 채 2012. 7. 28. 11:00경 부산항 출국장을 출항하여 2012. 7. 28. 13:55경 일본 후쿠오카 하카다항에 도착하였다.

이로써 피고인들은 A와 공모하여 필로폰 1kg을 일본으로 밀수출하였다.

쟁점의 정리

피고인들과 변호인은 이렇게 주장했습니다.

피고인들이 공모하여 어떤 물건이 담긴 가방을 일본으로 운반해

간 것은 사실입니다. 하지만 피고인들은 가방 안에 고가의 보석류가 들어 있는 것으로 알았을 뿐 필로폰이 들어 있음은 알지 못했습니다. 피고인들은 필로폰을 밀수출한다는 점에 대한 고의가 없었습니다.

공소사실에 기재된 사실관계는 대부분 인정하면서 가방에 든 것이 필로폰이라는 사실을 몰랐고, A와 마약 밀수출을 공모하지 않았고 가방에 든 물건을 운반하기만 했다는 주장입니다. 일부 사실만 부인하는 것으로 보이지만 사실 마약 밀수출이라는 범죄 전부를 부인한 것입니다. 피고인들은 마약을 몰래 수출한다는 인식이나 의도가 없었으므로, 마약류 범죄에 해당하지 않는다고 읍소했습니다.

피고인들이 붙잡힌 경위는 이렇습니다. 피고인 2는 가방을 들고 일본 후쿠오카에 도착해서 세관을 통과하다가 필로폰을 소지하고 있음이 발각되었습니다. 피고인 2는 일본 세관에 의해 즉시 구금되어 조사를 받은 다음 우리나라의 수사기관으로 보내졌습니다. 피고인 2는 피고인 1과 공모한 사실을 자백했고, 얼마 후 피고인 1도 붙잡혔습니다.

피고인들은 체포된 이후 일관되게 혐의를 부인해왔습니다. 고가의 보석류로 알고 있었을 뿐 필로폰인지는 몰랐다고 주장했습니다. 그런데 가방 안에 든 물건이 고가의 보석류인지 필로폰인지 모를 수가 있을까요? 보석류와 필로폰은 모양과 무게가 전혀 다른데, 피고인들의 이러한 주장이 합리적이라고 생각하나요?

검사의 입증

형사재판은 피고인들의 주장이 합리적인지 판단하는 것이 아닙니다. 공소사실에 대한 입증책임은 어디까지나 검사에게 있습니다. 피고인들이 가방에 든 물건이 필로폰임을 알고 있었음을 검사가 입증해야 합니다. 검사는 피고인들의 고의를 입증하기 위해 다음과 같은 증거들을 제출했습니다.

- 피고인들에 대한 피의자신문조서
- 일본 경찰이 작성한 피고인 2에 대한 각 진술조서와 질문조서
- 일본 세관 정보 요청 서신, 일본국 국제공조수사
- 피고인 2가 가방을 소지하고 배에 탑승하는 장면에 관한 CCTV 녹화 자료
- 피고인 2가 일본 세관에서 적발되던 당시의 사진 등

이러한 증거들에 의하여 아래와 같은 사실을 인정할 수 있었습니다. 피고인들의 고의를 인정 가능한지 생각하면서 아래의 사실들을 읽어봅시다.

첫째, 친구 A가 피고인 1에게 물건의 운반을 부탁한 것은 2012년 6월 말이고, 공소사실에 기재된 범행 날짜는 2012년 7월 28일입니다. 피고인 1은 8월 말에 체포되었는데, 6월 말부터 8월 말까지 약 두 달 동안 A와 수십 차례 통화했습니다.

둘째, 피고인 1은 A와 통화하면서 "걸려도 큰일이 아니고 벌금이나 조금 나오고 추방될 수 있다"는 말을 들었습니다. 피고인 2는 일본으로 운반하는 물건이 수상하다고 생각하여 피고인 1에게 무엇인지 물어보았지만 피고인 1은 "괜찮으니 걱정하지 마라"라고 대답했습니다.

셋째, 피고인 1은 다시 가방을 싸면서 커피믹스 상자 세 개와 세면도구 세트 한 개(커피믹스 낱개 하나하나에, 세면도구 세트 안의 비누 상자에 필로폰이 들어 있었습니다) 및 노트북 한 대를 손을 이용하여 직접 옮겨 담았습니다. 그리고 피고인 2는 옆에서 이를 지켜보았습니다.

넷째, 피고인 1은 피고인 2에게 일본으로 가져갈 가방을 건네주면서 "노트북이 중요한 것이니 잘 가져가라. 커피랑 비누는 위장용이다"라고 이야기했고, 피고인 2는 "하루 이틀 일본으로 나가면서 커피를 가지고 가는 것이 더 수상하다"고 대답했습니다. 이에 피고인 1이 피고인 2에게 "그러면 내가 커피를 더 넣어서 안 보이게 할까?"라고 말했습니다.

사실 이 사건에서 가장 중요한 인물은 피고인 1에게 물건의 운반을 부탁한 친구 A입니다. A를 체포하여 진술을 들었다면 유무죄 판단이 더 용이했겠지만, A는 끝내 잡지 못했습니다.

어떠한가요? 이 정도면 피고인들의 고의를 인정할 수 있을까요? 여기서 한 가지 짚고 넘어가야 할 것은 형사범죄에서의 '고의'는 확정적인 것이 아니어도 무방하다는 사실입니다. 어떠한 행동을 하면서 그 행위에 어떤 의미가 있고 어떤 결과를 초래할지 확정적으로 알지 못해도, 고의가 성립할 수 있습니다. 이를 불확정적 고의라고 합니다.

써지지 않는 판결문

그 당시 저는 경험이 별로 없는 2년차 판사였습니다. 사건 기록을 살펴면서 '미필적 고의'를 생각했습니다. '미필적 고의'라는 말을 들어보았을 것입니다. '미필적 고의'의 구분에 관해 여러 학설이 있지만, 사전적 정의를 살펴봅시다.

> 미필적 고의: 어떤 행위로 범죄 결과가 발생할 가능성이 있음을 알면서도 그 행위를 행하는 심리 상태

피고인들은 범죄 결과의 발생 가능성, 즉 마약류 밀수출의 가능성을 인식(예견)했다고 볼 수 있을까요? 저는 가능하다고 생각했습니다. 성명 불상의 여성으로부터 건네받은 가방 안에 든 물건은 커피믹스 세 상자와 세면도구 세트 한 개, 노트북 한 대였습니다. 그중에 커피믹스 상자와 세면도구 세트에 필로폰 1킬로그램이 은닉되어 있었음은 말씀드린 바와 같습니다.

피고인들은 필로폰이 든 커피믹스 상자와 세면도구의 외관을 보았을 뿐만 아니라 이를 가방에 직접 옮겼습니다. 손으로 만져본 것

이지요. 그 과정에서 열었거나 적어도 물건들을 흔들어보았을 수도 있습니다.

게다가 피고인들은 운반하는 것이 어떤 물건인지 궁금해했습니다. 진심으로 보석류라고 믿었다면 궁금해할 이유가 없지 않을까요? 단순히 운반비로 1,000만 원을 받는다면 그 물건이 어떤 것인지 알았거나, 적어도 짐작하지 않았을까요? 보석류를 운반하는 대가로 1,000만 원을 받는다는 게 이상하지 않나요? 이러한 사정이 유죄의 근거가 된다고 생각했습니다. 따라서 결론을 유죄로 내리고 판결문을 쓰기 시작했습니다.

문제는 그다음이었습니다. 형사판결문에는 피고인이 다투는 부분에 대해 유죄를 인정할 경우 그 이유를 적는 것이 보통입니다. 이 사건에서는 피고인들이 마약 밀수출의 고의가 없었다고 주장하면서 범행을 전부 부인하고 있기 때문에, 유죄판결을 하면 피고인들의 고의가 인정되는 이유를 판결문에 기재해야 합니다.

그런데 어찌된 일일까요? 판결문이 잘 써지지 않았습니다. 쓰는 동안 속이 꽉 막힌 것처럼 답답했고 문장이 술술 나오지 않았습니다. 그때 깨달았어야 했습니다. 결론이 잘못되어서 판결문이 안 써진 것은 아니었을까요?

위에서 말씀드린 유죄의 근거는 피고인들의 주장이 합리적이지 않다는 것입니다. 하지만 판결문에서 써야 할 사항은 검사의 공소사실이 왜 인정되는지입니다. 피고인들의 주장이 합리적이지 않은 이유는 많았지만, 그렇다고 공소사실이 인정되는 것은 아닙니다. 피고인들에게 고의가 있었다는 공소사실을 인정할 증거가 없었기 때문에 판결문이 잘 써지지 않았던 것이지요.

판결 너머의 진실

무엇이 진실인지는 알 수 없습니다. 오직 피고인들만이 알고 있겠지요. 피고인들이 실제로 가방에 든 물건이 무엇인지 전혀 몰랐다는 것이 진실일 수 있습니다. 수상한 물건이라고 생각했을 뿐 필로폰이나 마약류라고는 꿈도 꾸지 못했을지 모릅니다.

이와 달리 피고인들이 가방에 든 물건이 필로폰임을 알았을 가능성도 있습니다. A로부터 들었을 수도 있고, 가방 속 물건을 다른 가방에 옮겨 담으면서 열어보았을 수도 있습니다. 또 다른 가능성은 피고인 1만 필로폰임을 알고 있었다는 것입니다. 피고인 1은 운반을 부탁한 친구인 A와 수십 차례 통화하면서 가방에 든 것이 필로폰이라는 사실을 들었을 수도 있고, A로부터 은밀한 암시를 받아서 미필적으로나마 인식했을지도 모릅니다. 그렇다면 피고인 1이 아무것도 모르는 피고인 2를 이용한 것이겠지요. 어쩌면 피고인 1은 유죄, 피고인 2는 무죄라고 판단하는 것이 진실에 가장 가까울지도 모르겠습니다.

판사는 증거로써 입증된 사실만으로 판단할 수밖에 없습니다. 유죄의 판단은 합리적 의심의 여지가 없을 정도의 확신이 있어야 합니다. 고민 끝에 재판부는 무죄판결을 내렸고, 그 결론은 항소심을 거쳐 대법원까지 유지되었습니다.

아직도 그때의 판단이 정의로운 것이었는지 생각해볼 때가 있습니다. 어쩌면 법의 허점일지도 모르겠습니다.

8장

살인죄의
형량

양형의 어려움과 문제점

피고인의 유무죄를 판단했다고 해서 형사재판이 끝나는 것이 아닙니다. 유무죄 판단 또는 그 이상으로 중요한 일이 피고인의 형량을 결정하는 일입니다. 이를 양형이라고 합니다.

형사재판부에서 근무할 때 가장 힘든 일은 유무죄 판단이 아니었습니다. 유무죄를 판단하기 어려워서 애를 먹기도 하지만 판사들의 의견이 대부분 일치하기 때문입니다.

양형은 그렇지 않습니다. 우리나라의 형사법은 피고인의 형량을 결정함에 판사의 재량을 비교적 폭넓게 허용하기 때문에 재판부 판사들의 의견이 징역과 집행유예 등으로 갈리기도 합니다. 예를 들어, 강도 범죄에 대해서는 3년 이상의 유기징역(형법 제333조)이, 사기 범죄에 대해서는 10년 이하의 징역 또는 2,000만 원 이하의 벌금

(형법 제347조 1항)이 규정되어 있습니다. 이와 같이 법에서 정한 형벌의 범위를 '법정형'이라고 합니다.

그런데 동일한 범죄라고 해도 피고인의 특성과 범행 후의 정황 등에 따라 법정형을 가중하거나 감경할 수 있고, 때로는 반드시 가중하거나 감경해야 합니다. 피고인이 범행 당시 심신미약 상태인 경우 또는 범행 후 자수했다면 감경할 수 있습니다. 피고인이 농아자라면 반드시 감경해야 합니다. 법정형을 가중 및 감경하여 정해진 형벌의 범위를 '처단형'이라고 합니다.

처단형의 범위도 좁다고 할 수 없습니다. 예를 들어 징역 1년 이상 10년 이하, 징역 3년 이상 15년 이하와 같은 범위로 정해지는데, 징역 1년과 10년에 어마어마한 차이가 있음은 굳이 따로 말할 필요조차 없습니다.

판사는 처단형의 범위 내에서 선고형을 결정합니다. 피고인의 선고형을 결정할 때는 ① 범인의 연령, 성행, 지능과 환경, ② 피해자에 대한 관계, ③ 범행의 동기, 수단과 결과, ④ 범행 후의 정황을 참작해야 합니다(형법 제51조).

이러한 요소들을 고려하더라도 형량을 결정하기는 쉬운 일이 아닙니다. 예를 들어, 1억 원의 사기죄를 범한 공동피고인 A와 B가 있다고 가정해봅시다. 피고인 A는 30세의 회사원으로 범행을 부인하며 반성하지 않고 있지만, 피해자에게 5,000만 원의 합의금을 지급했습니다. 이에 피해자는 피고인 A에 대한 처벌을 원하지 않고 있습니다.

한편 공범자인 피고인 B는 부모님이 모두 사망했고 병든 할머니 밑에서 자란 18세의 청소년입니다. 피고인 B는 자신의 범행을 인정하면서 깊이 반성하고 있습니다. 하지만 경제적 어려움으로 인해 피해자와 합의하지 못했습니다. 피해자는 피고인 B를 강력하게 처벌하기를 희망하고 있습니다.

피고인 A와 B 모두 전과가 없고, 사기죄의 법정형인 10년 이하의 범위에서 징역을 정한다면 A와 B에게 각각 어느 정도의 형벌을 선고해야 할까요? 두 피고인의 형량을 다르게 정해야 할까요?

형량을 결정하는 데는 또 다른 문제점이 있습니다. 개인의 주관이 개입될 가능성이 크기 때문에 판사마다 적지 않게 차이가 납니다. 이는 예전부터 양형의 문제점으로 지적되었습니다. 판사가 자의적으로 판단할 수 있다는 것입니다.

판사에 따른 양형의 차이로 인해 웃지 못 할 일이 벌어지기도 합니다. 교도소에서는 어떤 판사가 내리는 형량이 높은지 낮은지 소문이 금방 납니다. 오래 복역한 죄수들은 누가 어느 정도의 형을 선고할지 대부분 맞춘다고 합니다. 양형에서 판사들이 일정한 경향성을 나타낸다는 것이지요.

피고인들은 어떤 판사에게 재판을 받는지 극도로 주의를 기울입니다. 별명이 백상어인 판사 이야기를 들은 적이 있습니다. 피고인들이 겁에 질릴 정도로 높은 형량을 선고하기로 유명했기 때문입니다. 특히 범행을 부인하는 피고인에 대하여 유죄가 인정된다면 아주 엄하게 처벌했습니다. 이 판사에게 재판을 받는 피고인들은 법정에서 '부인'의 '부' 자도 꺼내기 어려웠겠지요.

피고인들은 간혹 합법적인 방식으로 재판부를 고르는 '포럼 쇼핑'을 하기도 합니다. 예를 들어, 담당 판사가 형량이 높기로 소문났다면 국민참여재판을 신청합니다. 이러한 경우 국민참여재판이 가능한 다른 법원으로 사건이 이송되기도 합니다. 이송 후에는 국민참여재판 신청을 취소합니다. 이렇게 되면 처음의 법원이 아닌 이송된 곳에서 재판이 진행됩니다. 국민참여재판이라는 제도를 이용하여 특정 판사의 재판을 피하는 것입니다.

양형위원회와 양형기준

선고형을 결정하는 어려움을 해소하고, 담당 판사에 따라 처벌의 강도가 달라지는 문제점을 해결하기 위해 2007년 양형위원회가 만들어졌습니다. 양형위원회는 법률 전문가뿐만 아니라 언론계와 시민 단체의 전문가를 자문위원으로 두었습니다. 국민의 상식이 반영된 양형기준을 세우기 위해서입니다.

양형위원회는 지금까지 살인, 뇌물, 성범죄 등 각종 범죄의 양형기준을 만들었고, 그 뒤 판사들은 거의 예외 없이 이에 따라 선고형을 결정합니다. 이를 통해 어느 정도 일관성 있는 양형이 가능해졌지요.

하지만 널리 환영받지는 못하는 듯합니다. 양형기준에 따른 판결에 대해서도 형량이 낮다는 비난의 목소리가 여전히 높습니다. '사람을 죽였는데 10년 형이 뭐냐, 징역 살고 나와서 또 범죄를 저지를 것이다'라거나 '몇백 억을 해 먹었는데 집행유예가 말이 되느냐' 하는 반응입니다. 짧은 시간에 기준을 바꾸기는 어렵습니다만, 국민의 공감대를 얻지 못하거나 현실과 동떨어진 부분은 지속적으로 개선해 나갈 필요가 있습니다.

살인죄 양형기준의 적용

실제 사건을 통해 양형기준이 어떻게 적용되는지 살펴보겠습니다. 형량을 결정하기 어려운 범죄 중 하나가 살인입니다. 사람을 죽인 죄는 천벌을 받을 만한 잘못이지만, 살인의 동기와 경위를 유심히 들여다보면 어느 정도의 형량을 선고할지 고민되는 경우가 많습니다. 살펴볼 사례는 2013년에 일어난 일로 아버지가 아들을 살해한 사건입니다. 먼저 범죄사실을 봅시다. 범죄사실은 공소사실 중에 유죄로 인정된 부분을 말합니다.

범죄사실

피고인은 술에 취하면 욕설을 하며 칼을 들고 가족들을 위협하는 폭력적 성향을 지닌 사람으로 피해자(27세)와 부자지간이다. 피고인은 아파트 경비원으로 근무하고, 아내는 아파트에서 청소하는 일을 하며 어렵게 생활하였다.

피해자는 대학을 중퇴한 후 직장도 구하지 않고 매일 집에서 게임만 하고 친구들과 어울려 다니며 술을 마시는 등 무위도식하는 생활을 계속하였다. 또한 피고인이 술에 취해 주정을 하면 피고인에게 욕설을 하거나 심지어는 피고인을 구타하는 불손한 태도를 취하였다. 피고인은 이러한 피해자에 대해 평소 불만을 품고 있었다.

피고인은 2013. 6. 6. 19:00경 ○○시 ○○동에 있는 자신의 집 안방에서 술에 만취한 상태로 피해자에게 "칼로 씨팔 놈, 죽여버릴까"라고 욕설을 하였다. 이에 피해자가 피고인에게 "아이씨, 정신병자야 이거. 또라이 새끼, 미쳤나. 아유 씨발, 칼 들고. 씨발 진짜"라고 욕설을 했다. 화가 난 피고인은 텔레비전 받침대 안에 있던 과도(총 길이 21.5cm, 칼날 길이 11cm)로 피해자의 가슴 부위를 1회 찔러 흉부 자창에 의한 과다 출혈로 사망하게 하여 피해자를 살해하였다.

살인죄의 법정형은 사형, 무기 또는 5년 이상의 징역입니다(형법 제250조 제1항). 살인죄의 양형기준은 표 5와 같습니다.

살인 범죄 양형기준(유형).

유형	구분	감경	기본	가중
1	참작 동기 살인	3~5년	4~6년	5~8년
2	보통 동기 살인	7~12년	10~16년	15년 이상, 무기 이상
3	비난 동기 살인	10~16년	15~20년	18년 이상, 무기 이상
4	중대 범죄 결합 살인	17~22년	20년 이상, 무기	25년 이상, 무기 이상
5	극단적 인명 경시 살인	20~25년	23년 이상, 무기	무기 이상

먼저, 살인죄의 유형을 구분해야 합니다. 제1유형인 참작 동기 살인은 피해자로부터 장기간 가정폭력, 성폭행을 지속적으로 당해온 것과 같이 피해자의 귀책사유가 있는 경우 등을 말합니다. 제2유형인 보통 동기 살인은 원한 관계, 가정불화, 채권 채무 관계에 기인한 경우 등에 해당합니다. 제3유형인 비난 동기 살인에는 경제적 이익을 목적으로 한 살인, 불륜 관계 유지를 위한 배우자 살해, 별다른 이유 없는 무작위 살인 등이 포함됩니다. 앞의 사건은 제4유형이나 제5유형은 아니므로 제외합니다.

피고인이 피해자인 아들로부터 가정폭력을 당해온 것은 아니고 피해자에게 그에 준하는 귀책사유가 있다고 보이지는 않습니다. 또한 피고인의 범죄가 경제적 이익을 위한 살인이나 별다른 이유 없는 살인은 아닙니다. 피고인의 범죄는 가정불화가 원인이라고 생각하는 것이 가장 타당해 보입니다. 제2유형인 보통 동기 살인에 해당하지요. 여기까지는 큰 어려움이 없습니다.

다음으로, 양형인자를 파악하여 영역을 구분합니다. 표 5에서 알 수 있듯이 각 유형별로 감경·기본·가중의 세 가지 영역을 두고 있습니다. 이 사건이 감경·기본·가중 영역 중 어디에 해당하는지를 판단하기 위해서는 표 6을 보아야 합니다.

표 6 살인 범죄 양형기준(양형인자).

구분			감경 요소	가중 요소
특별 양형 인자	행위	공통	−범행 가담에 특히 참작할 사유가 있는 경우 −과잉방위 −미필적 살인의 고의 −피해자 유발(강함)	−계획적 살인 범행 −범행에 취약한 피해자 −사체 손괴 −잔혹한 범행 수법 −존속인 피해자 −비난할 만한 목적에 의한 약취 · 유인인 경우(4유형) −강도 강간범인 경우(4유형) −피지휘자에 대한 교사
		미수	−경미한 상해(상해 없음 포함)	−중한 상해
	행위자/기타		−농아자 −심신미약(본인 책임 없음) −자수 −처벌불원(피해 회복을 위한 진지한 노력 포함)	−반성 없음(범행의 단순 부인은 제외) −특정 강력범죄(누범)
일반 양형 인자	행위		−소극 가담 −피해자 유발(보통)	−사체 유기
	행위자/기타		−범행 후 구호 후송 −상당 금액 공탁 −심신미약(본인 책임 있음. 4유형의 강간 살인/유사 강간 살인/강제추행 살인, 약취 · 유인 미성년자 살해, 인질 살해에는 적용하지 아니함) −진지한 반성	−특정 강력범죄(누범)에 해당하지 않는 이종 누범, 누범에 해당하지 않는 동종 및 폭력 실형 전과(집행 종료 후 10년 미만)

양형인자에는 특별양형인자와 일반양형인자가 있습니다. 그중에서 특별양형인자는 감경·기본·가중에서 어느 영역에 해당하는지 결정하는 데 쓰입니다.

재판 결과 피고인은 범행을 모두 자백하고 자신의 잘못을 반성하고 있으며(진지한 반성), 피해자의 유족인 어머니와 딸은 피고인의 처벌을 원하지 않고 있음(처벌불원)이 밝혀졌습니다. '진지한 반성'은 일반양형인자의 감경 요소이고, '처벌불원'은 특별양형인자의 감경 요소에 해당합니다.

양형인자 중에서 생각해볼 여지가 있는 부분은 감경 요소로서 피해자 유발(강함 또는 보통), 심신미약(본인 책임 있음)을 인정 가능한지 여부입니다. 이때 조금이라도 고민되는 부분이 있다면 다음과 같은 '양형인자의 정의'를 보아야 합니다.

> 피해자 유발: 범행을 저질렀을 당시 피해자에게도 일정한 귀책사유가 있음을 의미한다.
> 심신미약(본인 책임 있음): 알코올, 약물 등의 복용에 의하여 심신미약 상태가 야기된 경우를 의미한다.

큰 도움이 되는 것 같지는 않습니다. 너무 당연한 말이어서 결국은 판사 스스로 판단해야 할 문제입니다. 양형인자를 파악한 후에는 이를 고려하여 형량의 범위를 결정해야 합니다. 그 방법은 다음과 같습니다.

1. 형량 범위의 결정 방법

- 형량 범위는 특별양형인자를 고려하여 결정한다.

- 다만, 복수의 특별양형인자가 있는 경우에는 아래와 같은 원칙에 따라 평가한 후 그 평가 결과에 따라 형량 범위의 변동 여부를 결정한다.

① 같은 숫자의 행위인자는 같은 숫자의 행위자/기타 인자보다 중하게 고려한다. 다만, 처벌을 원하지 않는 피해자 또는 유족의 의사는 행위인자와 동등하게 평가할 수 있다.

② 같은 숫자의 행위인자 상호 간 또는 행위자/기타 인자 상호 간은 동등한 것으로 본다.

③ 위 ①, ② 원칙에 의하여도 형량 범위가 확정되지 않는 사건에 대하여는 법관이 위 ①, ② 원칙에 기초하여 특별양형인자를 종합적으로 비교·평가함으로써 형량 범위의 변동 여부를 결정한다.

- 양형인자에 대한 평가 결과 가중 요소가 큰 경우에는 가중적 형량 범위를, 감경 요소가 큰 경우에는 감경적 형량 범위를, 그 밖의 경우에는 기본적 형량 범위를 선택할 것을 권고한다.

다소 복잡해 보입니다만, 간단히 말하면 특별양형인자의 양과 질을 비교 형량 해서 결정하라는 의미입니다. 이 사건의 경우 특별양형인자 중 감경 요소가 하나이고(처벌불원), 특별양형인자 중 가중 요소에 해당하는 사항은 없는 것으로 보입니다. 따라서 감경·기본·가중의 세 가지 가운데 감경 영역에 해당합니다. 양형기준은 징역

7~12년입니다.

마지막으로 가장 중요한 과정이 남아 있습니다. 선고형을 결정하는 것입니다. 여러 양형인자를 살피고 따져보았지만 여전히 7년에서 12년까지의 범위입니다. 몇 년의 형을 선고할지는 전적으로 판사의 결정 사항입니다. 어떤 형량이 적당할까요?

범죄사실(220쪽)을 다시 읽어봅시다. 술만 마시면 폭력적 성향을 보이는 피고인은 범행 당시에도 술을 마신 상태로 아들인 피해자에게 욕설을 하며 시비를 걸었습니다. 피해자는 대학을 중퇴한 후 무위도식했습니다. 피해자는 아버지인 피고인에게 욕설을 하거나 구타하기도 했고, 범행 직전에도 욕설을 하며 맛대응했습니다. 이런 범죄사실을 참고해 7년에서 12년 범위 가운데 어느 정도 형량을 선고하시겠습니까?

당시 재판부는 피고인을 양형 범위 내에서 가장 낮은 형량인 징역 7년에 처하는 판결을 했습니다. 유족들이 피고인의 처벌을 원하지 않고, 피고인은 이 사건 범죄 이전에 형사처벌을 받은 전력이 없으며, 범행을 진지하게 반성하는 사정을 유리한 정상으로 참작하여 감경 영역 중에서도 하한에 해당하는 7년을 선고형으로 결정한 것입니다. 특별양형인자 중 '피해자 유발(강함 또는 보통)'에 해당하는지 고민했으나, 범행에 이르게 된 경위에서 피해자보다 피고인의 책임이 크다고 보았습니다.

혹자는 살인죄의 징역이 7년이면 너무 약하지 않은가 반문할지도 모르겠습니다. 하지만 남아 있는 가족들인 피고인의 아내와 딸의 형

편을 고려하지 않을 수 없었습니다. 또한 '피해자 유발'을 양형인자로 판단하지는 않았지만, 미약하나마 피해자에게도 범죄를 초래한 책임이 있다고 생각했던 것 같습니다.

재판부가 결정한 형량에 대해 검사는 항소하지 않았습니다. 이 사건의 피고인은 형량이 너무 높다는 이유로 항소했으나 7년의 징역형이 확정되었습니다. 양형기준에 따라 선고형을 결정하면 양형에 관련된 여러 요소(양형인자)를 빠뜨리지 않고 논리적으로 판단할 수 있습니다. 판사들 간에 양형의 차이가 크게 발생하지도 않습니다. 하지만 양형기준이 언제나 옳은 것은 아닙니다. 사건에 따라서는 이에 벗어나는 결정을 해야 할 때도 있습니다.

어떤 사람들은 현재의 양형기준이 너무 가볍다고 느끼기도 합니다. 범죄 유형이나 형량 범위의 영역을 더 세분화해서 판사의 재량을 축소해야 한다는 의견도 가능합니다. 특정한 양형인자, 예를 들어 '농아자'와 '심신미약(본인 책임 없음)'을 제외해야 한다는 주장을 할 수 있습니다. 양형기준에 대해서는 끊임없는 고민과 논의가 필요합니다. 각 범죄 유형에 관한 양형기준은 양형위원회 홈페이지에서 확인할 수 있습니다.

9장

징역 3년
집행유예 5년

횡령, 배임죄의 양형기준

국민들이 분통을 터뜨리는 것 가운데는 횡령이나 배임죄를 범한 회장과 재벌에 대한 판결이 있습니다. 수십억 수백억을 빼돌리고, 회사와 주주에게 엄청난 금액의 피해를 입혔는데 몇 년 되지 않는 형을 선고받거나, 집행유예로 풀려나는 모습을 보면 화를 참기 어렵습니다.

포털사이트에서 '횡령, 배임, 판결'을 키워드로 검색하면 아래와 같은 결과가 나옵니다(피고인의 이름은 지웠으며, 괄호 안에는 정확한 형량을 기재했습니다).

수억 배임수재… 집유 선고… 실형 면해(징역 3년, 집행유예 4년)
50억 횡령… 회장 실형 확정(징역 3년)

수십 억대 배임… 전 회장, 2심도 집행유예(징역 3년, 집행유예 4년)

200억 횡령… 회장, 1심서 징역 2년(징역 2년)

7억 횡령… 전 총장 징역형의 집행유예 확정(징역 1년, 집행유예 2년)

유죄가 확정되지 않은 판결도 있습니다만, 범죄 피해액에 비해 형량이 가볍다는 생각이 드나요? 그렇다면 이러한 결과는 어떻게 나오는 것일까요? 횡령·배임죄의 양형기준은 표 7과 같습니다.

표 7 **횡령 · 배임 범죄 양형기준(유형).**

유형	구분	감경	기본	가중
1	1억 원 미만	~10월	4월~1년 4월	10월~2년 6월
2	1억 원 이상, 5억 원 미만	6월~2년	1~3년	2~5년
3	5억 원 이상, 50억 원 미만	1년 6월~3년	2~5년	3~6년
4	50억 원 이상, 300억 원 미만	2년 6월~5년	4~7년	5~8년
5	300억 원 이상	4~7년	5~8년	7~11년

간단히 살펴보면 횡령 및 배임죄는 범죄로 인한 피고인의 이득액을 기준으로 다섯 가지 유형으로 구분됩니다. 피고인의 이득액으로 유형이 나뉘기 때문에 쉽게 파악할 수 있습니다. 다만 5억 원 이상, 50억 원 미만을 같은 유형으로 구분하고, 50억 원 이상, 300억 원 미만 역시 같은 유형으로 구분하는 데는 조금 의문이 듭니다. 이득액 5억 원과 50억 원은 적지 않은 차이니까요.

다음은 어느 영역에 해당하는지 파악해야 합니다. 표 7을 보면 알 수 있듯이 각 유형별로 감경·기본·가중의 세 가지 영역이 있습니다. 감경·기본·가중의 세 영역 중 어디에 해당하는지는 특별양형인자를 고려하여 결정합니다. 가중 요소가 많으면 가중 영역, 감경 요소가 많으면 감경 영역이 됩니다. 아무런 해당 사항이 없거나 감경 요소와 가중 요소가 비슷한 경우 기본 영역이 될 것입니다. 감경 요소와 가중 요소는 표 8과 같습니다.

예를 들어, 30억 원을 횡령한 사람이 있다면 가중 영역에 해당하더라도 양형기준에 따른 최대 형량이 6년입니다. 100억 원을 횡령했다면 가중 영역이라고 해도 최대 형량은 8년입니다. 300억 원 이상이라면 500억 원이든 1,000억 원이든 가중 영역의 최대 형량이 11년입니다. 돈에는 이름표가 없다 보니 회사의 돈과 개인의 돈이 섞이기도 하고, 회사의 이익을 위한다는 목적으로 돈을 사용할 수도 있는 횡령죄의 특성을 고려하더라도 이득액에 비해 형량이 다소 가벼운 느낌이 듭니다.

마지막으로 일반양형인자를 특별양형인자와 함께 고려하여 선고형을 결정합니다. 양형기준은 판사가 형량을 정함에 있어 참고해야 하지만, 법적 구속력은 갖지 않습니다. 그럼에도 양형기준을 벗어난 판결을 할 때는 판결문에 그 이유를 기재해야 하기 때문에, 거의 모든 판결이 양형기준을 따릅니다.

표 8 **횡령 · 배임 범죄 양형기준(양형인자).**

구분		감경 요소	가중 요소
특별 양형 인자	행위	−사실상 압력 등에 의한 소극적 범행 가담 −손해 발생의 위험이 크게 현실화되지 아니한 경우 −실질적 일인 회사나 가족회사 −오로지 회사 이익을 목적으로 한 경우 −임무 위반 정도가 경미한 경우	−대량 피해자(근로자, 주주, 채권자 등을 포함)를 발생시킨 경우 또는 피해자에게 심각한 피해를 야기한 경우 −범죄 수익을 의도적으로 은닉한 경우 −범행 수법이 매우 불량한 경우 −피지휘자에 대한 교사
	행위자/ 기타	−농아자 −심신미약(본인 책임 없음) −자수 또는 내부 비리 고발 −처벌불원 또는 상당 부분 피해 회복된 경우	−동종 누범
일반 양형 인자	행위	−기본적 생계 · 치료비 등의 목적이 있는 경우 −범죄 수익의 대부분을 소비하지 못하고 보유하지도 못한 경우 −소극 가담 −업무상 횡령 · 배임이 아닌 경우 −피해 기업에 대한 소유 지분 비율이 높은 경우	−범행으로 인한 대가를 약속 · 수수한 경우 −지배권 강화나 기업 내 지위 보전의 목적이 있는 경우 −횡령 범행인 경우
	행위자/ 기타	−심신미약(본인 책임 있음) −진지한 반성 −형사처벌 전력 없음	−범행 후 증거 은폐 또는 은폐 시도 −이종 누범, 누범에 해당하지 않는 동종 및 사기 범죄 실형 전과(집행 종료 후 10년 미만)

집행유예의 기준

집행유예를 결정하는 기준도 있습니다. 집행유예는 징역 3년 이하의 징역형이나 500만 원 이하의 벌금을 선고하면서 형의 집행을 일정 기간 미룬다는 판결입니다. 유죄판결이지만 피고인이 실제로 징역을 살지 않는다는 점에서 '범죄자를 그냥 풀어주는 것이 아니냐'는 비판을 받기도 합니다.

2009년 횡령·배임 범죄의 양형기준이 마련되었을 때는 집행유예에 관한 기준이 없었습니다. 표 8과 같은 양형 사유를 고려하여 정상 참작할 만한 사항이 있을 때 집행유예를 결정했습니다. 하지만 그 기준이 모호하다는 논란이 있었고, 이에 집행유예에 관한 양형기준을 마련했습니다. 횡령·배임 범죄의 집행유예 기준은 표 9와 같습니다.

표 9 횡령 · 배임 범죄 양형기준(집행유예 기준).

구분		부정적	긍정적
주요 참작 사유	재범의 위험성 등	-동종 전과(5년 이내의, 집행유예 이상 또는 3회 이상 벌금) -범죄 수익을 의도적으로 은닉한 경우 -범행 수법이 매우 불량한 경우	-사실상 압력 등에 의한 소극적 범행 가담 -임무 위반 정도가 경미한 경우 -자수 또는 내부 비리 고발
	기타	-미합의 -실질적 손해의 규모가 상당히 큰 경우 -피해자에게 심각한 피해를 야기한 경우	-상당 부분 피해 회복된 경우 -실질적 일인 회사나 가족회사 -실질적 손해의 규모가 상당히 작은 경우 -처벌불원

일반 참작 사유	재범의 위험성 등	-동종 전과가 있거나 2회 이상 집행유예 이상 전과 -반복적 범행 -비난 동기 -사회적 유대 관계 결여 -진지한 반성 없음	-기본적 생계·치료비 등의 목적이 있는 경우 -사회적 유대 관계 분명 -진지한 반성 -집행유예 이상의 전과가 없음 -참작 동기 -피고인이 고령
	기타	-공범으로서 주도적 역할 -대량 피해자(근로자, 주주, 채권자 등을 포함)를 발생시킨 경우 -범행으로 인한 대가를 약속·수수한 경우 -범행 후 증거 은폐 또는 은폐 시도 -지배권 강화나 기업 내 지위 보전의 목적이 있는 경우 -피해 회복 노력 없음	-공범으로서 소극 가담 -범죄 수익의 대부분을 소비하지 못하고 보유하지도 못한 경우 -상당 금액 공탁, 일부 피해 회복, 진지한 피해 회복 노력 -손해 발생의 위험이 크게 현실화되지 아니한 경우 -오로지 회사 이익을 목적으로 한 경우 -피고인의 건강 상태가 매우 좋지 않음 -피고인의 구금이 부양가족에게 과도한 곤경을 수반 -피해 기업에 대한 소유 지분 비율이 높은 경우

2018년 양형기준에 따르면, 집행 여부를 판단함에 주요 참작 사유는 일반 참작 사유보다 중하게 고려함을 원칙으로 하되, 권고 기준은 아래와 같습니다.

① 주요 긍정 사유만 2개 이상 존재하거나 주요 긍정 사유가 주요 부정 사유보다 2개 이상 많을 경우에는 집행유예를 권고한다.
② 주요 부정 사유만 2개 이상 존재하거나 주요 부정 사유가 주요 긍정 사유보다 2개 이상 많을 경우에는 실형을 권고한다.

③ 위 ① 또는 ②에 해당하나 일반 부정(긍정) 사유와 일반 긍정(부정) 사유의 개수 차이가 주요 긍정(부정) 사유와 주요 부정(긍정) 사유의 개수 차이보다 많은 경우이거나, 위 ① 또는 ②에 해당하지 않는 경우에는 집행유예 참작 사유를 종합적으로 비교, 평가하여 집행유예 여부를 결정합니다.

실제 사례 적용

사례를 통해 위와 같은 양형기준이 어떻게 적용되는지 살펴보겠습니다. 2018년에 선고된 1심 판결입니다. 범죄 일람표는 범죄 내용이 많은 경우 판결문에 별지로 첨부하는 것입니다.

범죄사실

피고인은 피해자 A 주식회사의 대표이사로 2011년경 피해자 회사의 거래처 B, C에 피해자 회사의 물품을 싸게 공급하되 세금계산서는 발급하지 않기로 하면서 물품 대금을 현금으로 지급받은 후 이를 피해자 회사 자금으로 입금하지 않고, 횡령하기로 마음먹었다.

이에 따라 피고인은 2011. 1. 6.경 A 주식회사 사무실에서 피해자 회사 소유인 비철금속을 거래처 B에 납품하고, 그 납품 대금 1,480,000원을 현금으로 받은 후 피고인 명의의 기업은행 예금 계좌에 입금하여 그 무렵 피고인의 생활비 등 개인 용도로 임의 소비하였다.

피고인은 이를 포함하여 그때부터 2015. 12. 17.경까지 별지 범죄 일람표 Ⅰ, Ⅱ 기재와 같이 총 52회에 걸쳐 같은 방법으로 피해자 회사의 물품 대금 합계 675,769,000원을 횡령하였다.

재판 결과 다음과 같은 사실이 인정되었습니다.

첫째, 피고인이 범행을 모두 자백하고 자신의 잘못을 반성하고 있다.
둘째, 피해자 회사는 현재 피고인 및 가족들이 주식 전부를 소유하고 있는 가족회사다.
셋째, 피고인이 범행 당시 피해자 회사 주식 일부를 소유하고 있던 주주에게 피해 회복을 위해 상당한 금원을 지급했고, 피해자 회사에도 2018. 8.경 피해액 이상을 배상했으며, 이 사건 범행으로 피고인 및 피해자 회사에 부과된 세금 12억 원 상당도 모두 납부했다.
넷째, 피고인은 동종 범죄로 처벌받거나 다른 범죄로도 벌금형보다 무겁게 처벌받은 전력이 없다.

양형기준에 따를 때 어느 정도의 형량이 나오는지 순서대로 살펴보겠습니다. 먼저 사례의 경우 횡령한 금액이 6억 7,576만 9,000원이므로, 표 7의 제3유형에 해당합니다. 다음으로 감경 요소 혹은 가

중 요소를 보아야 합니다. 재판 결과 피해자 회사는 피고인 및 가족들이 주식 전부를 소유한 가족회사이므로 '실질적 일인 회사나 가족회사'에 해당합니다. 또한 피고인은 주주에게 피해 회복을 위해 상당한 금원을 지급했고, 피해 회사에도 피해액 이상을 배상했기 때문에, '상당 부분 피해 회복'이 된 사실을 인정할 수 있습니다. '실질적 일인 회사나 가족회사', '상당 부분 피해 회복'은 표 8 중 특별감경인자에 해당합니다. 특별감경인자가 두 가지 있기 때문에 사례의 경우 제3유형 중 감경 영역(1년 6개월~3년)에 해당합니다.

이에 따르면 징역 1년 6개월부터 3년까지의 범위에서 선고형을 결정할 수 있습니다. 범위가 많이 줄어들기는 했어도 1년 6개월과 3년은 두 배 차이입니다. 몇 년의 징역형을 선고하는 것이 타당할까요?

마지막으로 선고형을 결정한 후에는 집행유예를 선고할지 결정해야 합니다. 이 사건은 집행유예를 선고하는 것이 가능할까요? 표 9를 보고 한번 판단해보시기 바랍니다. 얼핏 보아도 긍정적 주요 참작 사유 중 '실질적 일인 회사나 가족회사'에 해당한다는 사실과 '상당 부분 피해 회복'이 눈에 들어옵니다. 부정적 주요 참작 사유는 찾기 어려워 보입니다. 아무래도 집행유예를 선고하는 방향으로 가야할 것 같습니다.

이러한 양형기준이 가볍다고 느낄지 모르겠습니다. 횡령죄의 유형을 더 세분하여 이득액이 500억 원 이상이면 더 강력하게 처벌해야 한다고 생각할 수도 있습니다. 영역을 세 가지가 아니라 다섯 가지로 나누어 2~5년이나 7~11년의 기간보다 재량의 범위를 더 축소해야 한다는 의견도 가능합니다.

특정한 특별양형인자의 요소, 예를 들어, '오로지 회사 이익을 목적으로 한 경우'와 '심신미약(본인 책임 없음)'과 같은 요소는 제외해야 한다는 주장도 생각해볼 수 있습니다. 이런 요소들로 인해 피고인에 대한 형량이 낮아지니까요. 역시 양형기준에 대해서는 끊임없는 고민과 논의가 필요한 것이지요.

성범죄의 양형기준

참고로 최근 논란이 많은 성범죄에 대해 양형기준이 어떻게 정해져 있는지 간단히 살펴보겠습니다. 성범죄는 나이가 13세 이상인지, 피해자가 장애인인지, 강간인지 강제추행인지, 상해나 사망의 결과가 발생했는지에 따라 다양한 기준이 마련되었습니다. 그중에서 가장 일반적인 '강간죄(13세 이상 대상)'의 양형기준을 소개하겠습니다. 언론에 보도되는 실제 사건을 이러한 양형기준에 적용해보면서 어느 정도의 형량이 나올지 짐작해볼 수 있겠지요.

표 10 강간죄(13세 이상 대상).

유형	구분	감경	기본	가중
1	일반 강간	1년 6월~3년	2년 6월~5년	4~7년

2	친족 관계에 의한 강간/주거침입 등 강간/특수강간	3년~5년 6월	5~8년	6~9년
3	강도 강간	5~9년	8~12년	10~15년

– 성년 유사강간은 1유형에 포섭하되, 형량 범위의 상한과 하한을 2/3로 감경
– 청소년 강간/유사강간(위계 · 위력간음/유사성교 포함)은 2유형에 포섭
– 특정 강력범죄(누범)에 해당하는 경우에는 형량 범위의 상한과 하한을 1.5배 가중
– 강도 강간죄의 특정 범죄 가중(누범)에 해당하는 경우에는 형량 범위의 상한과 하한을 1.5배 가중

구분		감경 요소	가중 요소
특별 양형 인자	행위		–가학적 · 변태적 침해행위 또는 극도의 성적 수치심 증대 –다수 피해자 대상 계속적 · 반복적 범행 –범행에 취약한 피해자 –성폭력처벌법 제3조 제2항이 규정하는 특수강도범인 경우(3유형) –친족관계인 사람의 주거침입 등 강간 또는 특수강간 범행인 경우 –윤간(2, 3유형) –임신 –피지휘자에 대한 교사
	행위자/ 기타	–농아자 –심신미약(본인 책임 없음) –자수 –처벌불원	–특정 범죄 가중(누범) · 특정 강력범죄(누범)에 해당하지 않는 동종 누범 –신고 의무자 또는 보호시설 등 종사자의 범행 –상습범인 경우

		−소극 가담 −타인의 강압이나 위협 등에 의한 범행 가담	−계획적 범행 −동일 기회 수 회 간음 −비난 동기 −심신장애 상태를 야기하여 강간한 경우 −친족관계인 사람의 범행인 경우 −청소년에 대한 범행인 경우
일반 양형 인자	행위		
	행위자/ 기타	−상당 금액 공탁 −진지한 반성 −형사처벌 전력 없음	−인적 신뢰 관계 이용 −특정 범죄 가중(누범) · 특정 강력범죄(누범)에 해당하지 않는 이종 누범, 누범에 해당하지 않는 동종 및 폭력 실형 전과(집행 종료 후 10년 미만) −합의 시도 중 피해 야기(피해자 등에 대한 강요죄가 성립하는 경우는 제외)

− 음주 또는 약물로 인한 만취 상태에서 성범죄를 범한 경우에는 다음과 같은 구분에 따른다(강제추행죄, 장애인 대상 성범죄, 13세 미만 대상 성범죄, 상해의 결과가 발생한 경우, 사망의 결과가 발생한 경우에도 동일하게 적용).

① 범행의 고의로 또는 범행 수행을 예견하거나 범행 후 면책 사유로 삼기 위하여 자의로 음주 또는 약물로 인하여 만취 상태에 빠진 경우에는 피고인이 범행 당시 심신미약 상태에 있었는지 여부와 상관없이 만취 상태를 일반가중인자로 반영한다.

② 범행의 고의가 없었고, 범행 수행을 예견하지 못하였으나, 과거의 경험, 당시의 신체 상태나 정황 등에 비추어 음주 또는 약물로 인하여 만취 상태에 빠지면 타인에게 해악을 미칠 소질(가능성)이 있는 경우에는 피고인이 범행 당시 심신미약 상태에 있었는지 여부와 상관없이 만취 상태를 감경인자로 반영하지 아니한다.

③ ①, ②에 해당하지 않더라도 범행 당시 심신미약 상태에 이르지 않은 경우에는 만취 상태를 감경인자로 반영하지 아니한다.

표 11 집행유예 기준.

구분		부정적	긍정적

주요
참작
사유
	재범의
	위험성 등
		−계획적 범행
		−가학적·변태적 침해행위 또는
		  극도의 성적 수치심 증대
		−특별 보호 장소에서의 범행(13세
		  미만 대상 성범죄인 경우)
		−동종 전과(10년 이내 집행유예 이상)
		−반복적 범행
		−범행에 취약한 피해자
		−위험한 물건의 사용
		−윤간
			−강제추행에서 유형력의 행사가
			  현저히 약한 경우(13세 이상 대상.
			  단, 장애인 대상 성범죄는 제외)
			−공범의 범행 수행 저지·곤란 시도
			−추행 범죄에서 추행의 정도가 약한
			  경우

	기타	−성폭력처벌법 제5조가 규정하는
		  형태의 범행인 경우
		−임신
		−중한 상해
			−상해 결과가 발생하였으나 기본
			  범죄가 미수에 그친 경우
			−처벌불원

일반
참작
사유
	재범의
	위험성 등
		−2회 이상 집행유예 이상 전과
		−사회적 유대 관계 결여
		−심신장애 상태를 야기하여 범행한
		  경우
		−약물중독, 알코올중독
		−진지한 반성 없음
			−동종 전과 없고, 집행유예 이상의
			  전과가 없음
			−사회적 유대 관계 분명
			−우발적 범행
			−자수
			−진지한 반성
			−폭행·협박이 아닌 위계·위력을
			  사용한 경우(13세 이상 대상)
			−피고인이 고령

	기타	−공범으로서 주도적 역할
		−범행 후 증거 은폐 또는 은폐 시도
			−공범으로서 소극 가담
			−상당 금액 공탁
			−피고인의 건강 상태가 매우 좋지
			  않음
			−피고인의 구금이 부양가족에게
			  과도한 곤경을 수반

판사의 일상 2

저녁이 있는 삶

직업 만족도 조사 결과

2016년 한국고용정보원에서 국내 621개 직업의 만족도를 조사하여 분석한 적이 있습니다. 직업별로 30명 이상씩 621개 직업의 실제 종사자 1만 9,127명을 대상으로 조사한 결과라고 합니다. 이때 판사가 직업 만족도 1위를 차지하여 화제가 되었습니다. 주변 변호사들은 당연한 결과라면서 부러워했지만, 막상 저를 비롯한 동료 판사들은 놀랐습니다. 판사가 좋은 직업이긴 합니다만, 1등은 의외의 결과였거든요.

직업 만족도 조사의 세부 영역은 발전 가능성, 급여 만족도, 직업 지속성, 근무 조건, 사회적 평판, 수행 직무 만족도의 여섯 가지입니다. 조사 결과를 상세히 보면 판사는 사회적 평판 2위, 직업 지속성 8위, 급여 만족도 4위, 수행 직무 만족도 4위 등 골고루 높은 순위를 얻었습니다. 하지만 발전 가능성과 근무 조건 영역에서는 10위 이내에 들지 못했습니다.

동료 판사들은 도대체 누가 설문에 응답했느냐면서 의문을 제기하기도 했습니다. 조사 대상이 젊은 배석판사들이 아니라 법조인의 황금기를 누렸던 부장판사나 그 이상의 고위 법관들일 것이다, 판사들을 연차별로 조사해봐야 정확히 알 수 있다고 수군거렸지요. 판사들에 대한 사회적 평판은 예전만 못하고, 막중한 업무와 비교하면 급여 만족도 역시 높지 않다는 의견이 대다수였습니다. 판사들의 월급이 적지는 않지만 대형 로펌과 비교하면 절반도 되지 않습니다.

그럼에도 높은 점수를 받은 항목은 수긍할 수 있었습니다. 직업 지속성이나 수행 직무 만족도는 대부분의 판사가 공감하는 부분일 것입니다. 그렇다면 판사들은 어떤 어려움을 느낄까요? 아무래도 10위 이내에 들지 못한 발전 가능성과 근무 조건 영역이겠지요. 그중에서도 특히 근무 조건이라고 말할 수 있습니다.

저녁이 있는 삶이 가능할까

한국고용정보원에 따르면 근무 조건은 '업무 환경이 쾌적하고 시간적 여유가 있다고 생각하는 정도'가 기준입니다. 판사들의 업무 환경은 좋습니다만, 시간 여유가 없는 것이 큰 문제입니다. 처리해야 할 업무량이 많을 뿐만 아니라 사건을 처리하는 과정이 쉽지 않기 때문입니다.

서울과 수도권에서 근무하는 판사들의 업무량은 악명이 높습니다. 매일 야근은 기본이고 주말까지 출근해야 할 정도입니다. 가장 바쁘다고 알려진 곳은 서울중앙지방법원의 형사 합의재판부입니다. 중요한 사건을 많이 다루는 곳입니다. 언론에 크게 보도되는 사건들은 거의 대부분 이곳에서 진행됩니다.

서울중앙지방법원의 형사 합의재판부에서 근무하는 판사들은 일주일에 4~5일 재판을 합니다. 거의 매일 재판을 한다는 말입니다. 재판이 일찍 끝나는 것도 아닙니다. 오후 6시면 다행이고, 늦어지면 밤 9시, 10시가 되어야 끝납니다. 그러면 언제 판결문을 쓸까요? 밤 9시에 재판이 끝나면 새벽 1~2시까지 씁니다. 그것으로도 모자라면 재판이 없는 주말에 출근하고요.

모든 판사들이 이렇게 일하지는 않습니다. 앞에서 든 예는 극단적인 경우입니다. 하지만 서울과 수도권에서 일하는 판사들은 일찍 퇴근해서 가족들과 함께하는 '저녁이 있는 삶'을 살아가기 쉽지 않습니다. 지방에서 근무하면 그나마 사정이 나은 편입니다만, 반드시 그렇지는 않습니다. 더 많은 사건을 더 빠른 시일 내에 처리하려면 퇴근 시간 이후에도 일을 하지 않을 수 없습니다.

법원에서 발간한 〈2019 사법연감〉*에 따르면, 2018년 접수된 총 소송 사건은 658만 5,580건이라고 합니다. 2017년도의 674만 2,783건

---

* 법원도서관 사이트에서 자료를 확인할 수 있습니다.

보다 약 20만 건 감소했지만 어마어마한 숫자입니다. 판사의 수가 법령에서 정한 3,214명이라고 했을 때 한 명당 2,000여 건을 맡게 되는 셈입니다.

다툼이 거의 없는 간단한 사건이 있더라도 한 명이 담당하는 수가 절대적으로 많습니다. 판사 한 명당 담당하는 사건 수를 다른 나라와 비교해보면 쉽게 확인할 수 있습니다. 〈중앙일보〉 기사*에 의하면, 2014년도 우리나라 판사 일인당 형사사건(기사에는 '사건' 수로만 명시되어 있는데, '형사'사건 수로 보입니다) 수는 609건으로 이는 일본(353건)의 두 배, 독일(210건)의 세 배에 이릅니다.

단순히 업무량이 많은 것만이 문제가 아닙니다. 비슷해 보이는 사건도 전부 사정이 다르기 때문에 각각의 사건마다 개별적으로 판단해야 하고, 무엇보다 사람들 간의 분쟁에 끼어든다는 것은 쉬운 일이 아닙니다. 소송을 제기하여 재판을 받는 당사자들은 서로 감정이 많이 상해 있습니다. 자신은 옳고 상대방이 잘못했다면서 싸우는 상황입니다. 양측의 주장이 모두 그럴듯해 보입니다. 하지만 판사는 누군가 한쪽의 편을 드는 판단을 해야 합니다. 판사의 판결에 따라 10억, 20억 원의 큰 금액이 왔다 갔다 할 수 있고요. 사건 하나하나에 책임을 느끼지 않을 수 없습니다.

재판에서 느끼는 책임감은 형사재판에서 더 큽니다. 피고인을 구

---

* 〈중앙일보〉 2018년 1월 4일 자, '판사 1인당 사건수 600건… 일본 2배, 이젠 한계다' 참고.

속할지 말지, 유죄 혹은 무죄인지, 실형을 살게 할지 집행유예로 풀어줄지 등이 판사의 판결에 달렸습니다. 민사재판은 대부분의 문제가 돈으로 귀결되지만, 형사재판에서는 한순간의 판단이 한 사람의 인생을 좌지우지할 수 있습니다.

판사는 물밀듯이 밀려오는 사건들에 스트레스를 받으며 항상 긴장하면서 살고 있습니다. 법원에서는 판사들의 업무 부담을 줄이기 위해 여러 방법을 논의합니다. 판사 수를 늘리는 것도 그중 한 방법입니다만, 반대하는 이들도 있습니다. 2019년에는 일과 삶의 균형(이른바 '워라밸')을 위한 TF팀이 만들어졌습니다. TF팀은 일주일에 선고하는 적정한 사건 수, 합의재판부 운영 방안, 야근 없는 날의 도입 등에 관한 제안을 했습니다. 하지만 이처럼 각종 TF팀에 소속되어 업무 외의 일을 하다 보면 또다시 야근해야 한다는 것이 아이러니지요.

일주일살이 판사 생활

판사의 시간은 일주일 단위로 흘러갑니다. 판결을 선고하는 날을 향해 성실하게 뛰어가고, 선고를 마친 후에는 다음 주에 있는 선고기일을 향해 달립니다. 몇 년 후나 몇 달 뒤가 아닌 일주일 앞을 보면서 일합니다. 눈가리개를 한 경주마처럼 다음 선고기일만을 바라보며 생활해야 합니다.

중간에 잠시라도 어긋나면 일은 점점 쌓여갑니다. 이번 주에 처리하지 못한 사건은 다음 주나 다음 달에 묵직한 부메랑이 되어 돌아옵니다. 언젠가는 처리해야 할 사건이라면 할 수 있을 때 하는 것이 좋습니다. 자신이 하지 않은 일을 누가 대신해주지 않으니까요.

판사의 제1덕목은 성실함이라고 생각합니다. 1차와 2차로 나뉘어 있던 사법시험 시절에는 '2차는 성실성을 테스트하는 것이다'라는 말이 있었습니다. 법조인 생활을 해보니 왜 성실성을 시험해야 했는지 이해가 되었습니다. 법조인, 특히 판사로 일하려면 엉덩이를 의자에 오래 붙이고 있어야 합니다. 머리와 손이 아니라 엉덩이로 일하는 것입니다.

또한 빠르게 일하는 능력도 중요합니다. 두꺼운 기록도 빨리 읽고, 판결문도 신속하게 쓰는 것이 좋습니다. 물론 그만큼 기록을 꼼꼼하게 보지 못하고 엉성한 판결문이 되겠지만, 최소한의 결과물은 나온 것입니다. 그 이후에 수정하는 작업을 거쳐야겠지만요.

저는 과감히 말씀드릴 수 있습니다. 수학과 과학과 영어를 못해도 법조인이나 판사가 되는 데는 크게 지장이 없습니다. 하지만 성실하고, 읽기와 쓰기를 잘하는 것은 매우 중요한 능력입니다. 수많은 기록을 검토하고 계속해서 판결문을 써야 하니까요.

판사들의 사무실에 있는 창문은 잘 열리지 않습니다. 활짝 열 수 없는 구조이고, 그나마 사람이 통과하기 어려운 만큼만 열립니다. 최근에 지어진 법원이나 20~30년 전에 만든 건물이나 마찬가지입니다. 그 이유를 많은 판사가 궁금해하는데, 법원에 떠도는 풍문에는 '판사들이 일하다가 힘들어서 뛰어내릴까 봐 창문이 열리지 않게 만들었다'는 이야기가 있습니다. 이 말을 들으면 대부분의 판사들이 고개를 끄덕입니다.

3부

판결문
쓰기

1장

판결문이
왜 필요할까

판결문 작성의 어려움

지금까지 판사가 사건을 진행하는 모습과 기록을 검토하여 결론을 내리는 과정을 보았습니다. 판사가 된 이후에야 비로소 알게 된 내용입니다. 일하면서 배운 내용을 공유하고 싶어서 가능한 자세하게 말씀드렸습니다.

재판 진행과 판단이 쉬운 일은 아닙니다만, 종종 판사의 일이 거기까지라면 얼마나 좋을까라는 상상을 해봅니다. 법정에서 재판을 진행하는 것은 힘들지만 보람 있습니다. 당사자들과 대면하여 그들의 이야기를 듣습니다. 시간은 부족하고 마음은 급하지만 조금이라도 더 들으면 어디로 흘러갈지 몰랐던 사건이 조금씩 정리가 되고 그만큼 좋은 결과가 있습니다.

이처럼 기록을 검토하고 결론을 정하는 과정에서 복잡하고 어려운 사건도 한 단계씩 법리를 검토해나가면 얽힌 실타래가 조금씩 풀립니다. 당사자들의 주장 뒤에 숨은 실체적 진실을 찾아가고, 양심에 따라 합리적이고 올바른 결정을 했다는 생각이 들면 뿌듯함마저 느낍니다. 두꺼운 기록을 한두 문장으로 결론 내리는 일이 퍼즐을 푸는 것 같기도 합니다.

하지만 판결문을 쓰는 것은 다릅니다. 많은 시간과 노력을 들여야 함에 비해 별로 성과를 내지는 못합니다. 야근을 해서 판결문을 써도 여전히 찜찜한 마음이 남습니다. 오랫동안 재판을 진행해서 힘들게 결론을 내렸으면 됐지, 꼭 판결문까지 써야 하는 것일까, 라는 생각이 문득문득 솟구칩니다.

판결문을 작성하는 방법은 어렵고 까다롭습니다. 형식이 정해져 있어 산문처럼 자유롭게 원하는 방식대로 쓸 수 없습니다. 전체 구조뿐만 아니라 사용하는 문장과 용어도 한정적입니다. 어미와 조사 하나까지 전부 꼼꼼히 따져야 합니다.

또한 판결문은 머릿속에만 있는 생각을 글로 풀어내는 과정입니다. 판결의 이유는 왜 그러한 결론에 도달했는지 문장으로 표현하는 것입니다. 결론을 쉽게 내릴 수 있는 경우에도 그 사유를 글로 표현하는 것은 쉽지 않을 때가 많습니다. 너무나 당연한 결론일수록 이유를 쓰기는 더 어렵습니다.

판결문은 하루아침에 뚝딱 만들어지지 않습니다. 고민에 고민을 거듭한 끝에 초안을 작성해봤자 허점투성이입니다. 배석판사가 혼자서 여러 번 수정해도 부장판사의 눈에는 여전히 고쳐야 할 부분이 많습니다. 협의하여 거듭 고쳐야만 그나마 조금은 읽을 만한 판결문이 나옵니다. 여기에 완성도를 더욱 높이려면 그때까지 일한 만큼 더 들여다봐야 합니다. 판사들이 야근을 하거나 주말에 출근하는 주된 이유는 판결문이 완성되지 않았기 때문입니다.

즉, 판사들이 가장 많은 힘을 쏟는 부분이 판결문 작성입니다. 이것이 타당한지와 별개로 실무가 그렇게 이루어집니다. 이렇게 판결문 작성에 많은 공을 들이는 이유는 판사는 오로지 판결문으로 말하기 때문입니다. 판결문에는 해당 사건의 사실관계를 비롯하여 판결의 이유와 결과가 모두 담겨 있습니다. 판사는 자신이 처리하는 사건의 당사자를 직접 만나서 이야기하는 것도 아니고, 언론을 통해 발언하지도 않습니다. 오로지 판결문을 통해 소통할 뿐이니, 늘 좋은 판결문을 쓰기 위해 노력합니다.

판결문의 기능

판결문에는 여러 가지 기능이 있고 이는 판결문이 필요한 이유와 직결됩니다. 먼저 답변 기능이 있습니다. 재판은 당사자들이 제기한 문제를 해결하는 과정이고, 판결은 그 문제에 대한 답입니다. 따라서 명확해야 합니다. 이럴 수도 있고, 저럴 수도 있다거나 둘 다 틀렸다고 해서는 안 됩니다. 당사자들 중 누군가의 손을 들어줄 수밖에 없습니다. 두 가지 대립하는 가치가 충돌하더라도 어느 한쪽에 무게를 두는 선택을 해야만 합니다.

판결문의 또 다른 기능은 자기 검열입니다. 판사는 자신의 결론에 확신을 가져야 하고, 판결문을 쓰면서 결론이 맞는지 확인합니다. 확신이 없으면 판결문이 써지지 않을 뿐만 아니라 결론이 맞는 것인지조차 의심이 듭니다. 잘못된 결론으로 판결문을 쓰다가 중간에 포기한 적이 많습니다. 그럴 때는 잠시 글쓰기를 멈추고 판단에 대해 다시 생각해야 합니다. 결론이 맞더라도 논리적인 전개 과정에서 무리한 부분이 없는지 검토해야 합니다. 만약 판결문을 작성하지 않고 머릿속 생각만으로 판결을 한다면, 잘못된 결과를 가져오는 경우가 많을 것입니다.

그리고 보고 기능이 있습니다. 재판 과정에 참여하지 않은 사람들이 판결문을 통해 사건의 내용과 판단 결과를 알 수 있게 하는 것입니다. 이러한 기능은 상급심과의 관계에서 중요합니다. 1심 판사는 당사자들이 판결에 불복하여 항소하는 것을 염두에 두고 판결문을 씁니다. 따라서 2심 판사가 사건의 사실관계와 쟁점을 알기 쉽도록 해야 합니다.

때로는 판결문의 보고 기능에 지나치게 몰두할 때가 있습니다. 이에 충실한 나머지 설득 기능을 등한시합니다. 종종 변호사들은 판결문에 대하여 불만을 제기합니다. 가장 큰 불만은 판사가 왜 그렇게 판단했는지가 잘 드러나지 않는다는 것입니다. 사실관계와 쟁점만을 거창하게 나열한 후 판단한 이유는 간단하게 말하는 경우입니다. 사실관계와 쟁점에 관한 보고에만 심혈을 기울이는 것이지요.

예를 들어, 당사자는 자신의 주장 사실을 입증하기 위해 각종 증거들을 제출했습니다. 하지만 판결문에 '당사자들은 ~라고 주장하지만, ~한 증거만으로는 원고의 주장을 인정하기에 부족하고 달리 이를 인정할 증거가 없다'라는 한 문장으로써 당사자의 주장을 기각해 버립니다. 당사자를 판결문의 독자로 생각하지 않은 결과입니다. 실제로 이러한 내용의 판결문을 받은 수많은 당사자와 변호인이 분통을 터뜨리곤 합니다. 열심히 증거를 모아 제출했는데, '부족하다'는 한 단어로 인정을 해주지 않으니 답답하다는 것입니다. 그러한 증거들이 어떤 점에서 부족한지에 대한 설명이 없다고 호소합니다.

판결문의 가장 중요한 기능은 당사자들을 설득하는 일입니다. 다툼이 있었던 문제에 대하여 어떤 점이 옳고 그른지를 지적하면서 당사자들이 생각을 바꾸어 판결 결과에 따르게 하는 것입니다. 하지만 다른 사람의 생각을 바꾸는 일은 쉽지 않습니다. 판결문을 보고 바로 설득당할 정도였다면 재판까지 와서 다투지도 않았겠지요. 법의 규정을 몰랐다면 설득되겠지만, 사실에 대한 평가가 달라서 문제였다면 납득이 되지 않는 것은 당연합니다.

2부 2장에서 살펴본 건물 반환 청구 사건에서 판사가 이런저런 이유를 들어 건물이 사용, 수익할 정도가 아니라고 판결했다고 가정해 봅시다. 판사가 피고의 주장을 받아들인 것입니다. 하지만 원고는 이러한 결론을 쉽게 용인하지 못할 가능성이 높습니다. 원고가 보기에는 분명히 쓸 만한 상태였으니까요.

또한 2부 7장의 마약 운반 사건에서 피고인들이 가방에 들어 있는 커피믹스 상자를 열어 하얀 가루를 확인했다고 가정해봅시다. 그런데 피고인들은 세상 물정을 모르거나 지능이 조금 낮아서 그것이 마약인지를 정말 몰랐습니다. 하지만 판사는 피고인들이 커피믹스 상자를 열어보았다는 사실을 바탕으로 피고인들에 대하여 유죄판결을 했습니다. 피고인들이 커피믹스 상자를 열어 내용물을 확인한 이상 필로폰을 밀수출한다는 고의가 있었다는 내용의 판결문을 작성했습니다. 그렇다면 피고인들은 설득되지 않을 수 있습니다. 왜냐하면 그들은 필로폰임을 확실하게 알지는 못했으니까요.

글쓰기로서의 판결문

판결문도 한 가지 글쓰기 방법이라고 할 수 있습니다. 가장 논리적이고, 명확성과 간결성을 생명으로 하는 작문법입니다. 함축적이거나 추상적인 의미를 지녀서도 안 되고 중언부언해서도 안 됩니다. 그러면서도 판사들 간에 작성 방식이 어느 정도 통일되어야 합니다. 법조인들이 판결문을 보고 그 내용을 쉽고 빠르게 파악하도록 하기 위해서지요. 이러한 이유로 판결문은 작성하는 형식과 방법이 정해져 있습니다.

판결문은 일반적인 글쓰기와 매우 다릅니다. 판결문의 작성 방식은 유려하고 읽기 좋은 글쓰기에는 방해가 되기도 합니다. 그럼에도 판결문 작성법은 논리적인 글쓰기 방법으로서 가치가 있습니다. 다음 장에서 판결문 작성 방법과 그 어려움에.대해 조금 더 자세히 살펴보도록 하겠습니다.

2장

보고도 이해하기
어려운 판결문

주문과 이유

맨 앞 장에 기재되는 당사자들의 인적 사항을 제외하면 판결문은 크게 두 부분으로 구성됩니다. 주문과 이유입니다. 주문은 판결의 결론에 해당합니다. 민사판결에서 소송을 제기한 원고가 얻고자 하는 것이 '청구취지'인데, 주문은 원고의 청구취지에 대한 답변입니다. 형사판결에서는 검사의 공소제기에 대한 답변이 주문에 해당합니다. 주문은 판결의 결론을 간단하고 명확한 문장으로 정리한 것입니다. 예를 보면 쉽게 알 수 있습니다.

민사판결 주문의 예시

1. 원고는 피고에게 5,000만 원 및 이에 대하여 2017. 7. 1.부터

다 갚는 날까지 연 15%의 비율로 계산한 돈을 지급하라.

2. 원고의 나머지 청구를 기각한다.

3. 제1항은 가집행할 수 있다.

4. 소송비용 중 50%는 원고가, 나머지는 피고가 각 부담한다.

1. 피고는 원고에게 별지 목록 기재 건물을 인도하라.

2. 제1항은 가집행할 수 있다.

3. 소송비용은 피고가 부담한다.

1. 원고의 청구를 기각한다.

2. 소송비용은 원고가 부담한다.

형사판결 주문의 예시

1. 피고인을 징역 15년에 처한다.

2. 피고인으로부터 압수된 과도 1개(칼날 길이 15cm, 증 제1호)를
   몰수한다.

피고인을 징역 2년에 처한다.

다만, 이 판결 확정일로부터 3년간 위 형의 집행을 유예한다.

1. 피고인은 무죄.

예전에 어머니가 민사 소액 사건의 피고가 되신 적이 있습니다. 부동산 중개 수수료와 관련된 분쟁이었는데, 공인중개업자가 어머니를 상대로 중개하지 않은 물건에 대한 중개수수료를 청구했던 사건입니다. 어머니는 억울해하면서 몇 차례 법정에 출석하여 재판을 받으셨습니다. 본인을 상대로 소송이 제기된 이상 가만히 있으면 안 되니까요. 그리고 마침내 재판이 끝나고 판결이 나왔습니다. 판결문 첫 장은 이러한 내용이었습니다.

주문

1. 원고의 청구를 기각한다.
2. 소송비용은 원고가 부담한다.

청구취지

피고는 원고에게 500만 원을 지급하라.

며칠 후 어머니는 판결문을 보여주며 물으셨습니다.

"재판이 어떻게 된 거냐? 이해가 안 되네."

"여기 적혀 있잖아요. 원고의 청구를 기각한다."

"이게 판결한 거야? 그런데 왜 여기 '주문'이라고 쓰여 있어? 그럼, 여기 뒤에 500만 원 지급하라는 말은 왜 쓰여 있는 거야?"

그림 5 민사판결문 첫 장 예시.

그림 6 형사판결문 첫 장 예시.

어머니는 판결문을 받고도 재판 결과를 이해하지 못하셨습니다. '주문'이 판결의 결론 부분이라고는 상상조차 못하시고, 본인이 '주문'한 내용을 적은 것이라고 생각하셨습니다. 이 사건에서 어머니는 판사에게 '원고의 청구를 기각해달라'고 요청했으니까요. 법조인들에게는 너무나 당연하지만 법을 모르는 사람들에게 판결문에서 쓰는 용어들은 낯설게 느껴집니다.

'주문' 밑에는 '청구취지'라는 용어와 함께 "피고는 원고에게 500만 원을 지급하라"는 내용이 적혀 있습니다. 민사판결에서 청구취지는 원고가 피고를 상대로 청구하는 내용을 간단한 문장으로 정리한 것인데, 이것이 법원의 판결 결과처럼 보이기도 합니다. 어머니가 판결문을 받고도 결과가 무엇인지 선뜻 알아채지 못하시는 것이 이해되지 않나요?

게다가 이 사건은 소송의 가액이 3,000만 원 이하인 소액 사건이어서 판결의 이유를 기재하지 않을 수 있습니다. 실제 판결문에는 이유가 생략되었고요. 그러니 더더욱 소송에서 이겼는지 졌는지 헷갈릴 수밖에 없겠지요.

판결문의 결론 부분에 해당하는 '주문'이라는 단어는 지금 봐도 가끔씩 어색합니다. 주된 문장을 의미하는 듯한데, '재판 결과'나 '결론'이라고만 해도 훨씬 이해하기 쉬울 텐데요. 주문은 사건의 종류 및 판결 결과에 따라 매우 다양합니다. 금전의 지급을 명령하는지, 땅이나 건물의 인도를 명령하는지, 아니면 등기의 말소를 구하는지 등에 따라 다릅니다. 또한 원고의 청구를 인용하는지, 기각하는지 아니면 일부만 인용하는지에 따라서도 달라집니다.

판사가 되기 위한 과정을 밟는 사람들은 주문을 어떻게 작성하는지에 대해 오랫동안 배웁니다. 주문을 쓰는 방법은 매우 다양하고 복잡하며 엄격하게 정해진 형식이 있습니다. 다만 주문이 판결의 결론 부분에 해당하고, 판결을 선고할 때는 이 부분을 낭독한다는 정도만 아시면 될 것 같습니다.

주문과 청구취지(물론 형사판결에는 청구취지가 없고 공소사실과 죄명, 적용 법조가 있습니다) 다음에 나오는 부분이 '이유'에 해당합니다. 이유는 '주문'이 나오기까지의 과정을 기재한 것입니다. '이유' 부분을 읽으면 판사가 왜 그런 판결을 했는지를 알 수 있겠지요.

민사판결문과 형사판결문의 구조

앞에서 민사재판과 형사재판의 등장인물과 진행 과정이 다르다는 것을 보았습니다. 민사재판과 형사재판은 결론을 내리는 방법도 조금 다릅니다. 그렇다면 판결문의 구조가 다른 것은 당연한 결과입니다. 민사판결의 이유 부분은 다음과 같이 구성됩니다.

기초사실 → 당사자들의 주장(쟁점) → 판단

형사판결의 이유 부분은 조금 더 복잡합니다.

범죄사실 → 증거의 요지 → 법령의 적용 → 피고인 또는 변호인의 주장에 관한 판단/무죄 부분 → 양형의 이유

형사판결의 이유 부분에 대해 먼저 살펴보면, 범죄사실은 피고인이 처벌받게 되는 범죄 행위를 기재한 것입니다. 검사가 제출한 공소장에 기재된 사실을 공소사실이라고 합니다. 공소사실 전부가 항상 유죄로 인정되는 것은 아닙니다. 일부는 무죄일 수도 있고, 다른 이유로 유죄판결을 받지 않을 수도 있습니다. 아니면 실제 재판을 진행해보니 검사의 공소사실과 실제 사실관계가 조금 다를 수도 있습니다. 공소사실은 유죄판결 이전의 범죄 혐의(즉, 검사가 추정하고 주장하는 범죄 내용)지만, 범죄사실은 유죄판결을 받은 범행을 의미합

니다. 다시 말해, 공소사실 중 유죄가 인정되는 부분만 범죄사실이 되는 것이지요.

따라서 범죄사실은 공소사실을 수정하는 방식으로 작성합니다. 1부 7장에서 예로 들었던 절도의 공소사실에서 '피해자의 옷장 열쇠를 주워서 옷장을 열었다는 사실'과 '금반지뿐만 아니라 금목걸이도 훔쳐 간 사실'이 인정되지 않는다면, 이 부분을 제외하고 범죄사실을 작성해야 합니다.

증거의 요지는 유죄를 뒷받침하는 증거를 의미하고, 법령의 적용은 죄형법정주의에 따라 죄와 형벌의 근거가 되는 법조문을 기재하는 것입니다. 피고인 또는 변호인의 주장에 관한 판단은 피고인이나 변호인이 범행을 부인한 부분에 대하여 유죄를 인정하는 경우 그 이유를 설명하고, 무죄 부분은 무죄가 인정된 이유를 설명합니다. 양형의 이유는 말 그대로 형량을 정한 근거를 기재한 것입니다.

형사판결문의 구조에 대해 간단히 살펴보긴 했지만, 전부 기억하거나 이해하지 않으셔도 괜찮습니다. 형사판결문의 구조는 상당히 기술적이고 체계적이어서 전문적인 훈련 과정을 거쳐야 작성할 수 있습니다. 하지만 형사판결문은 민사판결문보다 작성하기 쉬운 편입니다. 정해진 규칙을 따라 써 나가면 되기 때문입니다. 그렇다면 판사들은 민사재판보다 형사재판을 선호할까요? 그렇지는 않습니다. 대부분의 판사들은 민사재판을 더 편하게 생각합니다. 피고인을 구속하고 처벌해야 하는 형사재판은 잠시라도 긴장을 늦출 수 없기 때문에 부담을 많이 느낍니다. 판결문을 쓰는 것은 조금 수월할지 몰라도 피고인의 유무죄를 판단하거나 형량을 정하는 과정에서 많은 고민을 하지 않을 수 없으니까요.

민사판결문의 구성

판결문 작성 방법에 대해 배우기는 하지만 실제 판결문은 판사들마다 조금씩 다릅니다. 비슷한 사건에 대하여 판결문을 쓰더라도 길이와 구성, 문장구조 등이 다양합니다. 판결문 역시 글쓰기의 일종이어서 작성자의 스타일이 반영되기 때문입니다.

이는 함께 근무한 부장판사의 영향을 많이 받습니다. 판사들은 배석판사로 일하면서 부장판사로부터 판결문 작성 방법을 배우며, 도제식으로 전수됩니다. 여기서 말씀드리는 판결문 작성법은 판사들마다 어느 정도 공통된 부분이면서도 함께 근무한 부장판사로부터 배운 특징이 반영된 것입니다.

이제 민사판결문 작성 방법을 간단하게 살펴보겠습니다. 앞서 말씀드렸듯이 민사판결문은 크게 세 개의 목차로 구성됩니다. '기초사실 → 당사자들의 주장(쟁점) → 판단'이 그것입니다. 하나의 사건을 해결한다는 것은 이 세 단계를 차례로 밟아나가는 과정입니다. 사실관계를 제대로 파악하지 못한 상태에서 쟁점을 파악할 수 없고, 쟁점을 모른 채 판단할 수는 없습니다. 위의 순서는 판결문의 구조이자 판결 이유 부분의 목차에 해당합니다.

① 기초사실: 사실관계의 정리

② 당사자들의 주장: 쟁점의 파악

③ 판단: 문제의 해결

이처럼 '사실관계의 정리 – 쟁점의 파악 – 문제의 해결'의 단계를 따르는 것은 논리적인 글쓰기의 기본 구조가 아닐까 생각합니다. 비평이나 논술 문제의 해결 역시 이러한 3단계를 거쳐서 이루어집니다. 신형철 평론가는 평론을 쓰는 것에 대해 사실관계의 확인(주석) – 텍스트의 의미를 추론(해석) – 텍스트의 의의를 평가하면서 적절한 자리를 찾아주는 것(배치)의 세 단계를 밟아나가는 것이라고 했습니다.* 이러한 구조는 판결문을 쓰는 3단계와 유사한 것 같습니다.

논설문을 쓰는 것은 주어진 자료와 지문을 읽어서 '사실관계를 정리'하고, 사실관계를 바탕으로 '쟁점을 파악'하고, '쟁점에 관한 자신의 생각을 서술'하는 과정입니다. 논설문은 형식적으로 서론 – 본론 – 결론의 단계를 거치는데 이 역시 생각의 과정은 '사실관계의 정리 – 쟁점의 파악 – 문제의 해결'이라고 할 것입니다.

민사판결문 작성 방법을 조금 더 자세히 살펴보겠습니다. 논리적인 글쓰기 방법이라고 생각하시면 도움이 될 것 같습니다. 먼저 기초사실 부분입니다(사실관계의 정리). 기초사실은 사건 전체의 기본이 되는 사실을 의미합니다. 어떤 과정을 거쳐 분쟁이 일어나게 되었는

---

* 신형철, 《정확한 사랑의 실험》, 마음산책, 2014년, 113쪽.

지를 보여줍니다. 다만 주의할 것은 당사자들이 공통적으로 인정하는 사실이나 객관적인 사실만 기초사실에 포함되어야 한다는 것입니다. 다툼이 있는 것을 기초가 되는 사실로 인정해버리면 당사자들의 입장에서는 당황스러움을 느낍니다. 판단에 이르기 전에 이미 결론을 정해놓은 인상을 줄 수 있습니다. 논설문에서도 문제 제기를 할 때 상대방이 동의하지 않는 내용을 전제로 이야기를 시작하면 쉽게 납득하기 어려운 것과 마찬가지입니다.

다툼이 있는 사실은 기초사실에서 제외하라니, 너무나 당연하게 들립니다. 하지만 당사자들 사이에 다툼이 있는 사실을 기초사실로 작성하는 경우가 제법 있습니다. 어떤 것이 기초사실인지, 판단에 필요한 사실인지 구분하기 어렵기 때문인데, 뒤에서 예를 들어 설명해보겠습니다.

다음으로 당사자들의 주장(쟁점의 파악) 부분입니다. 판결문에서는 쟁점을 쓰는 것이 그리 어렵지 않습니다. 재판은 당사자들이 다투고 있는 문제를 해결하는 과정이기 때문에 재판에서 당사자들은 쟁점이 무엇인지를 계속해서 언급합니다. 판결문에는 당사자들이 어떤 측면에서 대립하는지 드러나는 게 좋습니다.

마지막으로 판단 부분입니다. 판결문에서 가장 쓰기 어렵고 몇 번씩 고치는 부분입니다. 작성이 어려운 한 가지 이유는 판단을 위해서도 사실관계가 필요하기 때문입니다. 즉, 판단 부분을 더 세분하면, 법리＋사실관계(인정되는 사실)＋적용 및 해석으로 이루어져 있습니다. 일종의 삼단논법 구조입니다. 하지만 앞에서 말씀드렸듯이 기초사실 역시 사실관계로 이루어져 있기 때문에, 기초사실에서 써야 하는 사실과 판단 부분에서 써야 하는 사실을 구분하기 쉽지 않습니다.

이해를 돕기 위해 2부 2장에서 살펴본 건물 반환 청구 사건을 예로 들어보겠습니다. 이 사건에서 당사자들 사이에 여러 주장이 오갔지만, 임대차 계약이 체결된 후 그 기간이 만료된 사실, 피고는 임대차 보증금을 돌려받지 못했으며 원고는 건물을 반환받지 못한 사실은 당사자들 사이에서 다툼이 없었습니다. 이 내용을 앞의 '기초사실'에 기재합니다.

이 사건의 쟁점은 피고가 원고로부터 임차한 건물이 하자가 많아서 사용, 수익하지 못했는지 여부입니다. 그런데 만약 영업을 시작해서 6개월이 지났을 무렵 벽이 갈라지고 물이 샜다는 것을 기초사실에 기재하면 어떻게 될까요? 이는 피고의 주장을 전제가 되는 '사실'로 인정한 것입니다. 원고가 이 판결문을 본다면 기초사실을 읽으면서부터 의문이 들겠지요. 원고로서는 '피고의 거짓말을 그냥 그대로 인정했잖아?' 하고 생각할 것입니다.

이러한 문제를 방지하기 위해 다툼의 여지가 있는 사실은 판단 부분에 써주는 것이 좋습니다. 증거와 함께 왜 그 사실을 인정했는지 적시한다면 더욱 좋습니다. 간략하게 정리해보겠습니다.

① 기초사실: 당사자들이 공통적으로 인정하는 사실 → 사실관계의 정리

② 쟁점: 당사자들의 주장 → 쟁점의 파악
③ 판단: 법리 + 인정사실(증거를 통해 판사가 인정한 사실) + 판단 →
문제의 해결

판단 부분 작성의 중요성

판결문은 '판단'을 쓰는 데 큰 공을 들여야 합니다. 특히, 당사자들의 입장에서 보면 더욱 그렇습니다. 판결문에서 기초사실과 쟁점에 주의를 기울이는 당사자와 변호사는 거의 없습니다. 기초사실과 쟁점은 이미 알고 있는 것이니까요. 재판을 받는 사람들의 입장에서는 왜 그런 판단을 했는지가 최대의 관심사입니다.

앞에서 변호사들이 판결문에 의문을 제기하는 경우가 많다고 말씀드렸습니다. 가장 큰 불만은 '판사가 왜 그렇게 판단했는지가 판결문에 잘 드러나지 않는다'였고요. 관련된 사실관계를 길게 나열한 다음 곧바로 결론을 내렸다는 것입니다. 사실관계와 결론 사이의 논증 과정이 생략되었거나 거의 드러나지 않았다는 문제가 있습니다.

판결문을 쓰는 것이 힘든 작업이기는 하지만, 그중에서도 가장 어려운 부분은 사실관계에서 결론에 이르는 논증 과정을 작성하는 것입니다. 논증 과정이 빈약한 이유는 사실관계를 파악하고 작성하는 데 힘을 쏟느라 논증 과정을 소홀히 했거나, 너무나 당연한 논리라고 생각해서 글로 다 표현하지 않았기 때문입니다. 판사의 입장에서는 사실관계를 확정하며 이미 머릿속으로 결론을 내린 상태이기 때문에 자세히 언급할 필요성을 느끼지 못했을 수도 있습니다. 하지만 독자인 당사자와 변호사가 판사의 머릿속을 들여다볼 수 없겠지요.

이것은 다른 논리적인 글쓰기에도 적용됩니다. 근거가 되는 사실을 나열한 후 바로 결론을 내리기보다는 사실들이 결론과 어떻게 연결되는지를 써야 하는 것입니다. 그 연결 부분의 논리를 구체적인 언어로 표현하는 일은 쉽지 않습니다. 게다가 명확성과 간결성을 추구하는 판결문의 특성상 중언부언 말을 늘리는 것도 피해야 합니다.

판단의 작성은 한참을 고민하고 퇴고하는 지난한 과정입니다. 머릿속에 있는 추상적인 관념과 생각들을 언어로 나타내는 작업이기도 합니다. 이러한 논증 과정을 제대로 서술하고자 노력하는 것이야말로 논리적이고 정확한 글을 쓰는 지름길이 아닐까 생각합니다.

3장

그러나와 그러므로, 각과 각각

기초사실 작성의 순서

앞 장에서는 민사판결문을 중심으로 판결의 전체적인 구조를 보았습니다. '사실관계의 정리 – 쟁점의 파악 – 문제의 해결'의 단계를 거친다는 것과 그중에서도 '문제의 해결'에 해당하는 '판단' 부분의 중요성에 대해서도 말씀드렸습니다. 그리고 작성 방법을 구체적으로 언급한 것은 판결문과 같이 정형화된 글쓰기를 익히면 자신만의 글 스타일을 만들어가는 데 도움을 주기 때문입니다.

이제 기초사실을 작성하는 방법을 통해 사실관계를 정리하는 요령을 살펴보고, 나아가 판결문 작성의 기본이 되는 문장구조에 대해 알아보겠습니다. 사법연수원 시절 연수생들은 다양한 기록을 보면서 기초사실을 정리하는 훈련을 받았습니다. 사실관계를 간략하면서도 일목요연하게 정리해야 쟁점을 파악하고 문제를 어디서부터 해결할지 정돈할 수 있기 때문입니다. 기초사실은 첫 부분으로, 전체 판결문의 인상을 좌우하기도 합니다.

기초사실 작성법은 한마디로 '시간 순서대로, 전체적인(포괄적인) 것에서 세부적인 것으로'입니다. 당사자들의 주장이 과거와 현재를 왔다 갔다 하고, 이런 일 저런 일을 뭉뚱그려 이야기해도 시간순으로, 전체에서 세부적인 것으로 정리해야 한다는 말입니다. 보다 중요한 원칙은 시간 순서이고, 같은 시간에 일어난 일이면 전체가 세부 내용보다 앞서는 것입니다. 생각해보면 당연하고 단순한 방법입니다.

간단한 예를 들어 보겠습니다. 원고가 피고에게 대여금 반환 청구를 한 사건에서 다음과 같은 사실이 인정된다고 가정해봅시다.

① 피고는 원고에게 돈을 갚지 않고 있다.
② 피고는 2017년 7월 원고로부터 5,000만 원을 빌렸다.
③ 빌린 돈에 대한 이자는 연 20퍼센트로 정하였다.

이것을 기초사실로 정리하면 ② → ③ → ①의 순서가 됩니다. 시간순에 따른 것이지요. 하나만 더 예를 들어보겠습니다. 아파트 매매계약의 해제를 구하는 사건에서 다음과 같은 사실이 인정되었다고 합시다.

① 원고는 2017년 1월 1일 피고로부터 서울 강남구 **동에 있는 A

아파트 101동 1001호를 20억 원에 매수하였다.

② 피고는 2017년 2월 20일 B라는 사람에게 A 아파트를 다시 매도하였다.

③ 원고는 피고에게 계약금 2억 원을 계약 시에 지급하였고, 2017년 3월 1일 피고에게 중도금 12억 원 중 4억 원을 지급하였다.

④ 원고와 피고는 계약금 2억 원은 계약 시에 지급하고, 중도금 12억 원은 2017년 2월부터 5월까지 매월 1일에 4회에 걸쳐 각 3억 원씩 지급하며, 잔금 6억 원은 2017년 6월 1일에 지급하기로 정하였다.

이것을 기초사실로 정리하면, ① → ④ → ③의 전반부 → ② → ③의 후반부의 순서가 될 것입니다. ④가 ①의 뒤에 오는 것은 시간은 같지만 ①이 전체적인 내용이고 ④가 세부이기 때문입니다. 복잡하지 않습니다. '시간 순서대로, 전체적인 것에서 세부적인 것으로'만 기억하시면 됩니다.

기초사실을 시간순으로 정리하면 당사자들의 행위를 일목요연하게 확인할 수 있습니다. 또한 같은 행동이라도 선후에 따라 법적 의미가 달라지기 때문에 시간 순서를 지킬 필요가 있습니다. 어떤 복잡한 사실관계도 이처럼 정리해놓으면 사건의 흐름을 파악하기에 한결 용이합니다.

판단 부분의 작성 방법

쟁점 부분은 당사자들의 주장을 정리한 것이므로 바로 판단 부분으로 넘어가겠습니다. 판단은 '주장 → 증거 → 사실 인정 → 소결론'의 형태로 구성됩니다.

원고의 주장을 받아들이는 경우

원고는 피고에게 500만 원을 대여하였다고 주장하므로 살피건대(주장), 갑 제1, 2호증의 각 기재, 증인 김갑동의 증언 및 변론 전체의 취지를 종합하면(증거), 원고가 2020. 1. 4. 피고로부터 500만 원을 빌려달라고 요청받은 사실, 원고가 같은 날 신한은행에서 5만 원권 100장을 인출한 사실, 원고가 다음 날인 2020. 1. 5. 피고에게 위 5만 원권 100장을 봉투에 넣어 전달한 사실을 인정할 수 있다(사실 인정).

그러므로 피고는 원고에게 대여금의 반환으로 500만 원을 지급할 의무가 있다(소결론).

증거 부족을 이유로 원고의 주장을 받아들이지 않는 경우 ①

원고는 2020. 1. 24. 피고에게 5,000만 원을 대여하였다고 주장한다.

그러나 원고가 제출한 증거들만으로는 원고의 주장을 인정하기에 부족하고, 달리 이를 인정할 증거가 없다.

그러므로 원고의 주장은 이유 없다.

하지만 위와 같이 원고가 여러 증거를 제출하였음에도 막연히 증거가 부족하다고 하는 것은 당사자들 입장에서 받아들이기 쉽지 않습니다. 그래서 아래와 같은 형태로 쓰는 경우도 있습니다.

증거 부족을 이유로 원고의 주장을 받아들이지 않는 경우 ②

원고는 피고에게 500만 원을 대여하였다고 주장하므로 살펴건대, 갑 제1, 2호증의 각 기재, 증인 김갑동의 증언에 의하면, 원고가 2020. 1. 4. 피고로부터 500만 원을 빌려달라고 요청받은 사실, 원고가 다음 날 신한은행에서 500만 원을 인출하여 피고의 집을 찾아간 사실은 인정된다.

그러나 을 제1, 2, 3호증의 각 기재, 증인 김을순의 증언 및 변론 전체의 취지를 종합하면, 피고가 같은 날 원고에게 돈을 빌려주지 않아도 된다고 말한 사실, 이에 원고는 500만 원이 든 봉투를 상의 안주머니에 집어넣은 사실, 원고는 그때로부터 1년 6개월 동안 피고에 대하여 대여금의 반환을 청구하지 않은 사실을 인정할 수 있다.

그러므로 앞서 인정한 사실만으로는 원고의 주장을 인정하기에 부족하고, 달리 이를 인정할 증거가 없다.

위와 같은 형태는 원고의 주장이 일리 있는 측면이 있지만, 이런저런 사실을 함께 따져보면 인정하기 어렵다는 것입니다. 다만 이러한 형태로 원고의 주장을 배척할 때 주의할 점이 있습니다. 원고에게 유리한 사실보다 불리한 사실을 더 비중 있게 기재해야 한다는 것입니다. 불리한 사실보다 유리한 사실을 많이 적어놓은 다음 원고의 주장을 받아들이지 않는 것은 설득력이 떨어집니다.

마지막으로 피고의 주장(항변)을 인정하여 원고의 주장을 배척하는 경우를 보겠습니다.

피고의 항변을 받아들여 원고의 주장을 배척하는 경우

이에 대하여 피고는 위 차용금을 변제하였다고 항변하므로 살피건대, 을 제1, 2호의 각 기재에 변론 전체의 취지를 종합하면, 피고는 2019. 4. 5. 원고에게 위 차용금 20,000,000원과 그때까지의 약정이자 2,000,000원(=20,000,000원×0.02×5개월)을 변제한 사실은 인정할 수 있다.

그러므로 피고의 항변은 이유 있고, 결국 원고의 주장은 이유 없다.

판사들은 더 명확하고 설득력 있는 판결문을 작성하기 위해 판단 부분의 구조에 대해 많은 고민을 합니다. 한 가지 유별난 점은 접속사인 '살피건대', '그러나', '그러므로'와 같은 단어를 대신하여 같은

뜻을 가진 다른 단어를 사용하지 않는다는 것입니다. 즉, '살펴보자면', '하지만', '따라서'로 쓰지 않습니다. 이런 용어는 판사 및 법조인의 약속입니다만, 판사들만 유독 신경 쓰는 부분이 아닐까 하는 생각도 듭니다. 판결을 받아 보는 당사자 입장에서 '그러나'와 '하지만'은 큰 차이가 없으니까요.

이 밖에도 판단 부분을 작성하는 다양한 방식이 있습니다만, 여기까지 살펴보도록 하겠습니다.

문장의 기본 구조

마지막으로 판결문에 사용되는 문장의 구조를 살펴보겠습니다. 판결문의 문장은 '주-일-상-목-행'으로 이루어집니다. 이것은 '주체-일자-상대방-목적물-행위'의 앞 글자를 따서 줄인 말입니다. 이러한 순서를 따르는 것이 법적인 문서를 작성하는 가장 기본적인 문장구조입니다. 다음 두 문장을 보겠습니다.

① 피고는 2017년 7월 원고로부터 5,000만 원을 빌렸다.
② 원고는 서울 강남구에 있는 A 아파트 101동 1001호를 20억 원에 피고로부터 2017년 1월 1일 매수하였다.

①은 앞에서 말한 '주-일-상-목-행'의 순서에 적합한 것으

보입니다. 한 가지 주의할 점은 문장의 주체는 어떤 사실을 주장하는 사람을 의미합니다. 만약 원고가 피고를 상대로 대여금 반환 청구를 하는 사건이라면 원고가 주체가 되는 것이지, 피고가 주체가 되어서는 안 됩니다. 그런 경우에는 원고의 행위를 중심으로 해서 이렇게 써야 합니다.

→ 원고는 2017년 7월 피고에게 5,000만 원을 빌려주었다.

②의 경우 일자와 상대방의 위치가 잘못되어 있습니다. 이렇게 고치는 것이 판결문에 더 어울리는 문장입니다.

→ 원고는 2017년 1월 1일 피고로부터 서울 강남구에 있는 A 아파트 101동 1001호를 20억 원에 매수하였다.

이러한 문장구조는 사실관계를 명확하게 전달할 뿐만 아니라 법률 전문가들 상호 간에 오해의 소지를 줄이기 위한 것입니다. 문장을 쓰는 방법을 정함으로써 보다 빠르고 정확하게 문서의 내용을 파악할 수 있습니다.

다른 법적인 문서, 예를 들어 검사가 작성한 공소장도 이러한 문장구조를 사용합니다. 1부 7장에서 다루었던 절도죄의 공소사실을 한번 봅시다. 아래와 같이 총 세 문장으로 구성되어 있습니다.

① 피고인은 서울 강동구 일대를 배회하며 원룸, 상가, 찜질방, 취객을 상대로 금품을 절취하기로 마음먹었다.

② 피고인은 2012. 7. 20. 14:00경 서울 강동구 둔촌동 **찜질방 지하 2층 남자탈의실에서, 피해자가 수면실 바닥에 옷장 열쇠를 놓고 잠자고 있는 틈을 이용하여 피해자의 옷장 열쇠를 주워 옷장 문을 열었다.

③ 피고인은 옷장 속에 놓여 있던 시가 170만 원 상당의 18k 금목걸이 1개, 시가 35만 원 상당의 18k 금반지 1개 등을 꺼내어 가이를 절취하였다.

①은 일자가 생략되었지만 주체 – 상대방 – 목적물 – 행위의 순서를 지켰습니다. ②는 주체 – 일자 – 상대방 – 목적물 – 행위순입니다. 다만 형사판결문에는 행위가 이루어진 장소를 적시해야 하기 때문에 일자뿐만 아니라 장소가 함께 기재되어 있습니다. ③ 역시 주체 – 목적물 – 행위의 순서입니다. 일자와 상대방을 생략한 이유는 앞에서 이미 여러 번 언급되었기 때문이겠지요.

판결문의 전체적인 순서부터 문장구조까지 살펴보았습니다. 어떤 분에게는 새롭게, 어떤 분에게는 너무 당연하게 느껴졌을 것입니다. 이러한 방법을 참조하여 글을 쓴다면 딱딱한 문장이 되겠지만, 논리적 정확성을 기르는 데 도움이 되리라 생각합니다. 당사자들끼리 계약서나 차용증서 등의 법적 문서를 작성할 때도 이런 방법이 기초가 되어야 함은 물론입니다.

가독성과 전문성

익숙하지 않은 사람들은 판결문이 잘 이해되지 않는다고 합니다. 법조계 일각에서도 판결문이 일반 사람들에게는 지나치게 전문적이고 어렵다는 비판이 끊임없이 나옵니다. 어렵게 느껴지는 가장 큰 이유는 문장이 길고 구조가 복잡하기 때문이겠지요. 예전에는 판결문의 한 문단 전체를 한 문장으로 쓰는 것이 일반적이었습니다. 한 문장 안에 여러 가지 사실과 쟁점과 판단을 논리 정연하게 담으려다 보니 길어지게 된 것입니다.

판결문의 가독성이 떨어지는 또 다른 이유는 전문용어가 빈번하게 등장하기 때문입니다. 다른 분야에서는 잘 쓰이지 않는 변제, 소멸시효, 상계와 같은 용어가 나오면 아무래도 이해하기 쉽지 않습니다.

최근에는 많은 판사들이 읽기 쉬운 판결문을 작성하기 위해 애쓰고 있습니다. 한 문장의 길이 역시 서너 줄을 넘기지 않으려고 하고, 여러 문장을 계속 이어서 쓰기보다는 읽기 쉽게 번호를 붙여 구분하는 경우가 많습니다. 길고 복잡한 구조를 피하고 되도록 간결한 판결문을 작성하려고 노력합니다.

이와 달리 판결문이 길고 복잡하고 전문적인 것은 당연하다고 주장하는 판사도 있습니다. 법률 전문가들이 신속하게 파악해서 의사소통하기 위해서는 복잡한 구조와 전문용어를 사용하지 않을 수 없다는 것입니다. 판결의 전문성을 위해서는 가독성이 떨어지는 글쓰기가 불가피하다는 입장입니다. 당사자들에게 최대한 길고 자세하게 설명하는 것이 의무라고 생각하는 판사도 있고요. 양측의 입장이 모두 일리가 있습니다만, 최근의 추세는 전체 내용은 길더라도 문장은 읽기 쉬운 판결문을 선호하는 쪽입니다.

마지막으로 판결문의 문장에 대해 한 가지 더 말씀드리겠습니다. 원고가 피고 1에게 500만 원, 피고 2에게 500만 원을 빌려준 후 대여금 반환 청구 소송을 제기했고, 판사는 원고 전부 승소 판결을 한다고 가정해봅시다. 원고는 피고 1로부터 500만 원, 피고 2로부터 500만 원을 받을 수 있습니다. 그러한 경우 주문을 어떻게 작성할까요? 다음과 같은 여러 형태의 '주문'이 있습니다.

1. 피고들은 원고에게 각 500만 원을 지급하라.
1. 피고들은 원고에게 각각 500만 원을 지급하라.
1. 피고들은 원고에게 500만 원을 각 지급하라.
1. 피고들은 원고에게 500만 원을 각각 지급하라.
1. 피고들은 각 원고에게 500만 원을 지급하라.
1. 피고들은 각각 원고에게 500만 원을 지급하라.

위의 문장 중에 어떤 것이 어법에 맞으면서도 간결하고 명확하다고 생각하시나요? (대부분 첫 번째 문장으로 씁니다.) 이처럼 판사들은 '각'을 써야 하는지, '각각'을 써야 하는지, '각'과 '각각'을 어디에 써야 하는지 또는 쓰지 않아야 하는지 열심히 따지고 배웁니다. 때로는 너무 많은 고민을 하는 게 아닌가 싶을 정도입니다.

4장

판례를 따르지 않아도 될까

판결의 선고

판결문을 작성하면 이제 선고하는 일만 남습니다. 판결의 선고는 '주문'을 읽는 방식으로 이루어집니다. 이때 조금 긴장됩니다. 민사재판을 받는 원고와 피고, 형사재판을 받는 피고인 앞에서 그들의 승패와 유무죄를 말하기 때문입니다. 판사의 결정에 따라 어떤 사람은 수억 원에 이르는 돈을 받을 권리가 생기고, 다른 사람은 그 돈을 지급할 의무를 지게 됩니다. 범행을 부인하며 무죄를 주장했던 피고인이라면 판사의 입에서 어떤 말이 나올지 촉각을 세울 것입니다. 설령 범죄를 자백한 피고인이라도 형은 몇 년이고, 집행유예를 받는지 벌금으로 처벌받는지 전전긍긍하지 않을 수 없습니다.

판사는 대부분 확신을 가지고 판결을 내립니다만, 어떤 사건에서는 자신이 내린 결론이 옳은 것일까, 하는 생각이 마음 한구석에 자리 잡습니다. 이럴 때는 더욱 긴장합니다. 판결을 선고하면서 당사자들의 눈을 마주치는 판사들은 별로 없습니다. 특히 판결이 그들에게 불리하다면 눈을 똑바로 바라보면서 말하기가 쉽지 않습니다. 하지만 가능한 당사자들의 얼굴을 바라보면서 선고하고 그에 대한 이유를 간단하게라도 말해주는 것이 바람직하지 않을까 생각합니다.

판결의 일차적 기능은 법적인 분쟁을 해결하는 것입니다. 하지만 그 분쟁의 이면에는 법적인 쟁점뿐만 아니라 여러 가지 감정적, 정치적, 사회적 문제가 얽혀 있습니다. 사람들은 이러한 문제들을 해결하고자 재판을 받습니다만, 때로는 결과에 의해 문제가 더 악화되기도 합니다. 승패가 갈리는 재판이다 보니 진 사람들이 결과에 쉽게 수긍하지 않고, 이긴 사람들 역시 잘못한 부분이 있음에도 기고만장하여 반성하지 않습니다. 법원은 1심 재판을 통해 분쟁을 종국적으로 해결하기 위해 노력하고 있지만, 결코 녹록하지 않은 것이 현실입니다.

판례에 대해서

물리학을 전공한 친구가 질문을 했습니다.

"판례는 어떻게 바뀌는 거야?"

저는 당황했습니다. 판례가 바뀌면 바뀌는 것이지 판례가 '어떻게' 바뀌는지는 생각해본 적이 없었거든요.

"대법원이 했던 기존의 판례가 있잖아. 옳다고 생각해서 그렇게 판결한 것인데 어떻게 바꾸느냐는 거지."

저는 여전히 잘 이해가 되지 않았습니다.

"대법원이 예전에 했던 판결을 변경하는 거지. 더 이상 예전의 판결이 옳지 않다고 판단해서 바꾸는 거야."

답이 만족스럽지 않은 눈치입니다.

"어떤 것이 옳다고 생각해서 기준을 정해놓은 것이 판례잖아. 한 번 정한 기준을 어떻게 바꾸는지가 궁금한 거야. 예전에는 몰랐던 사실이 발견되거나 이전에는 없었던 새로운 이론이 나오면 판례를 바꾸는 거야? 판례를 바꿀 때는 근거가 있어야 하잖아?"

이제 질문이 이해되기 시작합니다. 친구는 판례를 물리법칙처럼 생각하는 것 같습니다. 자연과학 분야에서는 가설을 세운 후 수많은 검증을 거쳐서 힘은 질량×가속도($F=ma$)와 같은 법칙이나 이론이 만들어집니다. 물리법칙을 뒤집거나 변경하려면 그 법칙이 적용되지 않는 새로운 사례가 발견되어야겠지요.

"새로운 이론이나 사실이 없어도 판례는 바뀔 수 있어. 시간이 지나면서 사람들 생각이 바뀌면, 그에 따라 바뀌는 거지. 예전에는 옳다고 생각했지만 이제는 아니라고 생각할 수도 있으니까."

"그러면 대법원에서 생각하기에 바꿀 필요가 있다면 바꾼다는 말이야? 그 전까지는 기존의 판례에 따라 재판을 하다가 어느 순간 이게 아니라는 생각이 들면 이제는 판례를 바꾸자고 하는 거야?"

"그렇기는 하지만, 판사들이 반드시 판례를 따라야 하는 것은 아니야. 판례가 있어도 그에 따르지 않고 판결할 수 있어. 물론 그 판결은 대법원에 올라가서 깨지겠지만, 기존의 판례와 다른 판결을 할 수 없는 것은 아니야."

친구는 상당히 놀란 듯합니다.

"판례가 있어도 따르지 않을 수 있다는 거야?"

"그렇지. 어떠한 판례를 따르지 않는 판사들이 자꾸 늘어나면 대법원은 기존의 판례가 옳은지 검토할 것이고, 옳지 않다는 생각이 들면 바꾸는 거야."

"판례를 따르지 않을 수도 있다는 게 신기하네."

"흔한 경우는 아니지만 그럴 수는 있지. 최근에 종교적 병역거부 사건만 봐도 1심 판사들이 계속해서 무죄판결을 내렸어. 그런 사건들이 자꾸 올라가면 대법원에서도 고민하지 않을 수 없겠지."

친구는 신기하다는 듯 웃었고, 저 역시 그런 친구의 모습이 신기했습니다. 판례를 물리법칙처럼 생각해서 한번 정해진 법칙은 반드시 따라야 한다고 생각한다는 것이 놀라웠습니다.

판례를 따를 것인가, 거부할 것인가

어떤 판사님 이야기입니다. 그분은 당시 10년 정도의 경력을 가진 단독판사였습니다. 우연한 기회에 단둘이 식사를 하게 되었는데, 판사님이 말했습니다.

"판사 된 것 정말 좋지 않아요?"

물론 나쁘지 않은 것은 사실입니다만, 정말 좋다고 체감하면서 살지는 못했습니다. 어떤 이유로 그런 말씀을 하는지 궁금했습니다.

"좋긴 한데, 특별히 그렇게 생각하시는 이유가 있나요?"

"누가 뭐라고 해도 스스로 옳다고 생각하는 일을 할 수 있잖아요. 아무리 위(대법원이나 고등법원 등 상급심)에서 아니라고 해도 자신이 옳다고 생각하는 것이 있으면 그렇게 판결하고, 그게 받아들여지지 않아도, 또 하고 또 하다 보면 언젠가는 바뀔 수도 있지 않겠어요? 자신이 옳다고 믿는 것을 할 수 있는 직업이 얼마나 있겠어요? 물론 위에서 아니라고 하고, 다른 판사들도 그렇게 생각하지 않는 상황에서 혼자서 튀는 판결을 한다는 것이 쉬운 일은 아니에요. 고민도 많이 해야 하고, 기존의 판례를 따르지 않는 근거와 논리를 생각해내는 일은 어렵지요. 하지만 밤늦게까지 야근을 해서라도 기록을 보고 또 보고, 연구하고, 주말에 나와서 판결문을 써서 자신이 옳다고 생각하는 판결을 할 수 있다는 것은 좋은 일이잖아요. 때로는 소수 의견일지라도 주장하는 사람이 필요하고요."

판사님은 반도체 공장에서 일하다 백혈병에 걸린 사람들의 예를 들었습니다. 그 당시만 해도 백혈병 환자와 유족이 근로복지공단이나 회사를 상대로 낸 손해배상 청구가 잘 받아들여지지 않는 상황이었습니다. 대법원에서 이를 쉽게 인정하지 않았고, 대부분의 판사들은 대법원의 결론을 따랐습니다. 그러한 상황에서 위와 같이 이야기했던 것이지요. 저는 왠지 판사가 된 것이 뿌듯했습니다.

얼마 후 대학 동기이자 동료 판사인 친구를 만났습니다. 이런저런 이야기 중에 그가 대뜸 말합니다.

"나는 대법원 판례에 따르지 않는 판결은 못 할 것 같아."

자신의 생각대로 판결할 수 있어서 판사가 좋다는 이야기를 들은 지 얼마 되지 않은 때여서 친구의 말에 궁금증이 생겼습니다.

"그래? 왜?"

"어떤 문제에 대해 그렇게 확신이 있는 것도 아닌데, 단지 어느 쪽이 더 옳다는 개인적인 생각만으로 판결을 할 수는 없잖아."

"그래도 네가 옳다고 생각하는 바가 있다면 그렇게 판결하는 게 좋지 않겠어? 법리에 문제가 없다면 그렇게 할 수 없는 것도 아니잖아. 판사라는 직업의 장점이 아닐까?"

친구는 잠시 고민하더니 대답합니다.

"글쎄, 어떤 것에 대해서 그렇게 확신할 수 있는지 모르겠어. 요즘 문제 되는 종교적 병역거부 사건 있잖아(친구와 만난 시기는 종교적 병역거부에 대한 대법원 판결의 변경이 있기 전인 2015년입니다). 나는 그 사건 무죄판결 못 할 것 같아. 무죄를 받을 사안인지 모르겠어."

"요즘 그 사건 무죄판결 하는 판사들이 늘어나는 것 같던데?"

"그렇긴 한데, 나는 잘 모르겠어. 그리고 아직은 유죄판결을 받는 사람이 더 많잖아? 같은 종교적 병역거부 사건인데 어떤 사람은 유죄판결을 받고, 어떤 사람은 무죄판결을 받게 되면 문제가 있지 않을까? 재판받는 피고인들도 판사에 따라 결과가 달라지는 거잖아. 대법원에서 명시적으로 변경하기 전까지는 판례를 따르는 게 맞는 것 같아."

"네가 보기에 이건 정말 아니다 싶은 사건이 있다면? 예를 들어, 반도체 공장에서 일한 백혈병 환자와 유족이 청구한 손해배상 사건이라면 어떨 것 같아? 너는 회사에 책임이 있다고 생각하는데, 판례가 그렇지 않다면?"

"아직 그런 사건을 해보지 않아서 모르겠지만, 아마도 대세에 따를 것 같아. 내 생각만 고집할 수는 없으니까."

식사를 마친 후 곰곰이 생각해보았습니다. '나는 내 생각과 다른 경우에도 판례에 따르는 판사인가, 아닌가.'

판사들은 성향은 다양합니다. 어떤 판사들은 판례나 대다수의 의견에 역행하면서 주장을 판결로 나타냅니다. 물론 자신의 주장만 내세우는 것은 아닙니다. 대부분의 사건은 기존의 견해에 따르겠지만 양심이 허락하지 않는 경우 판례를 그대로 따르는 것을 거부하겠지요. 하지만 다수의 판사들은 판례를 따르려고 노력합니다. 다른 판사와 비교해서 튀는 판결은 피하려고 합니다. 모난 돌이 정 맞기 마련이니까요. 그럼에도 양심에 반하는 판례를 보면 고민하지 않을까 생각합니다.

여러분이 판사라면 어떻게 하시겠습니까?

사회의 변화

사법부와 법원은 보수적인 조직입니다. 법적 안정성을 위해 기존의 것을 유지하려는 경향이 강합니다. 판결이 쉽게 바뀌거나 그때그때 다른 결과가 나온다면 사람들은 혼란에 빠질지 모릅니다. 사회의 변화를 주도적으로 이끌어가기에는 재판 과정이 너무 느리고 복잡합니다. 재판이 진행되는 도중에도 사회는 변하지만, 법원의 판결은 사회를 따라가지 못합니다.

그럼에도 어떤 판결은 사회의 점진적인 변화에 기여합니다. 짧은 시간에 모든 것을 바꿀 수는 없지만, 느리게 조금씩이라도 올바른 방향으로 나아갑니다. 사회의 변화를 따라가는 것이지요. 반도체 공장에서 일하는 중 백혈병에 걸린 근로자들의 손해배상 소송이 마침내 인정된 것처럼 말입니다. 이러한 변화는 누가 시키는 대로, 정해준 대로 판결하지 않고 법에 정해진 바를 기초로 각각의 판사가 양심에 따라 재판을 할 수 있기에 가능합니다.

가끔씩은 선구적인 판결이 사회의 변화를 이끌기도 합니다. 비교적 최근에 선고된 종교적 병역거부 사건이 그러한 판결이라고 생각합니다. 아직은 이에 대해 의심의 눈초리를 보내는 사람들이 많지만 '인권'의 측면에서 큰 걸음을 나아간 판결로 보입니다.

어떤 자세가 옳은지 이야기하려는 게 아닙니다. 판사가 선고하는 하나하나의 판결이 당사자들의 분쟁을 해결하는 것만이 아니라, 느리긴 하지만 사회적 갈등을 푸는 역할을 할 때도 있습니다. 또한 판결 중에는 다수의 의견에 따르지 않는 다소 튀는 것이 나오는데 오히려 그러한 판결들이 국민의 권익을 보호하고 확장하는 데 기여할 때도 있습니다. 대부분의 판사는 자신의 판결이 사회의 안정과 발전에 기여한다는 책임감과 사명감을 가지고 일합니다.

5장

인공지능이
재판을 한다면

알파고의 충격

2016년 3월 15일이었습니다. 때마침 동료 판사들과 함께 인공지능인 알파고와 이세돌 선수의 바둑 대결을 보고 있었습니다. 저는 바둑을 잘 알지 못합니다만, 주변에서 상황이 점점 어려워지고 있다, 이세돌 선수가 너무 밀린다는 이야기를 했습니다. 다섯 번의 대국 중 마지막 경기였는데, 이세돌 선수가 1승 3패로 뒤지는 상태였습니다.

알파고와 이세돌 선수 간의 대결이 시작되기 전 주변 사람들은 이세돌 선수의 승리를 낙관했습니다. 체스 대결에서는 인공지능이 인간을 뛰어넘었지만, 바둑은 체스와 비교할 수 없을 정도로 무한대에 가까운 경우의 수가 있기 때문에 컴퓨터가 계산할 수 없다거나, 인공지능이 인간처럼 창의적인 수를 만들어낼 수는 없을 것이라는 평가가 대부분이었습니다. 저 역시 그렇게 생각했습니다.

처음 세 경기는 많은 사람들이 뚜렷하게 기억하는 것처럼 이세돌 선수의 완패로 끝났습니다. 이세돌 선수가 어떻게 해보지도 못한 채 중간에 경기를 포기해버린 것입니다. 사람들은 충격에 빠졌습니다. 알파고는 그 전까지 알던 컴퓨터와는 달랐습니다. 단순히 계산하는 기계가 아니었거든요.

네 번째 경기에서 반전이 일어납니다. 이세돌 선수는 '신의 한 수'로 그토록 막강해 보이던 알파고를 무너뜨립니다. 사람들은 조금 안심했습니다. 아직은 인간이 이길 가능성이 있음을 알았지요.

마지막 다섯 번째 경기를 보며 이세돌 선수가 다시 한 번 인간의 힘을 보여주길 바랐습니다. 누구도 대놓고 말은 하지 않았지만 마음속으로 이세돌 선수를 응원하고 있었습니다. 하지만 마지막 대결은 일방적인 흐름으로 흘러가 이세돌 선수의 허무한 패배로 끝났습니다. 동료 판사들은 잠시 말이 없어졌습니다. 아마도 그때 모두들 인공지능의 능력이 얼마나 대단한 것일까, 인공지능이 얼마나 많은 인간의 직업을 대체할까, 인공지능이 법조인의 영역까지 침범할 수 있을까 하는 생각을 했을 것입니다.

그 이후 사람들의 인공지능에 대한 관심은 지대하리만큼 높아졌습니다. 우리의 실제 생활에 알게 모르게 인공지능이 이용되고 있고, 그 영역은 점점 늘어날 것입니다. 이런 변화와 함께 법원의 판결에 대한 사람들의 반응에도 인공지능 바람이 불기 시작했습니다. 상식에 어긋난 것으로 보이는(기사의 조회 수를 높이려고 언론은 종종 판결

이 '비상식적'으로 보이게 하는 기사 제목을 사용하거나, 일부 사실만을 왜곡
해서 보도하는 경향이 있습니다. 실제 상식에 어긋나는지 아닌지는 사건을
면밀히 따져봐야 알 수 있습니다) 판결에 대해 '인공지능 판사가 재판을
해야 한다' 등의 댓글을 달립니다. 이런 이야기를 들을 때마다 곰곰
이 생각해봅니다. '인공지능 판사가 재판을 하면 어떻게 될까?'

법률 인공지능과 변호사의 자문 대결

법조계에도 인공지능이 돌풍을 일으킬 날이 얼마 남지 않았습니
다. 인공지능은 이미 법의 영역에 침투했습니다. 대표적으로 법률
legal과 기술technology을 결합한 리걸 – 테크 산업을 들 수 있습니다.
법률 인공지능을 만들어 변호사의 업무 중 일부를 대신하는 것입니다.

2019년 8월 말 펼쳐진 국내 최초 '알파로 경진 대회'에서 법률 인
공지능이 완승을 거두었습니다. 근로계약서를 정해진 시간 내에 분
석하여 법적 문제점과 대처 방안을 찾아내는 방식의 대회였습니다.
소송 사건을 해결하는 업무인 송무가 아니라 법률 자문에 국한되었
기에 이것만으로 법률 인공지능이 인간을 뛰어넘었다고 할 수는 없
습니다. 근로계약서는 양식이 정해져 있고 비슷한 문제가 반복되는
경향이 있기 때문에 다양한 사례를 축적하여 습득한 인공지능이 인
간을 앞서리라는 것이 예측 가능합니다.

그럼에도 일부 분야에서는 법률 인공지능이 인간보다 더 나은 능

력을 보일 수 있다는 사실이 분명해졌습니다. 인공지능이 발전할수록 활용 영역이 넓어지리라는 점은 명확합니다. 알파로 경진 대회에서 우승한 법률 인공지능은 인텔리콘 메타 연구소의 임영익 변호사가 만든 것입니다. 그는 〈한국일보〉 인터뷰*에서 "법률 인공지능은 근로계약서 분석 기능만 놓고 보면 인간 변호사 수준에 육박했다고 볼 수 있다"고 말했습니다. 그렇다면 법률 인공지능이 변호사의 역할을 대신할 수 있을까요? 임영익 변호사는 이렇게 대답했습니다.

> 아니다. 인공지능은 단순 작업을 맡는 '타임 세이빙 머신(시간을 절약해주는 기계)'일 뿐, 작업의 '질'을 높이는 것은 인간 변호사의 영역이다. 인공지능이 단 몇 초 만에 정리해준 법령과 각종 자료를 가지고 변호사들이 법률적 창의력을 발휘하면 훨씬 효율적인 작업이 가능하다. 변호사 외에도 검사들은 피의자에게 어떤 법률을 적용해야 할지 검토할 때, 판사들은 법정에서 제출된 자료를 분석하거나 양형 판단에 AI를 활용할 수 있다. 지금 기술 수준으로 판결문 초안 자동 작성기도 얼마든지 만들 수 있다.

법률 인공지능이 법률 적용이나 양형 자료 분석의 역할 정도는 할수 있다고 생각했기 때문에 그리 놀랍지 않았습니다만, 마지막 이야

---

* 〈한국일보〉 2019년 9월 8일 자, '인공지능으로 변호사 격파한 임영익 인텔리콘 대표… 판결문 100만 개면 거의 완벽한 법률 AI 만든다' 참고.

기는 상상 이상이었습니다. 임영익 변호사는 인터뷰 말미에 지금 기술 수준으로 판결문 초안 자동 작성기를 만들 수 있다고 말했습니다. 여기서 말하는 '초안'이 어떤 사건에 대해 어느 정도 수준으로 만든다는 것인지에 따라 다르겠지만, 판결문 초안을 작성할 수 있다는 사실만으로도 놀라웠습니다. 알고리즘이 잘 이해되지 않았지요. 임영익 변호사는 이렇게 덧붙였습니다.

이론적으로 판결문 100만 개만 있으면 거의 완벽한 AI를 만들 수 있다. 그런데 우리 법원은 하급심 판결문을 극소수만 공개하고 있어 학습 데이터가 부족하다. 이대로라면 수십억 개 판결문 데이터를 공개한 중국에 따라잡힐 판이다.

인공지능 판사의 기능과 한계

부동산 명의 신탁의 법리를 공부하기 위해 어느 판사가 그때까지의 관련된 대법원 판결을 모두 출력했다는 이야기를 들었습니다. 명의 신탁이란 부동산의 실제 권리자가 부동산의 명의만 다른 사람에게 맡긴다는 것인데, 명의를 넘겨받은 명의자에게 소유권이 있는지, 아니면 실제 권리자라고 주장하는 사람에게 소유권이 있는지 판단하기 쉽지 않습니다.

이러한 분쟁에 관하여 적지 많은 대법원 판례가 있습니다. 아마 수백 건은 있겠지요. 그 판사는 일주일 내내 이 판례들을 모두 읽으면서 누구에게 소유권이 있는지 판단하는 방법을 익혔다고 했습니다. 대법원이 중요하게 삼는 판단 기준이 무엇인지, 기준들 간의 우열관계는 어떠한지 등을 파악한 것입니다.

인공지능 판사의 작동 방식을 정확히 알지는 못하지만, 이와 비슷하지 않을까 생각합니다. 수많은 판결을 검토하여 결과를 좌지우지하는 요소를 찾아내는 것이지요. 알파고가 이세돌 선수와 싸우기 위해 기존에 있었던 수많은 바둑 경기를 딥러닝했듯 말입니다. 임영익 변호사의 인터뷰를 보아도 인공지능 판사는 기존의 판결문을 기초로 학습하는 방식인 것 같습니다. 다만 판사가 일주일 내내 했던 일을 단 몇 분 만에 해내겠지요.

이를 바탕으로 다음의 질문들을 떠올려보았고 법원에서 인공지능에 조예가 깊은 오현석 판사에게 답변을 들었습니다. 이세돌과 바둑 대결을 펼쳤던 알파고의 모습을 참조하여 인공지능이 할 수 있는 일과 할 수 없는 일은 무엇일까 생각해보았습니다.

① 인공지능 판사는 알파로 경진 대회에서 우승한 변호사 AI와 마찬가지로 다양한 사례를 분석하여 최적의 답을 찾아내는 알고리즘인가요?

→ 100만 건 이상의 사실심 판결례가 필요합니다. 더욱이 자연어(기계의 언어가 아닌 인간의 언어) 분석이 매우 어려워서 어마어마한 돈과 시간이 없으면 학습 결과를 만들지 못합니다.

② 판례가 축적되어 있지 않거나 새로운 유형의 사례는 어떻게 해
　결할까요?

→ 해결하지 못합니다. 그럴싸하게 답을 내놓는다면 오히려 조심
　해야 할 것입니다. 인공지능에 대한 현혹과 과신은 이미 널리 존
　재하므로 앞으로도 그로 인한 판단 오류가 얼마든지 발생할 수
　있습니다. 예컨대《대량살상 수학무기: 어떻게 빅데이터는 불평
　등을 확산하고 민주주의를 위협하는가》가 그러한 폐해를 묘사
　한 유명한 책이지요.

③ 기존의 판례가 확고부동한 경우, 인공지능 판사는 판례에 벗어
　나는 결정을 할 수 있을까요?

→ 현재와 가까운 미래의 인공지능 알고리즘 수준으로는 분명히
　부정적입니다.《대량살상 수학무기》를 소개했는데, 인공지능에
　대하여 올바르게 이해하는 지름길이라고 생각합니다.

④ 인공지능 판사는 중앙 집중적으로 하나의 프로그램이 모든 판
　사의 판결에 관여하는 시스템인가요, 아니면 판사가 각자 자신
　만의 인공지능 프로그램을 활용하여 판결하는 것인가요? 후자
　의 경우 각각의 판사가 자신만의 인공지능 판사를 두고 지속적
　인 피드백을 통해 교육하는 것을 의미합니다.
　만약 전자라면 모든 판사의 결론이 같아지는 결과가 되고, 후자
　라면 판사의 가치관과 생각이 반영되기 때문에 여전히 판사들마

다 판결이 달라지는 것일까요?

→ 판사 개인은 인공지능을 지도 학습시킬 돈과 시간이 없겠지요. 전자에 해당하는 경우는 특정 분야 내에서 나타날 가능성 있습니다. 예컨대 개인회생 등의 사건에서 '예 또는 아니오'로 답하는 이진법 결정(양자택일)에 도입될 가능성이 있습니다.

저는 인공지능 전문가가 아니기 때문에 정확하게 알지는 못합니다. 하지만 인공지능이 판단의 영역에 있는 수많은 문제를 해결할 수 있을지 확신이 서지 않습니다. 설령 할 수 있다면, 더 큰 문제가 있습니다. 사람에 따라 의견이 다양한 부분에 관하여 인공지능이 일률적인 기준을 적용해 똑같은 판단을 내린다면, 그 기준은 누가 어떻게 결정할까요? 인공지능이 과거의 판결들을 검색하여 가장 비슷한 사례를 찾아서 판단한다고 하면, 과거의 판결이 잘못되었거나 시대가 변화하여 더 이상 타당하지 않으면 어떻게 될까요?

그뿐만이 아닙니다. 알파고의 목표는 명확합니다. 바둑이라는 게임에서 승리하는 것입니다. 하지만 인공지능 판사의 목표는 무엇일까요? 재판에서 승리하는 것인가요? 변호사라면 가능하겠지만, 판사의 입장에서 '승리'는 존재하지 않습니다. 기존의 판결들과 가장 비슷한 '정답'을 찾아내는 일이 승리일 수는 없습니다.

가장 올바르고 정의로운 결론을 내리는 게 승리인가요? 그렇다면 올바르고 정의로운 결론이 무엇일까요? 그것 역시 인공지능이 배울 수 있을까요? 무엇보다 인공지능에 의해서 옳고 그름과 정의가 결정되도록 하는 결과가 바람직할까요? 고민해보아도 많은 의문이 남습니다.

6장

재판 청탁을 받는다면

사법농단과 재판 거래

2018년 제가 독일에 있는 동안 우리나라로부터 충격적인 뉴스가 계속해서 들려왔습니다. '사법농단'과 '재판 거래'에 관한 소식들이었습니다. 사법부에 속해 있다는 사실이 부끄러웠습니다. 죄의 여부를 떠나서 사법부에 대한 신뢰를 스스로 저버리는 행동을 한 고위법관과 대법원, 법원행정처가 원망스러웠습니다. 아마도 많은 일선의 판사가 그렇게 느꼈을 것입니다.

솔직히 말씀드리면, 이런 소식들이 그리 놀랍지 않았습니다. 말도 안 되는 일이 벌어졌다고 받아들인 것이 아니라 터질 게 터졌다는 생각이었습니다. 서울중앙지방법원에서 근무하던 당시 부장판사들은 대법원이 여러 가지 무리한 정책을 추진한다고 우려했습니다. 그러한 걱정들이 사법농단과 재판 거래에 관한 혐의로 드러난 것 같았습니다. 이때 대법원이 추진했던 정책 중 대표적인 것은 상고법원입니다.

다만, 아직 '재판 거래'와 '사법농단'에 관한 혐의들이 유죄로 확정된 것은 아닙니다. 아직 재판이 진행되는 단계이고, 앞으로 어떤 방향으로 흘러갈지 지켜보아야 할 것 같습니다. 우리는 이런 배경이 있었다는 것 정도만 알면 충분하겠습니다. 그런데 도대체 상고법원이 무엇일까요?

대부분의 사람들은 3심제에 따라 재판이 세 번 진행되는 것을 알고 있습니다. 가위바위보도 삼세판인데 재판도 세 번 정도는 받을 수 있어야 공정하다고 생각합니다. 한두 번의 재판으로는 잘못된 결과가 나올 가능성도 있으니까요. 하지만 모든 재판이 세 번 진행되지는 않습니다. 당사자들 중에 한 명이 재판 결과를 받아들이지 않을 때(항소와 상고) 다음 재판으로 넘어가는 것입니다.

1심 재판을 진행하는 법원을 지방법원이라고 합니다. 지방법원은 서울에만 다섯 곳이 있고, 지방의 주요 도시마다 한두 곳이 있어 전국에 수십 개의 지방법원이 있습니다. 2심 재판은 일부 사건은 지방법원의 항소부에서, 나머지는 고등법원에서 진행됩니다. 고등법원은 서울, 수원, 대전, 대구, 부산, 광주에 하나씩 있어 총 여섯 곳이 있습니다. 하지만 최종 심판 기관인 대법원은 한 곳뿐입니다. 전국에 있는 모든 3심 사건이 대법원 한군데로 몰려드는 구조입니다. 대법원은 1년에 수만 건의 사건을 처리합니다.

그런데 대법원의 재판관, 즉 대법관은 14명뿐입니다. 14명이 1년에 수만 건을 처리하니, 한 사람당 1년에 수천 건의 사건을 맡는 셈입니다. 물론 대법관을 도와주는 재판 연구관이 많이 있습니다. 이들은 미리 사건을 검토하여 사건의 쟁점이 무엇인지, 쟁점을 어떻게 해결하는 것이 좋을지 등을 고민한 보고서를 작성합니다. 대법관들은 이런 보고서를 통해 판결을 하는 데 도움을 받는 것이지요.

그럼에도 대법원이 사건을 신속하게 처리하기에는 어려움이 있습니다. 사건이 너무 많기 때문입니다. 이러한 문제점을 해소하기 위해서 우리나라의 법은 '심리불속행 제도 *'라는 것을 두었습니다. 3심이 제기된 모든 사건이 아닌, 그중 대법원에서 재판하기에 적당한 사건만을 맡는다는 제도입니다. 다시 말해, 상당수의 사건들은 3심 재판을 받지 못한다는 의미입니다.

이러한 제도에 대해 법조계 안팎에서 불만이 많습니다. 가위바위보를 이제 겨우 두 판 했는데, 심판이 이제 그만해도 된다고 막아선 꼴이니까요. 학자들 역시 비판의 목소리를 높였습니다. 헌법상 보장된 국민들의 재판을 받을 권리가 침해된다는 것입니다.

대법원의 입장도 난감합니다. 모든 사건을 대법원에서 처리할 수 있다면 좋겠지만, 할 일은 너무 많고 시간은 부족합니다. 만약 심리불속행 제도와 같은 제한 없이 모든 사건이 대법원에서 재판받을 수 있게 되면, 3심 재판이 지금보다 훨씬 더 늘어납니다. 재판에 걸리는 시간은 점점 길어집니다. 신속하게 권리구제를 받아야 할 사람이 재

---

* 상고심 절차에 관한 특례법 제4조.

판을 받지 못하는 결과를 초래할지도 모릅니다.

이러한 문제점을 해결하기 위해 크게 두 가지 방안이 논의되었습니다. 한 가지는 대법관의 수를 늘리는 것입니다. 대법관이 수십 명으로 늘면 사건 처리가 빨라지는 건 자명한 일입니다.

다른 방안은 대법원 밑에 상고법원이라는 특별 법원을 설치해 3심 재판을 처리하는 것입니다. 그러면 대법원은 무엇을 할까요? 대법원은 3심 재판 중에서도 사회적, 정치적으로 중요한 사건들만 선별해서 다루게 됩니다. 예를 들어, 최근 종교적 병역거부자에 대한 무죄 판결처럼 보다 사회에 영향을 미치는 중요한 사건에 집중하겠다는 것입니다.

양승태 전 대법원장이 있던 시절에는 두 번째 방안인 상고법원을 지지하는 입장이었습니다. 단순히 지지하는 정도가 아니라 제도화하는 것을 숙원 사업으로 삼았습니다. 하지만 일각에서는 대법원이 상고법원을 추진하는 데는 정치적 의도가 깔려 있다는 비판이 나왔습니다. 점점 늘어나는 고위 법관들에게 새로운 자리를 만들어주려는 것이다, 대법원이 헌법재판소와 같은 역할을 하고 싶은 것이다, 대법관을 충원하지 않음으로써 기존 대법관들의 권력을 강화하는 것이다 등의 내용이었습니다.

지난 대법원은 상고법원 도입을 위해 당시 정부와 함께 주요 재판에 대한 의견을 비밀리에 교류하기도 했습니다. 상고법원 추진이 사법농단과 재판 거래의 한 가지 원인이 된 것입니다. 또한 지난 대법원은 상고법원의 추진을 명시적으로 반대하는 판사들과 이런저런 이유로 대법원을 비판하는 판사들의 명단을 '블랙리스트'로 만들기도 했습니다.

결국 상고법원이 무산되기는 했습니다만, 대법원 판결이 적체되는 문제점은 여전히 남아 있습니다. 어떤 방법으로 이를 해결할지 고민해보아야 할 것입니다.

재판 청탁이 가능할까

사법농단과 재판 거래에 대해 그리 놀라지 않았던 또 다른 이유가 있습니다. 실제로 일하고 있는 현실과는 조금 거리감이 느껴졌기 때문입니다. 대법원과 법원행정처에서 어떤 일이 벌어지든 현장에서 1심 재판을 하는 판사들이 영향 받을 일은 별로 없습니다. 더 정확히 말하면 대법원이 어떻게 하든 일선의 판사들은 나름대로 열심히 자신의 할 일을 하면 됩니다. 어차피 법관은 독립하여 재판을 하니까요. 하지만 그즈음에 들려온 다른 소식에 경악을 금치 못했습니다. 언론에 보도된 내용을 종합하면 이렇습니다.

어떤 국회의원이 국회에 파견 나온 판사를 통해 담당 판사에게 지인의 사건을 청탁했다는 것입니다. 국회의원으로부터 청탁받은 국회 파견 판사는 이를 법원행정처의 고위 법관에게 전달했고, 고위 법관은 해당 법원의 법원장에게, 법원장은 담당 판사에게 그 의사를 전달했다는 내용입니다.

사법농단과 관련하여 재판을 받고 있는 법원행정처 고위 법관의 공소장에 위와 같은 내용이 포함되었다고 하는데, 그 국회의원은 절대 그런 일이 없었다면서 혐의를 전면 부인하고 있습니다. 현재로서는 재판이 진행 중인 상태여서 재판 청탁이 있었음을 단정할 수는 없습니다.

　하지만 가능성만으로도 큰 충격이었습니다. 담당한 사건에 관해서 누군가 '높으신 분'이 제게 청탁할 수도 있다는 이야기니까요. '법원장이 재판과 관련된 청탁을 한다면 어떻게 해야 할까?', '그런 청탁에 신경 쓰지 않고 법과 양심에 따라 재판할 수 있을까?', '청탁을 무시하고 법과 양심에 따라 판결했어도 다른 사람이 보기에는 청탁으로 인해 오염된 재판이 아닐까?', '만약 그런 청탁을 받는다면 바로 경찰이나 검찰에 신고해야 할까?' 등등 여러 가지 생각이 떠올랐습니다.

　만약 위에서 언급한 재판 청탁이 사실이라면 더욱 충격적인 점이 있습니다. 국회에 파견 나온 판사, 법원행정처 판사, 법원장까지 누구도 중간에서 막지 못했다는 것입니다. 이 과정에서 고위 법관들 중 한 사람이 그 청탁을 차단할 수 있었으니까요. 언론 보도를 보면서 저 역시도 청탁을 받을 수 있겠다는 생각을 했습니다.

　'단순히 재판 진행이나 결과에 대해 문의한 정도라면 괜찮지 않나?' 하고 생각할지도 모르겠습니다. 하지만 그 자체가 담당 판사에게는 커다란 압박입니다. 누군가가 재판을 지켜보고 있다는 사실을 알리는 것만으로도 판결에 적지 않은 영향을 미칩니다. 평소 같았으면 당연히 실형을 내릴 사건이라도 집행유예를 선고해야 하지 않을까 고민하게 됩니다. 결과적으로 집행유예가 아닌 실형을 선고했더라도 재판 결과에 부당한 압력을 행사하지 않은 것이라고 할 수 없습니다.

사법농단과 재판 거래는 사법부의 독립을 스스로 포기한 행동이었습니다. 사법부 전체로 봐서는 부끄러운 일이지만 일선에서 근무하는 개개인의 판사는 '나는 그렇지 않다'고 생각할 수 있습니다. 하지만 국회의원의 재판 청탁이 담당 판사에게까지 전달된 일이 진실이라면, 그 과정은 그야말로 재판의 독립이 침해된 것입니다.

재판의 독립

판사들은 법과 양심에 따라 재판을 해야 합니다. 헌법 제103조는 "법관은 헌법과 법률에 의하여 그 양심에 따라 독립하여 심판한다"라고 사법부의 독립을 규정하고 있습니다. 이는 외부로부터 독립하여 심판함은 물론 내부의 다른 판사들로부터의 독립도 포함합니다. 판사는 한 명 한 명이 독립된 헌법기관입니다.

한 가지 예를 들면, 저는 법원에 들어온 이후부터 지금까지 다른 판사에게서 반말을 들어본 적이 한 번도 없습니다. 설령 화를 내고 목소리를 높이더라도 서로 존댓말을 씁니다. 부장판사와 배석판사 사이뿐 아니라, 법원장이나 대법관도 마찬가지입니다. 상대가 이제

막 판사로 임용된 사람이어도 그렇습니다.

이는 법원의 업무가 사법부의 독립과 재판의 독립을 바탕으로 하기 때문입니다. 판사 한 명 한 명이 독립된 헌법기관으로서 법과 양심에 따라 재판하다 보니 서로 존중하지 않을 수 없습니다. 합의부의 부장판사와 배석판사가 의견이 달라도 항상 부장판사의 의견을 따라야 하는 것은 아닙니다. 부장판사와 배석판사는 맡은 업무의 차이가 있을 뿐 같은 판사입니다.

물론 부장판사가 경험이 많고 아는 것이 많아서 그 의견을 따르는 경우가 대부분이지만 부장판사와 배석판사가 같은 판사라는 데는 변함이 없습니다. 때로는 배석판사의 의견이 법리에 맞고, 더 올바른 결론일 수도 있습니다. 혼자서 재판을 하는 단독판사는 더욱 독립적으로 법과 양심에 따라 판결을 합니다. 다른 단독판사에게 이래라저래라 하는 것은 아예 불가능합니다.

법원이 다른 조직보다 우수하다는 이야기를 하려는 건 아닙니다. 그만큼 재판의 독립이 사법부의 핵심이라는 것입니다. '개개인의 판사가 자신의 법과 양심에 따라 재판한다'는 사항을 빼면 사법부는 시체나 다름없습니다. 재판 청탁 의혹에 관한 언론 보도를 듣고 왜 그렇게 충격을 받았는지 이제는 이해할 것이라 생각합니다. 청탁을 한 사람이 국회의원이든 대통령이든, 일선의 판사에게 전달된 것이 사실이라면, 한 판사(고위 법관)가 다른 판사의 독립을 침해한 일이니까요. 행정부나 국회와 같은 외부로부터 사법부의 독립이 침해되는 것보다 더 심각한 문제라고 생각합니다.

재판 간섭의 경험

실제 재판을 하면서 부당한 방식으로 간섭받았다고 느낀 적이 몇 번 있었습니다. 배석판사로 근무했을 때 몇몇 사건을 선고한 후 부장판사님들이 다음과 같이 말씀하셨습니다.

"이 사건과 관련해서 외부에서 전화가 왔었는데, 도 판사님께 말씀 드리지 않았어요."

어떤 사건인지 기억나지 않고, 누구에게서 어떤 내용의 전화가 온 지도 알지 못합니다. 전화를 건 사람들과 부장판사님들이 어떤 관계이고 무슨 이야기를 했는지 모릅니다. 하지만 부장판사님들이 말씀하신 취지는 그와 같은 전화가 왔다는 사실에 제가 영향 받지 않도록 했다는 의미입니다. 누가 어떤 말을 했다는 사실을 아는 것만으로도 판결에 영향을 미칠 수 있으니까요.

배석판사 4년 동안 손가락으로 꼽을 정도의 숫자입니다만, 돌이켜 보면 그리 유쾌한 상황은 아니라는 생각이 듭니다. 친분 관계나 자신의 지위를 이용해서 재판에 영향을 미치려는 사람들이 있었다는 이야기니까요. 비록 구체적인 청탁이 없었더라도, 당사자가 아닌 사람이 판사에게 전화해서 사건에 관해 문의했다는 것만으로도 부당하지 않을까요?

단독판사가 된 이후 재판과 관련된 전화를 받은 경험이 한 번 있습니다. 재판이 있는 날이었고 판결 선고를 앞둔 사건이었습니다. 재판이 시작되기 10분 전에 선배 판사로부터 전화가 왔습니다. 오늘 선고하느냐고 묻더군요. 왠지 꺼림칙했지만 그렇다고 대답했습니다. 그러자 "그 사건 오늘은 선고하지 말아주세요. 합의를 위해 시간이 조금 더 필요하다고 합니다. 다른 사람에게 부탁받고 전화한 것인데, 한번만 부탁드립니다"라고 말했습니다.

어떤 사정인지 자세히 물어볼 틈도 없이 전화는 끊어졌습니다. 당황스러웠습니다. 그 판사는 조금 쉽게 생각했을 수도 있습니다. 판결을 선고하는 날짜가 정해져 있더라도 판결 선고일을 변경하는 것은 얼마든지 가능합니다. 선고 전에 당사자들이 중요한 주장이나 증거를 제출했거나 원만하게 합의하기 위한 시간을 요청하면 선고기일을 변경할 수 있습니다. 재판장이 사건을 검토해보니 당사자들의 주장과 증거가 부족하여 판결 선고에 적합하지 않거나 판결보다는 당사자들 간의 화해나 조정이 적합하다고 판단하는 경우 당사자들의 요청이 없더라도 재판장이 직접 선고기일을 변경할 수도 있습니다. 그렇기 때문에 선배 판사는 판결 선고기일을 조금 미뤄달라는 부탁 정도는 해도 되지 않을까, 하고 생각했을 것입니다.

하지만 올바른 방법은 당사자 혹은 소송대리인이 직접 법원에 연기를 신청하는 서류를 내는 것입니다. 판결 선고기일 전에 서류를 내면 담당 판사가 확인할 수 있습니다. 미리 연기 신청을 했음에도 재판장이 고민한 결과 선고기일이 변경되지 않았다면 어쩔 수 없는 것입니다. 만약 억울한 점이 있다면 2심 재판을 받아야겠지요.

어떤 경로를 거쳤는지 모르겠지만 선고기일을 연기하기 위해 다른 판사를 통해 그러한 의사를 전달하는 건 옳지 않습니다. 선배 판사는 누군가로부터 그런 부탁을 받았다고 해도 저에게 말해서는 안되는 것입니다.

저는 고민 끝에 판결 선고를 연기했습니다. 법정에 출석한 당사자들에게 선고기일을 일주일 연기할 테니 원만하게 합의하도록 노력해보라고 말했습니다. 기한이 지났지만 아무런 합의가 이루어지지 않았고, 결국 기존의 판단에 따라 선고를 했습니다.

전화가 판결 결과에 영향을 미치지는 못했을지언정, 판결을 선고하는 과정에서 조금도 양심의 거리낌이 없었다고 말씀드리지는 못할 것 같습니다. 만약 당사자가 서류로 연기 신청을 했다면 받아들이지 않았을 가능성이 높았습니다. 결론이 명백한 사건이었거든요. 어쩌면 저는 양심에 반하는 결정을 한 것입니다. 게다가 누군가는 자신의 기대와 달리 일주일 늦게 판결을 받아 불이익을 입게 되었겠지요.

7장

법원 분위기의 변화

부장판사가 많아졌다

저는 2020년 2월 육아휴직을 마치고 복직했습니다. 해외연수 기간까지 포함하면 2년 반 동안 법원을 떠나 있다가 돌아온 것입니다. 오랜만에 복귀한 법원은 이전과 변함없는 모습이었습니다. 넓은 책상과 그 위에 놓인 모니터 두 개, 빡빡한 재판 일정과 밀린 사건들은 예전에 알던 법원과 똑같았습니다.

판사들이 일하는 방식 역시 변함이 없었습니다. 사건을 진행하며 쟁점을 파악하고 기록을 검토하여 결론을 내리고 판결문을 썼습니다. 일주일 앞을 바라보며 성실하게 하루하루를 보내는 것 또한 그대로였습니다. 하지만 위화감을 느끼지 않을 수 없었습니다. 법원의 모습은 예전과 다름없었지만 무엇인가 미묘하게 달랐습니다.

어느 날 구내식당에서 점심을 먹다가 위화감의 정체를 깨달았습니다. 식사를 하는 판사 중에 저보다 나이 어린 사람이 별로 없다는 것이었습니다.

기억하고 있던 법원은 30대 초반은 물론, 20대 판사들도 많은 곳이었습니다. 제가 판사가 될 때만 해도 사법연수원을 마친 후 곧바로 판사로 임관할 수 있었습니다. 국방의 의무를 아직 이행하지 않은 남자들은 3년의 군 복무를 마친 뒤에 판사로 임용되었습니다. 대학 동기나 선후배들 가운데는 20대 중후반에 판사가 된 사람도 많았습니다.

판사 임용 제도가 '경력법관제도'로 바뀌면서 판사가 되려면 5년 이상의 법조 경력이 필요하게 되었습니다. 그 기간은 앞으로 점점 늘어나 최종적으로는 10년의 법조 경력이 있어야만 판사로 임용 가능해집니다. 최소한 30대 후반의 나이가 되어야 판사로 일하기 시작할 수 있을 것입니다. 하지만 판사 임용 제도의 변화만으로는 위화감을 설명할 수 없습니다. 또 다른 중요한 이유가 있었습니다. 바로 부장판사가 높은 비중을 차지한다는 것입니다.

법원에는 얼마 전 폐지된 고등법원 부장판사 제도를 제외하고는 승진이 없습니다. 배석판사가 단독판사가 되는 것이나, 단독판사가 부장판사가 되는 것은 승진이 아닙니다. 법조 경력이 쌓이면 자연스럽게 단독판사와 부장판사가 됩니다. 즉, 법조 경력 5년이면 단독판사가 될 수 있고, 15년이면 부장판사가 될 수 있습니다.

여기서 5년이면 단독판사가 '되고', 15년이면 부장판사가 '된다'고 말하지 않고 '될 수 있다'고 말한 데는 이유가 있습니다. 단독판사나 배석판사, 부장판사는 법원 내에서 맡은 업무를 의미할 뿐 직급 개념이 아니기 때문입니다. 법조 경력 5년 이상의 판사가 단독판사가 아닌 배석판사로 일하는 경우도 많고, 15년 이상의 판사가 부장판사가 아닌 단독판사로 일할 때도 많습니다. 단독판사가 되었다가 다시 배석판사가 되기도 하고, 부장판사로 일하다가 다시 단독판사로 일하기도 합니다. 법조 경력이 15년쯤 되면 합의재판부의 재판장인 부장판사로 일할 자격을 갖추었다는 것이지 부장판사로 일하고 있음을 의미하지는 않는 것입니다.

제가 일하는 곳의 지방법원은 약 80명의 판사가 있는데, 그 가운데 50명이 부장판사라고 합니다. 다시 말해, 80명 중 50명이 15년 이상의 법조 경력을 가진 판사라는 의미입니다. 2020년 부장판사의 자격을 갖추게 된 사람들은 연수원 34기입니다. 제가 연수원 38기니까 대부분 저보다 연차가 높은 분들이지요. 2012년 제가 처음 판사로 일하게 된 법원에는 약 30명의 판사가 있었습니다. 그중 부장판사는 여섯 명으로, 20퍼센트 남짓한 숫자였습니다. 지금 근무하는 곳은 60퍼센트가 넘습니다.

이처럼 부장판사의 비율이 높아지는 추세는 앞으로도 계속될 것입니다. 법원을 떠나 변호사로 개업하기보다는 법원에 남아 퇴직할 때까지 일하는 분위기가 정착되고 있기 때문입니다. 10년의 법조 경력자를 법관으로 임용하는 '경력법관제도'가 완성될 때쯤이면 법원에서 '젊은 피'를 찾기는 더욱 어려워지겠지요.

우리나라 전체 인구가 고령화되는 마당에 법원 역시 평균연령이 높아지는 것을 피할 수는 없겠지만, 혹자는 법원이 점점 '경로당화' 하고 있다고 말하기도 합니다. 경험 많은 판사들이 재판을 하는 것이 바람직하기는 하지만, 법원 내의 활력이 사라지면서 변화보다는 안주하려는 경향이 짙어지는 느낌이 드는 건 사실입니다.

고등법원 부장판사 제도

2020년 3월 초 국회는 고등법원 부장판사 승진 제도를 완전히 폐지하는 내용으로 법을 개정했습니다. 1949년 법원조직법이 만들어진 후 71년 만의 일입니다.

그동안 고등법원 부장판사는 법원 내에서 선망의 대상이었습니다. 고등법원 부장판사는 차관급 대우를 받을 뿐만 아니라 대법관이 되는 주요한 경로였습니다. 지방법원 부장판사들 중 극소수의 사람만이 고등법원 부장판사가 될 수 있었습니다.

고등법원 부장판사 제도는 법원 내에 존재하던 유일한 승진 제도였습니다. 앞에서도 말씀드렸지만 단독판사나 부장판사가 되는 것은 승진의 개념이 아닙니다. 법조 경력이 쌓이기만 하면 누구나 제한 없이 단독판사나 부장판사의 자격을 갖추게 됩니다. 판사의 임기는 10년이고 연임할 수 있습니다. 근무 성적이 현저히 불량한 경우 등을 제외하면 대부분 연임이 됩니다. 또한 탄핵이나 금고 이상의 형을 받지 않는 이상 파면되지 않습니다. 10년의 임기 만료 후 연임을 하면 부장판사가 되는 것은 시간문제일 뿐입니다.

고등법원 부장판사는 그렇지 않았습니다. 동기 중에서 극소수만이 될 수 있었고, 고등법원 부장판사가 되면 대우가 완전히 달라졌습니다. 연봉이 오르고 전용차가 제공되었습니다. 무엇보다 바늘구멍을 뚫고 승진하여 고위 법관이 되었다는 명예를 얻을 수 있었습니다.

하지만 이 제도는 부작용이 있습니다. 지방법원 부장판사들이 고등부장으로 승진하기 위해서 법원장의 눈치를 보게 된 것입니다. 지방법원 부장판사들 중에서 누가 승진할지를 결정하는 객관적 기준은 없었습니다. 사법연수원 성적이 한 가지 기준이기는 하지만, 지방법원 부장판사들이 사법연수원생이었던 시절은 거의 20년 전입니다. 이것을 그대로 적용하기는 어려운 노릇입니다. 따라서 법관으로 임용된 후 어떻게 일했는지가 또 다른 중요한 기준이 됩니다. 그렇다 보니 지방법원 부장판사에 대한 법원장의 평가가 중요합니다. 고등부장 승진을 결정하는 사람은 대법원장과 대법관들이지만, 그들에게 지방법원 부장판사들에 대한 의견을 제시하는 역할을 하는 이는 법원장이기 때문입니다.

좋은 평가를 받으려면 아무래도 법원장의 눈에 들도록 열심히 일하고 말도 잘 들어야 합니다. 시키는 일을 해낼 뿐만 아니라 굳은 일도 마다하지 않아야 합니다. 이런 식으로 수십 년이 흐르다 보니 법원 조직이 대법관이나 법원장을 상층부로 하여 수직적이고 계층적인 관료화한 모습을 보이게 됩니다.

'아랫사람이 윗사람에게 잘 보이려고 노력하는 것이 당연한 일 아닌가?' 하고 반문할지도 모르겠습니다. 하지만 헌법과 법률에 의하면, 법원을 구성하는 법관은 대법원장과 대법관 그리고 판사입니다. 법원장이나 고등법원 부장판사라는 법관의 직위가 따로 있는 것이 아닙니다. 맡은 임무에 따라 고등법원 부장판사, 지방법원 부장판사, 단독판사, 배석판사로 나누기는 하지만, 헌법과 법률에 따르면 모두 판사입니다. 헌법과 법률이 의도한 법원은 수직적이고 계층적인 조직이 아니라 수평적이고 평등한 조직입니다.

'법원이 관료화되는 것이 무엇이 문제지?'라고 생각하는 사람도 있을 것입니다. 가장 중요한 문제는 평판사들이 법원장을 비롯한 고위 법관들의 눈치를 보게 되면 재판과 법관의 독립이 침해될 수 있다는 점입니다. 어떤 구체적인 사건에 대해 법원장이 은근히 재판 결과에 대해 암시하거나 노골적으로 지시하면 이를 거부하기 쉽지 않습니다. 법원장의 눈 밖에 날 수도 있으니까요. 재판의 독립, 법관의 독립이 침해되는 것입니다.

실제로 과거에 한 법원장이 광우병 촛불집회에 참석한 사람들에 대한 형사재판에 개입하여 문제 된 적이 있습니다. 법원장은 구속 여부를 결정하는 판사에게 직접 전화해서 '사건을 신중하게 검토하라'는 취지로 말하고, 형사 단독판사들에게 이메일로 '현행법에 따라 신속히 사건을 처리해달라'는 내용을 전달하기도 했습니다. 문자 그대로 해석하면 신중하고, 신속하게 처리하라는 것이지만 재판 결과에 개입하는 내용으로 해석될 수 있습니다. 뿐만 아니라 그 법원장은 몇몇 촛불집회 사건을 특정 재판부에만 배당하기도 했습니다. 자신의 말을 잘 듣는 판사에게 사건을 처리하라고 시킨 것입니다.

이에 대해 전국 각지의 단독판사들이 공동으로 이의를 제기하며 항의했습니다. 그 당시 대법원 진상조사단은 "(법원장이) 재판 진행을 독촉하는 의미로 읽힐 수 있는 메일을 반복적으로 보냈고, 실제 그와 같은 취지로 이해한 법관들이 일부 있었던 점 등을 종합하면 이러한 일련의 행위는 재판 진행에 관여한 것으로 볼 소지가 있음"이라는 결론을 발표했습니다. 하지만 여러 법원의 단독판사들은 회의를 거쳐 "(법원장의 행위가) 사법행정권 행사의 일환이라거나, 외관상 재판 간여로 오인될 수 있는 행위에 불과한 것이 아니라, 법관의 독립에 대한 중대하고도 명백한 침해행위로서 위법하고, 그로 인해 재판의 공정성에 대한 국민의 신뢰가 심각하게 훼손되었다는 데 인식을 같이했다"고 발표했습니다.

고등법원 부장판사 이야기에서 시작해서 고위 법관의 재판 개입으로까지 이어졌습니다. 길게 말씀드렸지만 강조하고 싶은 바를 한마디로 하면, 고등법원 부장판사 제도가 법원이 관료화되는 데 적지 않은 영향을 미쳤다는 것입니다. 최근에 문제 된 사법농단이나 재판거래 역시 이러한 법원의 관료화 경향에서 비롯되었다고 할 수 있습니다. 그러한 이유로 2020년 3월에 마침내 고등법원 부장판사 제도가 폐지되었습니다.

법관의 임기와 평생법관제도

판사의 임기에 대해 궁금해하는 사람들이 종종 있습니다. 판사도 공무원이다 보니 당연히 정년퇴직할 때까지 임기가 보장되지 않느냐고 생각할지 모르지만 그렇지 않습니다.

판사의 임기는 10년입니다. 다만 탄핵 결정이나 금고 이상의 형의 선고에 의하지 아니하고는 파면되지 않고, 연임 가능합니다. 사법농단이나 재판 거래와 관련하여 판사 탄핵에 관한 이야기가 나오고는 있지만, 탄핵 결정으로 파면된 판사는 아직 없습니다.

여기서 금고는 징역형과 마찬가지로 수형자를 교도소에 구금하는 자유형의 일종이지만, 강제 노동을 과하지 않는다는 점이 다릅니다. 그러한 이유로 징역형보다는 조금 가볍고 벌금형보다는 무거운 형벌입니다. 판사는 범죄를 저질러 금고 이상의 벌을 받지 않는 이상 10년의 임기는 채울 수 있습니다. 설령 범죄를 저질렀다고 해도 벌금형을 받으면 임기까지 근무하는 데 법적인 문제는 없는 것입니다.

판사에게 특별한 사정이 없는 경우 임기를 보장하는 것은 물론 법관의 독립, 재판의 독립을 위해서입니다. 판사를 손쉽게 파면하거나 징계 가능하다면, 이를 이용하여 징계권자가 재판에 개입하여 법관 및 재판의 독립을 침해할 수도 있습니다.

10년의 임기 보장은 반대로 말하면 판사가 역량이 부족하거나 업무를 게을리해도 쉽게 파면되지 않는다는 의미입니다. 현재의 법 제도에 따르면 이러한 판사를 제재할 마땅한 방법이 없는 것이 사실입니다. 임기가 끝나면 재임용하지 않을 수는 있지만, 그 전까지는 계속 근무할 수 있습니다.

고등법원 부장판사 제도가 폐지되고, 판사의 임기가 보장되다 보니 판사들의 업무 능률을 높일 만한 유인책이 없다는 지적의 목소리도 있습니다. 법원 내에서도 업무를 게을리하는 판사들이 점점 많아지고, 그로 인해 피해가 발생하지 않을까 우려하기도 합니다. 자신의 일을 하지 않는 한두 명 때문에 다른 판사들의 업무가 늘어날 뿐만 아니라 국민으로부터 신뢰를 잃지 않을까 걱정합니다. 그럼에도 아직까지는 책임감과 사명감을 가지고 열심히 일하는 대다수의 판사들 덕분에 큰 문제는 없어 보입니다만, 그나마 남아 있는 신뢰를 잃는 일은 한순간일 것입니다.

판사는 연임이 되면 10년이 더해져 총 20년을 일할 수 있습니다. 물론 한 번 더 연임되면 30년을 근무할 수도 있습니다. 과거에는 판사로 20년을 지내는 사람이 매우 드물었습니다. 연수원 동기가 고등법원 부장판사로 승진할 때쯤이면 대부분 법복을 벗고 변호사로 개업했기 때문입니다. 단독판사까지만 근무하다 법원을 떠나는 이들도 제법 있었습니다.

최근에는 조기에 퇴직하는 판사들이 점점 줄고, 정년까지 법원에 남으려고 하는 사람들이 늘어나고 있습니다. 판사의 정년이 65세니까 30년 넘게 근무하는 셈입니다.

이처럼 평생을 판사로 일하는 이들이 많아지는 데는 여러 이유가 있습니다. 변호사 숫자가 폭발적으로 늘어나다 보니 법원을 떠나 변호사로 일하기 쉽지 않다는 이유도 있지만 평생법관제도라는 정책 때문이기도 합니다. 평생법관제도는 임명되면 정년까지 사직하지 않고 법관으로만 법조인 생활을 하도록 하자는 취지에서 만들어졌습니다. 예전에는 법원장의 임기가 끝나면 법원을 떠났지만, 평생법관제도가 도입된 후에는 임기를 마친 법원장들이 다시 일선의 재판으로 복귀하여 일을 합니다.

평생법관제도의 취지에 따라 지방법원 부장판사들 또한 서울에서 근무한 후 법원을 떠나지 않고 다시 지방으로 내려가서 근무합니다. 이에 대해서는 뒤에서 다시 설명하겠지만, 예전에는 수도권 근무를 마친 부장판사가 다시 지방으로 내려가서 일하는 경우가 거의 없었습니다. 이러한 점도 달라진 법원 분위기의 일면입니다.

전관예우에 대하여

마지막으로 전관예우에 대해 간단히 말씀드릴까 합니다. 사실 전관예우에 대한 이야기를 해야 하는지 고민했습니다. 경험한 바가 없고 전관예우가 실제로 존재하는지 잘 모르기 때문입니다.

판사나 검사로 재직하다가 변호사로 갓 개업한 사람이 맡은 소송에 대해 유리한 판결을 내리는 특혜를 주는 것이 전관예우입니다. 특히 대법관이나 법원장 등 고위 법관으로 일하다가 변호사로 개업한 사람들이 재판에 영향을 끼친다는 목소리가 높습니다.

2000년대 중반까지는 전관예우가 있었다고 합니다만, 제가 법원에 들어온 2012년만 해도 직접 경험하기는 쉽지 않은 세상이 되었습니다. 주변 판사들의 이야기를 들어봐도 전관예우가 법원 내에 만연한 것 같지는 않습니다. 적어도 공공연하게 존재한다고 할 수는 없습니다.

하지만 잊힐 때쯤이면 한번씩 전관예우에 관한 문제가 불거집니다. 얼마 전 뉴스에 따르면 전관 출신 변호사가 의뢰인에게 판사들에 대한 청탁 명목의 돈을 요구했다는 이유로 유죄판결을 받았다고 합니다. 전관 출신 변호사들은 담당 판사와 개인적 친분 관계가 있음을 이용하여 사건을 수임합니다. 판사와의 인맥을 과시하면서 영향력을 과장하고, 의뢰인에게 청탁 명목으로 거액의 돈을 요구합니다. 사실 이런 사건은 전관예우가 아니라 사기입니다.

법조계가 좁고 대부분의 법조인들이 학연과 지연 등으로 연결되어 있었기 때문에 가능한 일이겠지요. 어떤 사건을 담당하는 판사가 정해지면 당사자들은 그 사람과 인맥이 있는 변호사를 검색합니다. 담당 판사의 대학 동기나 선후배, 같은 법원에서 근무했던 경력을 근거로 변호사를 추천하는 시스템도 있습니다. 하지만 실제로 전관 변호사들이 사건을 담당하는 판사에게 영향력을 행사할 수 있을까요?

전관 변호사가 그렇게 말할 수는 있습니다. 판사에게 전화하여 구속을 면하게 해준다거나, 집행유예를 받아내겠다고 이야기할 수 있습니다. 검사 출신 변호사의 경우에는 후배 검사에게 말해서 수사

중인 사건이 기소되지 않게 하겠다고 합니다. 기소가 되지 않는다면 아예 재판받을 일도 없겠지요.

그럼에도 전관 변호사들이 실제 판사와 검사에게 영향력을 미쳐서 재판이나 수사 결과를 바꾸는 것이 가능한지는 잘 모르겠습니다. 판사가 아무 대가도 없이 그런 청탁을 받을 이유도 없고, 만약 대가가 존재한다면 커다란 범죄가 되니까요.

판사와 검사에게 실질적인 영향력을 미치지는 않더라도 적어도 선배에 대한 의례적인 대우는 해주지 않느냐고 묻는 사람도 있습니다. 함께 일했던 선배 판사와 검사를 마냥 무시하기는 어려울 수도 있으니까요. 하지만 우려할 정도는 아니라고 생각합니다. 단순히 전관이라는 이유로 유리한 판결을 하지는 않습니다. 오히려 혹시나 상대방이나 제삼자의 오해를 사지 않기 위해 더 엄격하게 판결하는 경향마저 있습니다.

그렇지만 여전히 주변의 변호사들은 전관예우가 있다고 이야기합니다. 뚜렷한 근거가 있는 것은 아니지만 재판을 하다 보면 그렇게 느낀다고 합니다. 대법관 출신 변호사가 대법원의 재판(3심)을 받게 되면 심리불속행을 당하는 일이 거의 없다고 말합니다. 대법원 재판을 받기 위해서라면 고위 법관이었던 전관 변호사가 유리하다는 것입니다.

전관예우는 이미 많이 사라졌고, 앞으로도 점점 없어질 것입니다. 현직 판검사뿐만 아니라 전관 변호사들 역시 전관예우의 문제점을 인식하고 있기 때문에, 사건과 관련된 판검사와 변호사들은 법정 밖에서 서로 마주치지 않으려고 합니다. 괜한 오해를 살 수도 있으니까요. 판사들의 사무실로 통하는 길에는 신분증이 있어야만 열리는 스크린 도어가 설치되어서 예전처럼 누구나 쉽게 왔다 갔다 할 수 없습니다.

전관예우를 방지하기 위한 법도 마련했습니다. 변호사법은 판사나 검사로 근무하다가 퇴직한 사람은 퇴직 전 1년 동안 근무했던 곳에서 처리하는 사건을 퇴직 후 1년 동안 수임하지 못하게 하고 있습니다. 이전에는 퇴직할 때 근무했던 법원이나 검찰청 바로 앞에 변호사로 개업하는 것이 대부분이었습니다. 그런 경우라면 함께 근무했던 후배 판사나 검사에게 어느 정도 영향력을 행사할 수 있었겠지요. 실제로 많은 의뢰인이 그러한 영향력을 기대하면서 전관 변호사에게 사건을 맡겼습니다. 변호사법의 규정은 이를 방지하기 위한 것입니다.

법조인들 간의 인맥도 예전 같지 않습니다. 매년 수천 명의 법조인이 배출되다 보니 아는 사람보다 모르는 사람이 더 많고, 학연과 지연이라는 개념조차 희박해졌습니다. 현직 판검사와 학연이나 지연이 있다는 이유로 대접받기 쉽지 않습니다. 예전에는 공고했던 법조 카르텔이 점차 약해지고 있습니다.

더구나 요즘은 평생 법관을 꿈꾸는 판사들이 많습니다. '할머니 판사가 되어서 계속 일하고 싶다'거나 '정년퇴직할 때까지 법원을 떠나지 않을 것이다'라고 말합니다. 퇴직할 때까지 법원에서 일하는 분위기가 된다면 전관예우를 필요로 하지 않습니다. 그럼에도 어디엔가 전관예우가 존재한다면, 그것은 전관예우라는 이름으로 벌어지는 '법조 비리'가 아닐까 생각합니다.

직업의
제약

순환 근무제

판사의 생활에는 여러 가지 제약이 따릅니다. 그중 하나가 순환 근무제입니다. 현재의 법원 인사 제도에 따르면 판사가 되면 처음 8년 중 4년은 서울을 포함하여 수도권에, 나머지 4년은 지방에서 근무합니다. 지방 근무를 먼저 시작한 사람은 지방 4년, 수도권 4년의 순서가 됩니다. 연차가 쌓여 부장판사가 되면 지방에서 3년을 일해야 합니다. 몇 년에 한 번씩 수도권과 지방을 왔다 갔다 하면서 이사를 하게 되지요.

이사를 다니는 것이 그리 힘든 일은 아닙니다. 충분히 감수할 수 있습니다. 하지만 혼자가 아니라 가족들 모두 같이 움직여야 한다면 이야기가 조금 달라집니다. 어린 자녀가 있다면 돌봐줄 사람을 찾아야 하고, 유치원이나 학교를 옮겨야 합니다. 만약 부모님이 아이를 돌봐주셨다면, 부모님도 함께 이사를 가야할지 문제입니다.

배우자의 직장도 고민입니다. 배우자의 직장이 서울이면 그만두고 같이 살아야 할지, 아니면 몇 년간 주말부부 생활을 할지 결정해야 합니다. 이러한 선택과 결정이 사소하다고만은 할 수 없습니다.

판사들은 각자의 사정에 맞게 대처하고 있습니다만, 근본적인 해결책이 될 수는 없습니다. 순환 근무로 인해 지방에서 일하는 많은 판사들이 주말부부를 합니다. 주중에는 가족과 떨어져 있고 주말에만 만납니다. 아이들과 함께 사는 쪽에서 양육의 의무까지 짊어집니다. 여성 판사 가운데는 지방에서 근무할 때 아이들을 데리고 가는 경우가 많습니다.

순환 근무제의 더욱 큰 문제점은 다음 근무지를 전혀 알 수 없다는 점입니다. 판사들의 인사이동은 매년 2월에 이루어지는데, 근무지를 옮길 순서가 된 판사들은 어디로 발령받을지 촉각을 곤두세웁니다. 2월 10일쯤 인사이동 결과가 발표되면 20일에는 새로운 근무지로 출근해야 합니다. 열흘 만에 삶의 터전이 바뀌는 것입니다. 열흘 동안 집을 구하고, 어린이집과 학교를 옮깁니다. 가족 중 누군가는 직장을 그만두어야 할지도 모릅니다. 순환 근무가 반드시 필요한 제도인지 의문이 들 때가 많습니다.

이처럼 판사들이 순환 근무를 하는 이유는 크게 두 가지입니다. 한 가지는 지방 유지들과의 유착을 막기 위한 것입니다. 실제로 몇 년 전 한 광역시에서 오랜 기간 근무한 판사가 그 도시에 기반을 둔 기업체의 대표에게 유리한 판결을 하여 문제가 된 적이 있었습니다.

과거에는 고등법원의 위치에 따라 권역을 나누어 그 지방에만 근무하는 판사들이 있었습니다. 이러한 판사를 '향판'이라고 불렀습니다. 하지만 '향판'의 판결이 수차례 구설수에 오르자 현재는 이러한 제도가 폐지되었습니다.

순환 근무를 하는 또 다른 이유는 형평성 때문입니다. 판사들 역시 서울이나 수도권에서 근무하기를 희망하는 사람이 많습니다. 하지만 전라남도 장흥, 강원도 영월, 경상북도 의성 같은 작은 법원에서도 누군가는 일을 해야 합니다. 그곳에서도 분쟁은 끊임없이 일어나고 있으니까요. 이를 위하여 순환 근무제를 두어, 누구나 한두 번씩은 지방 근무를 하는 구조를 만든 것입니다.

법조인의 길을 걷기 전까지 판사가 몇 년마다 한 번씩 근무지를 옮기는지 몰랐습니다. 어느 법원에서 일하기 시작하면 그곳에서 평생 일한다고 생각했습니다. 물론 사정에 따라 이동할 수는 있겠지만, 본인이 희망하는 것이지 강제로 이루어진다고 생각하지 않았습니다. 다른 나라에서는 판사가 한 법원에서 평생 근무하는 경우가 대부분입니다. 판사 본인이 다른 법원으로 가겠다고 요청할 때만 근무지를 옮깁니다. 순환 근무제가 인사 시스템의 필수 요소는 아니지만 서울과 수도권 근무를 희망하는 사람들이 많은 우리나라의 사정상 현재의 제도가 단기간에 변하기는 어려울 것입니다.

신분상의 제약

판사는 공직자로서 해야 하는 일과 하지 않아야 하는 일이 있습니다. 품위와 청렴결백을 유지해야 하고, 겸직을 해서는 안 되며, 정치적 중립성을 지켜야 합니다. 매년 해야 하는 재산 신고는 그러한 의무 중 하나입니다.

초임 판사가 된 직후 재산 신고를 해야 한다는 사실을 알고 깜짝 놀랐습니다. 가진 것도 없는데 무엇을 신고해야 하는지 잘 모르겠더군요. 게다가 본인뿐 아니라 가족들과 부모님 재산까지 전부 신고해야 합니다. 부모님 재산을 신고하지 않으려면 별도의 허가를 받아야 하고요.

재산 신고를 할 때는 10년도 넘게 사용하지 않은 통장의 잔액 100원까지 빠뜨려서는 안 됩니다. 자신의 모든 재산을 일일이 파악한다는 것은 사실상 불가능합니다. 다행스럽게도 금융자료정보제공에 동의를 하면 특정한 날을 기준으로 보유한 모든 금융자산을 파악할 수 있습니다. 예금이나 적금뿐만 아니라 그때까지 지급한 각종 보험금까지 전부 금융자산에 포함됩니다. 그 밖에도 소유한 아파트 가격이 얼마인지, 집의 전세금은 얼마인지, 누군가에게 받을 빚이 있는지, 집안에 금은보화가 있는지 등등 모두 신고합니다.

매년 신고를 할 때면 재산이 그다지 늘지 않았음에 놀람과 동시에 굳이 신고를 해야 할까 하는 의문이 듭니다. 물론 공직자의 청렴성이 중요합니다만, 고등법원 부장판사 이상의 고위 법관이라면 모를까 초임 판사들까지 전부 해야 한다는 것은 과도하게 느껴집니다. 게다가 재산이 늘었다면 그 사유까지 밝혀야 합니다. 재산이 5,000만 원 증가했다면 '아내와 본인의 근로소득 7,000만 원, 생활비 2,000만 원 사용으로 증가액 5,000만 원'이라는 형식으로 사유를 기재합니다.

그 밖에도 판사의 신분에 따른 여러 제약이 있습니다. 2019년 현직 판사이자 헌법재판관 후보자가 수십억 대의 주식을 보유하고 있어서 논란이 되었습니다. 이를 보고 어떤 사람들은, 판사는 주식을 해서는 안 된다거나 가진 주식을 모두 공개해야 한다고 주장했습니다. 판사가 자신이 주식을 가지고 있는 회사와 관련된 재판을 하는 것은 문제지만 주식 자체를 보유조차 할 수 없다는 건 지나친 사유재산권의 침해가 아닐까요? 그만큼 판사들에게는 더 높은 청렴성과 공정성이 요구되는 것이겠지요.

다른 사건에 대해 말할 권리

판사는 할 수 없는 일이 정말 많다고 느꼈던 결정적인 사건이 있었습니다. 2014년 원세훈 전 국정원장의 1심 법원 판결이 나왔을 때입니다. 그 판결을 보고 어떤 부장판사가 법원 내부 게시판에 '사슴을 가리켜 말이라고 하는 판결'이라고 비판했습니다. 일명 지록위마 사건입니다.

판결에 대한 개인적 입장과 무관하게 그 부장판사의 행동은 정말 용기 있다고 생각했습니다. 자신이 옳지 않다고 생각한 바에 대해 옳지 않다고 말했으니까요. 대부분의 판사들은 옳지 않다고 생각하면서도 뒤에서 수군거릴 뿐이었거든요. 그런데 같은 법원에서 근무하는 부장판사들의 대화를 들으면서 놀랐습니다.

"게시판에 쓴 글이 틀린 말은 아니지 않나요?"

"그래도 판결 결과에 대해 게시판을 통해 비판하는 건 안 되지요."

"맞아요. 직접 재판을 하지 않은 입장에서 결과만 보고 판단해서는 안 됩니다. 비판할 것이 있으면 나중에 판례평석이나 논문을 통해서 해야지요."

공개적으로 다른 판결에 대해 비판하는 일은 법관 윤리 규정을 위반한 것이라는 이야기도 덧붙였습니다. 의견을 공개적으로 말하지 못한다니, 판사는 자신에게 주어진 재판만 하는 존재인가 하는 의문이 들었습니다.

2014년 교수신문에서 정한 올해의 사자성어가 '지록위마'였습니다. 그만큼 그 부장판사의 비판이 정곡을 찔렀던 것이겠지요. 얼마 후 그분은 법관의 품위를 손상하고 법원의 위신을 떨어뜨렸다는 이유로 2개월간 업무를 할 수 없는 '정직'이라는 중징계를 받았습니다.

2019년에는 대법원의 강제징용 판결에 대하여 현직 부장판사가 자신의 SNS를 통해 "판결문에 특별한 논리가 없다, 소멸시효 부정은 권리남용"이라고 비판을 했습니다. 이 역시 법관 윤리 규정 위반인지 모르겠습니다만, 이에 대하여 대법원이 어떤 징계를 했다는 소식은 아직 듣지 못했습니다. 예전과 사회 분위기가 달라진 것일 수도 있겠지요.

다른 사건에 대해 말하지 않는 것은 판사들끼리 서로의 재판 결과를 존중해주기 위함입니다. 재판을 한 사람이 그 사건에 대해 가장 잘 알기 때문에 타인이 이러쿵저러쿵하는 것은 옳지 못하다는 생각이 깔려 있습니다. 하지만 다른 사건에 대해 자신의 의견을 이야기하는 일이 법관 윤리에 위배되는지는 잘 모르겠습니다. 다른 사건에 대해 말할 자유를 제한할 정도로 법관의 품위가 중요할까요? 의문스러운 재판 결과에 대해 비판하는 게 법관의 품위를 손상하나요? 보다 공적인 논의를 활성화하는 것이야말로 올바른 판결로 가는 길이 아닐까 생각합니다.

2020년 3월, 저는 9년 차 판사가 되었습니다. 2012년부터 판사로 일하기 시작했는데, 해외연수와 휴직 기간을 빼면 실제 근무한 햇수는 6년 정도입니다. 그래서인지 아직도 판사라는 사실이 실감 나지 않을 때가 있습니다. 법무관으로 근무했던 기간까지 포함하면 10년이 훌쩍 넘게 법조인 생활을 했음에도 적응하지 못한 것을 보면 제가 가야 할 길이 맞는지 의구심이 듭니다.

판사가 된 지 한 달도 되지 않았을 때였습니다. 잠시 쉬려고 옥상에 올라갔습니다. 당시 근무했던 법원은 옥상이 개방되어 있었는데, 단독판사님들이 흡연하는 장소로 사용했습니다. 저는 담배를 피우지 않아 옥상 구석 난간에 몸을 기댄 채 시내를 보고 있었습니다.

나중에 알게 된 사실이지만, 1970~1980년대에 지은 법원들은 주위에 높은 건물이 없습니다. 법원이 눈에 잘 띄도록 주변보다 높은 지대에 지어졌기 때문인데, 제가 근무했던 법원 역시 언덕 위에 있어서 시내가 내려다 보였습니다.

굴곡진 거리를 하염없이 보고 있는데, 어느새 부장판사님이 다가 오셨습니다. 그분은 제 옆에 서서 시내를 함께 바라보며 말씀하시더 군요.

"재판하는 것, 힘들지요?"

"아닙니다. 괜찮습니다."

"도 판사님은 참 자유로운 사람 같아요. 저도 법원에서는 꽤나 리 버럴한 편인데 도 판사님은 저보다 더 하시네요."

그렇게 말씀하신 이유가 궁금했지만, 별다른 설명 없이 먼저 들 어가셨습니다. 뉘앙스로 보아 나무라는 것 같지는 않았지만 그렇다 고 칭찬으로 보기에는 무리가 있었습니다. 지금 생각해봐도 부장판 사님의 이야기는 더할 나위 없이 정확하다는 생각이 듭니다. 부장판 사가 되면 한 달만 보고도 사람의 성향을 파악하는 통찰력이 생기는 걸까요? 저는 제 생각보다 훨씬 더 자유로운 사람이었나 봅니다. 그 때 부장님이 하신 말씀의 속뜻도 알게 되었습니다. 이런 의미였던 것이지요. '도 판사님은 법원에서 일하기 쉽지 않겠어요.'

법원은 정해진 규칙에 맞게 정해진 일을 하는 곳입니다. 규칙에 잘 따라서 빠른 속도로 업무를 처리하는지가 그 사람의 능력입니다. 자 유로움을 발휘할 여지가 별로 없습니다. 하지만 저는 시시때때로 벗 어나고픈 충동을 느낍니다. 각종 TF팀과 사건 처리 건수의 압박, 재 산 신고, 순환 근무제에 답답함을 느낍니다. 판결문에 '그러나' 대신 '하지만'을 쓰고 싶은 충동이 듭니다. 9년 차에 이르렀음에도 아직 판사 생활에 적응하지 못한 이유겠지요.

법원에서 근무한 지 2년쯤 지났을 때의 일입니다. 친구들은 대부분 회사원이었습니다. 술자리에서는 직장 상사가 최고의 '안주'입니다. 친구들은 저마다 '부장'들에 대한 불만을 토로합니다. 누군가 한 마디 했습니다.

"회사 생활에서 가장 우울한 게 뭔지 알아? 여기에서 열심히 일해 봤자 부장 같은 사람이 된다는 거야."

친구들의 불만을 귓등으로 흘려보내면서 함께 근무했던 부장판사님들, 옆방 부장님들을 잠시 생각해보았습니다. 궁합이 잘 맞는 분도, 그렇지 않은 분도 있었습니다. 제가 더 많은 경험을 쌓은 뒤에 함께 일했다면 어땠을까 하는 생각이 드는 분도 있었습니다.

저와의 관계와는 별개로 그 모든 부장님의 삶이 괜찮아 보였습니다. 매일같이 야근을 하시는 성실한 분도 있었고, 근무 시간에는 열심히 일한 뒤 칼퇴근 하시는 분도 있었습니다. 몸이 힘들어서 자주 재판을 거르시는 분, 마음이 급해서 합의할 때나 법정에서 짜증을 내는 분도 있었습니다. 하지만 모두 자신의 일과 삶에 만족해하셨습니다. 판사라는 직업에 자부심과 사명감을 가지고 있었습니다. 그 모습을 떠올리면서 저는 계속 판사로 사는 것도 괜찮겠다고 생각했습니다. 부장님들의 삶이 저렇다면 10년 뒤 나의 삶도 나쁘지 않겠구나, 느꼈습니다.

조금 더 시간이 흘렀습니다. 함께 근무했던 부장님들과 옆방 부장님들 대부분은 고등법원 부장판사가 되지 못했습니다. 애초에 고등법원 부장판사로 승진하는 사람이 극소수였으니 당연한 결과였습니다. 어떤 분들은 실망한 나머지 퇴직합니다. 어떤 분들은 예전만큼 정열적으로 일하지 않습니다.

오랫동안 열심히 일했음에도 고등부장이 되지 않아 실망한 마음이 이해됩니다. 대부분의 판사는 치열한 경쟁에서 져본 적이 별로 없는 사람들입니다. 법원이 타인과 경쟁하는 곳은 아니지만 다른 판사에 비해 뒤처지기를 원하는 사람은 드뭅니다. 적어도 중간이기를 원하기 때문에 남들만큼 사건을 처리하려고 애씁니다. 그러다 보면 다 같이 치열하게 일하는 결과가 됩니다.

그렇게 열심히 20여 년을 일한 판사들의 최종 목적지는 무엇일까요? 고위 법관은 아닐 것입니다. 판사가 도착해야 할 목적지는 없습니다. 하루하루 일하는 자체가 목적입니다. 그에 충실하려면 변함없는 자세로 평생 성실하게 일해야 합니다. 사명감과 책임감이 없으면 실행하기 어렵습니다. 자유롭게 살고 싶은 제가 그렇게 할 수 있을까요? 부장님들을 보며 다시 10년 뒤를 그려봅니다.

스스로에게 이런 질문을 계속 던집니다. '나는 판사에 어울리는 사람일까?' 아마도 깊이 생각하지 않고 판사가 되었기 때문이겠지요. 사실 저는 판사가 어떤 일을 하는지 잘 몰랐습니다. 사법연수원에 들어가서야 비로소 알게 되었습니다. 그처럼 잘 모르는 상태에서 판사가 되었기 때문에 이 책을 쓰게 되었고요.

법대에 갔으니 사법시험을 봤습니다. 연수원 수료 후 직업을 선택할 때도 마찬가지였습니다. 변호사와 검사가 되는 것도 심각하게 고민했지만, 결국 판사의 길을 택했습니다. 검사가 가장 인기 있었다면 검사가 되었을지도 모릅니다. 많은 사람들이 저와 비슷한 과정을 거쳐 법원에 들어왔습니다. 하지만 '나는 판사에 어울리는 사람일까'라는, 이런 질문을 하는 사람은 별로 없습니다. 쓸데없는 고민이겠지요. 그저 주어진 일을 열심히 하면서 성실하게 살아가면 아무런 문제가 없으니까요. 재판을 하는 데도 이러한 질문은 도움이 되지 않습니다. 혼란스러울 뿐이지요.

판사 9년 차, 법조인 12년 차임에도 어떻게 살아야 할지, 판사를 계속해야 할지를 여전히 고민합니다. 재판이 있는 날 아침이면 거울을 보면서 법복을 입습니다. 넥타이의 중앙에 있는 무궁화 무늬가 정확히 가운데 오도록 길이를 조정합니다. 그때마다 오늘의 재판을 무사히 마칠 수 있을까 스스로에게 묻습니다.

판결문을 쓰기 위해 한 시간 넘게 엉덩이를 붙이고 있으면 등과 어깨가 아프기 시작합니다. 자리에서 일어나 목과 어깨를 이리저리 돌리며 스트레칭 해보지만 쓰다 만 판결문이 생각나서 다시 자리에 앉습니다. 눈이 침침해집니다. 컴퓨터로 전자기록을 보면서부터는 더욱 심해진 느낌입니다. 제 신체기관 가운데 가장 능력이 뛰어난 부분이 눈인데 힘을 잃으면 곤란합니다. 10년 뒤에 재판을 하지 않고 있다면 아마도 몸이 지쳐서일 가능성이 가장 높습니다.

자유롭다는 것은 방황하고 있음을 의미하는 듯합니다. 초임 때 부장판사님의 말씀이 옳았습니다. 저에게는 판사 생활이 쉽고 편하지 않습니다. 판사가 되었지만 어딘가에 도착했다기보다 계속 가야할 것 같습니다. 어느 소설가의 말처럼 저는 아직 길 위에 있는 것이지요. 어디로 가야 할지 모르기에, 눈앞에 있는 길이 가야 할 곳이 맞는지 모르기에 샛길이란 샛길마다 고개를 내밀어봅니다. 가능한 쓸데없는 질문을 모두 던져봅니다.

저는 법학을 좋아하지 않습니다. 하지만 판사가 하는 일은 좋아합니다. 법원의 조직 문화는 싫어하지만, 판사라는 직업은 좋습니다. 판사가 된 것에 자부심과 사명감을 느낍니다. 제가 10년 뒤에도 재판을 하고 있을지 잘 모르겠습니다. 판사에게는 무엇보다 지혜와 용기가 필요합니다. 존경하는 전수안 전 대법관님의 강연에서 들은 말입니다. 정의로운 것과 그렇지 않은 것을 구분할 줄 아는 지혜와 자신이 정의롭다고 생각하는 것을 실행할 수 있는 용기. 스스로에게 물어봅니다. 나는 지혜와 용기가 있는 사람인가? 이 질문이 계속되는 한 어느 법정에서 재판을 계속하고 있겠지요. 답을 찾아야 하니까요.

학적 정확성이 아니라 십중팔구 확신을 의미한다. 영미법상의 증거의 우세와 구분한다.

고등법원: 1심 합의재판의 2심을 담당하는 법원. 지방법원보다 상급법원이고, 대법원보다 하급법원으로 대한민국에는 6개가 설치되어 있다.

고소장: 피해자 또는 법정대리인이 피해 사실(고소 사실)을 적어 수사기관에 제출하는 문서.

고의: 형법상 범죄 또는 불법행위의 성립 요소인 사실에 대한 인식. 범의犯意라고도 한다. 형법에서는 원칙적으로 고의의 경우만을 처벌하고 과실의 경우에는 처벌하지 않기 때문에 고의와 과실의 구별이 중요하다. 민법에서의 고의는 과실과 함께 불법행위의 요건이 된다.

공보판사: 각종 활동 사항에 대하여 국민에게 널리 알리는 역할을 맡은 판사의 직책.

공소: 검사가 형사사건의 재판을 법원에 청구하는 소송 행위. 공소를 제기提起하는 절차를 기소起訴라고 하고, 이로써 수사 절차가 종결되고 당해 형사사건은 공판 절차로 이행된다.

공소사실: 검사가 공소장에 기재하여 공소를 제기한 범죄사실. 즉, 공소장에 기재되어 법원의 심판 대상이 된 범죄 구성 사실이다.

강제수사: 체포·구금·압수·수색 등의 강제처분을 수반하는 수사. 임의수사任意搜査에 대응하는 말로 강제수사는 형사소송법에 특별한 규정이 있는 경우가 아니면 할 수 없다.

검사: 검찰권檢察權을 행사하는 국가의 기관. 범죄를 수사하고 공소를 제기하며 그 유지에 필요한 일을 수행한다.

검사 동일체: 검사는 검찰총장을 정점으로 한 전국적으로 통일적인 조직체의 일원으로서 직무를 수행한다는 원칙을 의미한다.

검증: 법관이 자기의 감각으로 어떤 대상의 성질이나 상태 따위를 인식하여 증거를 조사하는 일.

고도의 개연성: 우리나라 민사소송에서 요구하는 입증의 정도로, 일체의 의심이나 반대 가능성을 허용하지 않는 과

공소장: 검사가 공소를 제기할 때 관할 법원에 제출하는 양식. 공소사실, 죄명, 적용 법조가 기재되어 있다.

공소제기: 공소를 제기하는 소송 절차, 즉 기소.

공판 검사: 형사사건에서 검사가 담당하는 수사–기소–공판의 절차 중 공판 절차만을 담당하는 검사의 직책.

공판조서: 공판기일에 어떠한 소송 절차가 행해졌는가를 명백히 하기 위하여 일정한 사항을 기재한 서면. 법원 사무관 등이 작성하도록 되어 있다.

구속영장: 피의자가 죄를 범했다고 의심할 만한 상당한 이유가 있고, 일정한 주거가 없거나 증거를 인멸할 우려가 있는 때, 도망하거나 도망할 염려가 있는 때 피의자를 구속하기 위한 영장.

국가소추주의: 국가기관이 당사자로서 공소를 제기하고 이를 유지하는 형사법 체제. 구체적으로 공소제기의 권한을 국가기관(특히 검사)에 전담하게 하는 것. 사인소추주의私人訴追主義에 대응하는 말이다.

국민참여재판: 국민이 형사재판에 배심원 또는 예비 배심원으로 참여하는 제도. 2007년 6월 1일 공포된 '국민의 형사재판 참여에 관한 법률'을 근거로 2008년 1월 1일부터 시행되었다.

국제공조수사: 우리나라 사람이 범죄를 저지른 후 국외로 도피하거나 반대로 외국인이 범죄를 일으킨 후 국내로 들어오는 경우, 범죄인인도조약 등의 외교 경로, 인터폴 또는 해외 공관을 통해 양 국가 간에 협력 수사를 진행하는 것.

권고: 해당 업무를 담당하는 기관에 다른 기관이 어떤 조치를 취할 것을 권유하는 행위. 법률상으로 상대방을 구속하는 구속력은 없다.

권리구제: 국민이 위법 또는 부당한 행정처분行政處分에 의하여 자기의 권리 또는 이익을 침해당했을 경우 행정심판법 등에 의해 그 시정을 요구하여 구제를 받는 것.

기각: 소송에서 원고의 청구 혹은 상소인의 상소에 이유가 없다고 하여 배척하는 판결 또는 결정.

기록: 재판에 필요한 각종 서류, 서면, 조서 및 증거를 편철한 서류. 민사소송의 경우 대부분 전자화된 기록이 사용된다.

기소: 검사가 공소를 제기하는 소송 절차. 공소 제기와 동의어.

기소독점주의: 범죄를 기소하여 소추訴追하는 권리를 국가기관인 검사만이 가지고 있는 것을 말한다.

기소유예: 범죄 혐의가 충분하고 소추 조건이 구비되어 있어도 가해자의 기존 전과와 피해자의 피해 정도, 피해자와의 합의 내용, 반성 정도 등을 고려해

공소를 제기하지 않는 검사의 처분.

기소편의주의: 검사에게 기소 또는 불기소 재량의 여지를 인정하는 제도.

기초사실: 민사재판의 판결문에 기재되는 내용으로 해당 사건의 기초가 되는 사실.

단독재판: 일인의 단독판사가 심리하는 1심 재판.

단독판사: 1심 법원에서 비교적 경미한 사건에 대하여 단독으로 재판권을 행사하는 판사.

답변서: 민사소송법상 피고가 원고의 소장에 대응하여 원고 청구의 기각을 구하는 취지의 반대 신청 또는 그 이유를 기재한 서면.

당사자주의: 소송의 주도권을 당사자가 가지고 원고와 피고가 서로 대립하여 공격·방어를 행하는 소송 형식. 소송의 주도권을 법원이 가지는 직권주의職權主義와 대립되는 말이다.

대법관: 법원의 최고 법원인 대법원의 법관을 말함. 대법원은 대법원장을 포함한 대법관 14인으로 구성되어 있다.

대법원: 법의 구체적 해석과 적용 등을 담당하는 사법부의 최고 기관이자 우리나라의 최고 법원.

대법정: 각급 법원에서 가장 큰 규모의 법정. 보통 방청석이 200석 이상의 규모다.

대의민주주의: 국민들이 개별 정책에 대해 직접적으로 투표권을 행사하지 않고 대표자를 선출해 정부나 의회를 구성하여 정책 문제를 처리하도록 하는 민주주의의 방식.

리걸-테크 산업: 리걸legal과 테크놀로지technology가 결합된 말로, 본래 법률 서비스를 제공하기 위한 기술 및 소프트웨어를 일컫는 용어였으나 최근에는 법률 산업 종사자들에게 IT 기술을 바탕으로 새로운 형태의 법률 서비스를 제공하는 비즈니스를 의미한다.

모두진술: 형사소송법상 재판장의 인정신문에 이어, 검사가 공소장에 기하여 범죄자를 법정에 세운 기소 요지를 낭독하는 절차.

목적물: 법률행위의 주체가 법률행위를 하는 대상으로 주로 물건이나 권리다.

무죄 추정의 원칙: 검사에 의해 기소된 피고인은 물론 수사기관에서 조사를 받고 있는 피의자도 법원으로부터 유죄 판결을 받을 때까지는 누구든지 무죄로 추정된다는 원칙.

미필적 고의: 형법상 자기의 행위로 인하여 어떤 범죄 결과의 발생 가능성을 인식 또는 예견하였음에도 그 결과의 발생을 용인하는 것.

민사사건: 사법상의 권리나 법률관계에

관한 법률상의 다툼이 있는 사건.

배석판사: 법원의 합의부가 판사로 구성되었을 경우에 재판장을 제외한 나머지 판사. 합의부원이라고도 한다.

배심원: 법률 전문가가 아닌 일반 국민 가운데 선출되어 재판에 참여하고 판단을 내리는 사람.

배심제: 법률 전문가가 아닌 시민(배심원)들이 재판에 참여하여 평결을 내리는 제도.

범인식별절차: 수사기관이 범죄자를 밝혀내는 절차. 또는 용의자가 진짜 범인과 동일한 사람인지 문제 되는 경우 거쳐야 하는 절차.

법 감정: 옳고 그름에 대한 판단이나 법에 대하여 갖는 정서.

법률관계: 사람의 다양한 생활 관계 중에서 법에 의하여 규율되는 생활 관계를 의미한다.

법리: 법률이나 법 제도를 설명하는 이론이나 이치.

법원시보: 판사 임용 후보자가 정식 판사로 임용되기 이전에, 그 적격성을 판정받기 위해 일정 기간 동안 거치게 되는 시험 기간 중의 판사 신분을 의미한다. 혹은 과거 사법연수원생이 법원에서 실무 수습을 하는 경우 '시보'라고 불렸다.

법정 경위: 판사의 명에 의해 소송 관계자의 인도, 법정의 정돈, 그 밖의 소송 진행에 필요한 사무를 집행하는 자.

법정구속: 재판부가 불구속 상태에서 재판받던 피고인을 실형 선고와 함께 직권으로 법정에서 구속, 수감하는 제도.

법정형: 형법의 각칙 조문을 비롯하여 기타 형벌을 규정한 특별법에서 범죄에 대하여 규정하고 있는 추상적인 형벌 자체. 법정형을 감경·가중하여 처단형을 정한다.

법조문: 문자로 기록된 법의 조항.

법치주의: 법에 의한 지배를 의미한다. 국가가 국민의 자유와 권리를 제한하거나 국민에게 의무를 부과할 때에는 반드시 국민의 대표 기관인 의회에서 제정한 법률로써 해야 하고, 행정작용과 사법작용도 법률에 근거해야 한다는 원칙.

변론: 소송에서 소송 당사자들이 소송에 관련된 사실이나 증거에 관해 말로써 자신의 의견을 표현하는 것.

변론기일: 재판에서 변론을 위해 지정한 기일.

변론조서: 변론 진행 과정을 기록할 목적으로 법원 사무관 등이 기일마다 작성하는 서류.

변론주의: 민사소송법상 원칙으로 소송 자료(사실과 증거)의 수집과 제출 책임은 당사자에게 있고, 당사자가 수집하여 변론에서 제출한 소송 자료만을 재

판의 기초로 삼아야 한다는 원칙. 직권탐지주의와 대립되는 개념이다.

변제: 채무의 내용대로 급부를 하여 채권을 소멸시키는 행위.

변호사: 개인 간의 다툼에 관련된 민사사건과 범죄 사건에 관련된 형사사건이 발생할 경우 개인이나 단체를 대신해 소송을 제기하거나 재판에서 그들을 변호해주는 사람.

변호인: 형사소송에서 피고인 등에 의하여 선임되거나 국가에 의하여 선정되어 피고인을 위한 변호를 임무로 하는 사람.

보강증거: 어떤 주장이나 사실이 옳다는 것을 입증하기 위한 다른 성질의 증거. 주로 범인의 자백이 유일한 증거일 때 보강증거가 요구된다.

부인: 소송 당사자가 자신의 변론에서 상대방이 주장하는 사실에 대하여 그러한 사실은 없다고 답변하는 것.

불구속 수사의 원칙: 구속 수사는 헌법상 기본권인 신체의 자유를 제한하는 것으로서 수사의 목적 달성을 위한 필요 최소한의 범위에 그쳐야 한다는 원칙.

사법연수원: 사법시험에 합격한 사람들을 교육시키는 기관.

3심제: 공정한 재판을 받을 국민의 기본권을 보장하기 위한 것으로서 한 사건에 대하여 세 번의 심판을 받을 수 있는 심급 제도.

상계: 채권자와 채무자가 서로 동종의 채권·채무를 가지는 경우에 채무자의 일방적 의사 표시에 의하여 그 채권·채무를 대등액에서 소멸시키는 것.

상고: 항소심의 판결. 즉, 제2심 판결에 대한 불복신청.

상고법원: 대법원이 맡고 있는 상고심(3심) 사건 중 단순한 사건만을 별도로 맡는 특별법원. 2014년 12월 상고법원 설치에 관한 법안이 국회에 발의됐으나, 2016년 5월 19대 국회가 끝나면서 자동 폐기되었다.

상급심: 재판이 이루어지는 법원보다 상급법원에서 하는 소송의 심리. 지방법원 합의재판의 상급심은 고등법원에서 이루어지고, 고등법원의 상급심은 대법원에서 이루어진다.

서증: 문서로써 성립 및 존재하는 소송법상 증거.

석명권: 민사소송법상 법원에 부여된 권한으로 법원이 사건의 진상을 명확하게 하기 위해 당사자에게 법률적, 사실적인 사항에 대하여 설명할 수 있는 기회를 주고 입증을 촉구하는 권한.

선고: 재판장이 재판의 결과를 공식적으로 선언하는 절차.

선고형: 법정형에 법률상의 가중·감경을 한 처단형의 범위 내에서 법원이 형량을 정하여 구체적으로 선고하는 형.

소멸시효: 권리를 행사할 수 있음에도 권리 불행사의 상태를 일정 기간 계속함으로써 권리소멸의 효과를 생기게 하는 제도.

소송: 재판에 의해서 사인 간 또는 국가와 사인 간의 분쟁을 법률적으로 해결·조정하기 위해 대립하는 당사자를 관여시켜 심판하는 절차.

소송대리인: 민사소송에서 당사자를 대리하는 사람.

소장: 민사소송법상 소를 제기하기 위하여 법원에 제출해야 하는 서면.

속기사: 회의나 좌담회 등의 구술 내용을 받아 적는 사람. 재판에서는 주로 증인신문 내용을 받아 적는다.

손해배상: 위법한 행위로 인해 타인에게 손해를 입혔을 때 손해가 없었던 것과 동일한 상태로 복귀시키는 것. 손해배상 의무를 발생시키는 원인으로서는 채무불이행과 불법행위가 있다.

송무: 소송에 관한 사무나 업무.

수사 검사: 범죄 사건을 수사하는 검사. 공판 검사와 구별된다.

수사권: 범인과 증거를 찾고 수집할 수 있도록 법적으로 부여받은 수사기관의 권리.

시효: 일정한 사실 상태가 일정 기간 계속되어온 경우에 그 사실 상태가 진정한 권리관계와 합치하는지 여부를 묻지 않고 법률상 사실 상태에 대응하는 법률효과를 인정해주는 제도.

신의성실의 원칙(신의칙): 법률관계에서 권리의 행사나 의무의 이행은 신의에 좇아 성실히 해야 한다는 근대 민법의 원칙.

실무관: 법원에서 판사 등을 도와 행정업무를 수행하는 공무원.

실형: 법원의 선고를 받은 징역형이 실제로 집행되는 경우를 의미. 집행유예와 구별된다.

심리불속행 제도: 상고사건 중 상고이유에 관한 주장이 법에 규정된 특정한 사유를 포함하지 않으면 심리를 하지 않고 상고를 기각하는 소송법상 제도.

심증: 재판의 기초인 사실관계의 존부에 대한 법관의 주관적 의식 상태 또는 확신의 정도를 의미한다.

약식재판: 판사가 어떤 사건에 관하여 법정 재판을 거치지 않더라도 확신이 드는 경우 검사의 청구에 따라 피고인에게 벌금, 과태료 등의 결정을 내리는 것. 주로 형량이 가벼운 사건에 대한 형사재판에 적용된다.

양형: 법원이 형사재판 결과 유죄판결을 받은 피고인에 대해 그 형벌의 정도 또는 형벌의 양을 결정하는 일.

양형위원회: 형을 정할 때 국민의 건전한 상식을 반영하고 국민이 신뢰할 수 있는 공정하고 객관적인 양형을 실현하

고자 설치된 대법원 소속의 위원회.

양형인자: 양형을 결정하는 여러 요소.

영장: 형사소송법상 사람 또는 물건에 대해 강제처분의 명령 또는 허가를 내용으로 하여 법관이 발부하는 서류.

영장실질심사: 검사에 의해 구속영장의 청구를 받은 판사가 피의자를 대면하여 심문하고 구속 사유를 판단한 이후에 구속영장을 발부를 결정하는 제도.

원고: 민사소송에서 소송을 제기한 당사자를 말한다.

원심: 현재의 재판보다 한 단계 앞서 받은 재판 또는 그러한 법원. 2심에서는 1심의 재판, 3심에서는 2심의 재판을 의미한다.

위증: 법정에서 선서한 증인이 허위의 진술을 하는 것.

위헌법률심판: 법률이 헌법에 위반되는지의 여부를 헌법재판소에서 심사·판단하는 것.

위헌법률심판제청: 위헌이라고 생각되는 법률이 문제가 되는 사건에서 법원이 헌법재판소에 위헌법률심판을 요청하는 것.

인정사실: 법원이 당사자가 주장을 입증하기 위해 제출된 증거 자료를 토대로 인정한 사실관계.

입증책임의 분배: 소송에서 입증책임이 있는 자가 이를 증명하지 못할 경우 법률적 판단에서 불이익, 즉 패소의 위험(패소의 부담)을 갖게 되는데, 그 위험을 누가 질 것인지를 정하는 것.

자백: 형사재판의 피고인이 범죄사실을 시인하는 것. 민사재판에서 당사자가 상대방의 주장 사실과 일치되는 사실상의 진술을 하는 것.

재판부: 특정 소송 사건을 심판하기 위해 법관으로 구성하는 부서.

재판장: 합의부를 구성하는 법관(판사 또는 대법관)의 한 사람으로서 합의부를 대표하는 권한을 가진 사람.

쟁점: 소송에서 양 당사자가 다투는 사실관계나 법리.

전자소송: 사법부가 운영하는 전자소송 시스템을 이용하여 소를 제기하고 소송 절차를 진행하는 재판 방식. 민사 사건의 경우 대부분 전자소송으로 진행된다.

조정: 법관이나 조정위원회가 분쟁 관계인 사이에 개입해서 화해로 이끄는 절차.

조정조서: 조정 내용을 담아 작성한 조서 형식의 문서로 조정조서가 작성되면 재판상 화해와 동일한 효력을 가진다.

죄질: 범죄의 성질. 법정형이 높은 죄가 법정형이 낮은 죄보다 죄질이 나쁘다.

죄형법정주의: 어떠한 행위가 범죄에 해당하고, 그에 따르는 형벌은 무엇인지 반드시 국회에서 제정한 법률에 의해 규정되어야 한다는 형사법의 대원칙.

주문: 판결의 결론 부분. 재판의 대상이 된 사건에 대한 최종적 결론.

준비서면: 민사소송의 당사자나 소송대리인이 변론에서 진술하려고 하는 사항을 기재해 법원에 제출하는 서면.

증언: 증인이 사건에 관해 자신이 겪은 일을 진술하는 것.

증인: 법원 또는 법관에 대하여 자기가 과거에 보고 들은 한 사실을 진술하는 (사건 당사자가 아닌) 제삼자. 법원 또는 법관에 대하여 진술한다는 점에서 수사기관에 대하여 진술하는 자인 참고인과는 다르다.

증인신문: 법정에서 증인의 증언을 청취하는 증거조사 절차.

지방법원: 주로 제1심 사건을 담당하는 법원.

직권탐지주의: 법원이 소송 당사자의 주장이나 청구에 구속받지 않고 직권으로 증거를 수집·조사하는 원칙.

직업법관: 판사라는 직업을 가진 전문적 법관. 참심재판관과 대립된 개념이다.

진술서: 피고인·피의자 또는 참고인이 스스로 자기의 의사·사상·관념 및 사실관계 등을 기재한 서면.

집행유예: 피고인에게 유죄의 형을 선고하면서 정상관계를 참작해 이를 즉시 집행하지 않고 일정 기간 그 형의 집행을 미루어주는 것으로, 그 기간이 경과할 경우 형 선고의 효력을 상실하게 하여 형 집행을 하지 않는 것.

참고인: 범죄 수사를 위해 수사기관에서 조사를 받는 사람 중 피의자 이외의 사람.

참심재판관: 참심재판에서 전문적 법관과 함께 법원의 합의체를 구성하기 위해 선거 또는 추천에 의해 민중으로부터 선출된 자.

참심제(참심재판): 시민들 중 일정한 절차를 거쳐 선출된 참심원이 전문적 법관과 함께 법원의 합의체를 구성하여 소송을 심판하는 제도.

참여관: 재판부의 사무를 보조하는 사무원으로 판사의 보좌관.

처단형: 법정형에 구체적 범죄사실을 적용해 가중·감경을 해서 처단의 범위가 확정된 형. 법정형 → 처단형 → 선고형의 순서로 형량을 결정한다.

처벌불원 의사: 피해자가 피고인의 처벌을 원하지 않는다는 의사.

처분권주의: 민사소송법의 심리에 관한 원칙으로 절차의 개시, 심판의 대상, 절차의 종결에 대해 당사자의 처분에 맡기는 것.

청구권: 타인에 대해 일정한 행위(작위·부작위)를 요구할 수 있는 권리.

청구취지: 민사소송에서 원고가 어떠한 내용과 종류의 판결을 구하는지를 밝히는 소장의 결론 부분.

최후 논고: 형사재판의 공판 절차에서 피고인신문과 증거조사의 종료 후 검사가 사실 및 법률 적용에 관한 의견을 최후로 진술하는 것.

특례법: 어떤 법률에서 규정하는 내용에 대해 특례를 규정함을 목적으로 제정된 특수한 법률.

판결: 법원이 변론을 거쳐 소송 사건에 대해 판단하고 결정하는 행위 또는 그 결과.

판결문: 법원의 판결 사실 및 이유를 적은 문서.

판례: 법원이 특정 소송 사건에 대해서 법을 해석·적용하여 내린 이전의 판단이나 판결례.

판사: 대법관 제외, 각급 법원의 법관.

피고: 민사재판에서 원고의 상대방으로서 소송의 청구를 당한 자.

피고인: 형사소송에서 검사에 의하여 형사 책임을 져야 할 자로 공소가 제기된 사람.

피고인신문: 형사재판의 공판기일에 판사 앞에서 피고인의 진술을 청취하는 절차.

피의자: 경찰이나 검사 등의 수사기관으로부터 범죄의 의심을 받게 되어 수사를 받고 있는 자로서 아직 공소가 제기되지 않은 사람.

학설: 어떠한 개념이나 현상에 대해 학술적으로 설명하는 이론.

합리적 의심: 특정화된 감이나 불특정한 의심이 아닌 구체적이고 명확한 사실을 기반으로 한 의심. 형사재판에서 범죄사실의 인정은 합리적 의심이 없는 정도의 증명에 이르러야 한다.

합의: 여러 법관이 사실관계를 검토하고 의견을 교환해 결론을 정하는 것.

합의부: 합의재판부의 줄임말로 민사소송의 경우 소송 목적물의 값이 2억 원을 초과하는 사건을 담당하고, 형사재판의 경우 주로 사형, 무기 또는 단기 1년 이상의 징역에 해당하는 사건을 담당한다.

합의재판: 합의재판부에 의해 행해지는 재판. 단독재판과 대립되는 개념이다.

합의재판부: 수인의 법관으로 구성되는 재판부. 대법원과 고등법원의 경우는 어느 때나 합의제를 채택한다.

항변: 상대편의 주장을 부인하는 것이 아니라 부인과는 별개의 사항을 주장하여 상대편 주장의 배척을 구하는 일.

항소: 아직 확정되지 아니한 제1심 법원의 판결에 대한 불복신청.

항소심: 항소를 판단하는 재판 절차 또는 항소의 심리를 담당하는 2심 법원 그 자체.

행정권: 행정을 행하는 국가 통치권의 권능. 우리나라의 경우 행정권은 대통령

을 수반으로 하는 정부에 속한다고 헌법에서 규정한다.

헌법소원: 국가의 공권력 행사 또는 불행사로 인하여 국민의 기본권이 침해된 경우에 국민이 헌법재판소에 기본권의 구제를 직접 청구하고 헌법재판소가 이를 심판하는 제도.

헌법재판소: 헌법재판 기관으로 위헌법률 심사, 탄핵 심판, 정당의 해산 심판, 헌법소원 심판, 국가기관 사이의 권한쟁의에 관한 심판 등을 관장한다.

현장검증: 법관이 직접 현장에 방문하여 자기의 감각에 의하여 검증 목적물 등의 성질·상태를 실험하여 하는 증거조사.

혐의: 범죄사실에 대한 의심.

형량: 재판을 통해 피고인에게 내리는 형벌의 정도.

형벌권: 범죄를 이유로 범죄인에 대하여 형벌을 부과하는 국가의 기능 또는 그 구체적인 권한.

형사사건: 민사에 대립되어 넓은 의미에 있어서 살인죄·절도죄 등과 같이 형법의 적용을 받는 사건.

형사합의: 형사사건에서 피의자나 피고인이 피해자의 처벌불원 의사를 이끌어 내는 절차 또는 그 결과.

확신: 굳게 믿음 또는 그런 마음. 민사재판에서는 고도의 개연성에 대한 확신에 이르러야 원고의 청구를 인용할 수 있고, 형사재판에서는 합리적 의심이 없는 확신에 이르러야 피고인의 유죄를 인정할 수 있다.

찾아보기

ㄱ

강력범죄 70
강제수사 55
강제징용 329
강제추행상해 198, 237
건물 반환 청구 138, 254, 267
건물 철거 소송 105
검사 16, 20, 28~29, 34~35, 37, 45~
48, 54~55, 57~61, 67, 86, 89~90,
92, 94, 121, 130, 194, 199, 203, 206,
210, 213, 262
-동일체 86~87
공판- 87
수사- 87
검증 84
고도의 개연성 93, 143, 145, 194
고등법원 285
- 부장판사 311, 313~316, 318, 327
고소장 45, 53
고의 169~170, 172, 205, 210~211
미필적- 212

불확정적- 211
공보관사 114~115, 117
공소 56, 60
-사실 71, 88~93, 107, 182, 194~196,
198, 209~210, 213, 220, 261~263, 277
-장 89, 262, 277
-제기 45~46, 48, 57, 59~60, 87, 89, 94,
207
공조수사 210
과실치사 170
과잉방위 185
구속 86, 98, 263
-영장 55, 62, 94, 96, 98~99
-의 사유 95
구술주의 74
구하라법 176
국가소추주의 45
국민참여재판 69~70, 120~121, 219
권리 41
-구제 301
-남용 177
기록 126, 130, 133~135, 250, 310
기본권 57, 175
기소 45~46, 56, 58~87, 193, 321
-독점주의 57~58
- 의견 55
-편의주의 58
기초사실 262, 264~267, 270~272

ㄴ

내용증명 144
노동법 25
논증 268~269
농아자 227
뇌물 17, 219

ㄷ

단독재판 73, 194
단독판사 124, 162, 284
답변 252
 -서 131
당사자 42, 66, 74, 76, 83, 92, 102, 116,
   134, 137, 140
 -주의 68~69
대법원 136, 167, 283, 285~286, 294,
   299~301, 303, 321, 329
 -장 34, 302
 - 진상조사단 316

ㄹ

로스쿨 30~36
 - 입학시험 33
리걸-테크 산업 292

ㅁ

면책적 과잉방위 185, 189~190
모두진술 88~90, 198
무죄 추정의 원칙 68, 94, 195
민사소송 16, 41~43, 47, 64
 -법 25, 33, 71
민사재판 37~38, 41, 46, 48, 73, 78,
   82, 85, 90, 93, 101, 119, 143, 151,
   262~263
 -실무 28
민사판결 194~195, 257

ㅂ

방청 21~22, 71~72, 113
배심원 69~70, 82
배심제 121
범죄사실 220, 226, 262~263

범죄의 성립 93
범죄 일람표 234
범행 189, 192, 196, 201~202, 210,
   213, 217, 226, 262~263, 281
법 감정 99, 121, 163, 176
법관 34, 158, 299, 303~304, 306, 330
 경력-제도 311~312
 대- 34, 155, 159, 300, 302, 305, 314,
   319, 321
 - 윤리 규정 329~330
 - 임용 절차 35~36
법령 262~263, 293
법리 145, 150, 158, 188, 194, 251, 266,
   306
법정형 217, 221
법조일원화 36
법치주의 103
법학적성시험 32, 36
법학전문대학원 30
변론 84, 102
 -기일 119
 -주의 64, 75~77
변호사 28~29, 32, 34~35, 37, 74,
   121, 130, 134, 268, 297
 - 시험 33
변호인 47, 67, 86, 90, 107, 206, 208,
   263
 국선- 86, 98
부인 78~80, 82~83, 91~92, 203, 209,
   217, 219, 281
불구속 수사의 원칙 93~94, 99
불구속 정식재판 192

ㅅ

사법 39, 41

-권 49
-농단 299~300, 303~305
-부 18, 23, 34, 61, 121, 175, 306
-시험 24~36, 79
-연감 243
-연수원 27~36, 71, 79, 101, 137, 270,
  311, 314
-행정권 316
상고법원 300, 302~303
상급심 137, 253, 285
석명권 76~77
선고 282
-기일 93, 245, 308, 309
-형 217, 219, 226~227, 236
세월호 42
소멸시효 79, 279, 329
소송 76, 131, 142~143
-기록 132
-대리인 47, 64, 66, 74, 308
소장 41, 43, 46, 74, 131
손해배상 42, 83, 288
불법행위로 인한-청구 42, 75
수사 53
-권의 독립 56
-기관 198, 209
심급 150
심리불속행 301

ⓞ

약식재판 59, 192
양심 149~151, 158~159, 161, 287,
  304~305, 309
양형 93, 107, 112, 216, 218, 262, 293
-기준 219~220, 225, 227, 230, 235~236
-위원회 219, 227

-인자 223~224, 226~227
일반-인자 224
특별-인자 224~226, 230, 237
언론 18, 21, 94, 99, 163, 176, 179, 291,
  306
영장 54~55, 61, 98
-발부 54~55
-실질심사 62
압수 및 수색- 55
용의자 198, 201
원고 46, 48, 75, 78, 103, 105, 137, 140,
  143, 160, 167, 267, 277, 281
원심 136
위헌 175
-법률심판제청 175
유책주의 154~155, 157, 159
인공지능 290~293, 295, 297
법률- 292~293
- 판사 296~297
입법기관 175
입증 93, 193~195, 214
-책임 92, 210
-책임 분배의 원칙 78, 158

ⓧ

재판 거래 299~300, 303, 305
재판기일 83
재판장 64, 67, 69, 73, 75, 83, 88, 90,
  116, 120, 308, 312
재판 청탁 304
쟁점 76, 81~82, 151, 163, 167~168,
  184, 253, 262, 264, 266, 268, 273,
  279, 282, 301, 310
적용 법조 71, 88
전관예우 319~323

전자소송 134
–시스템 134
정식재판 60
불구속– 192
정신적 피해 회복 109
조정 101, 103~104, 106, 308
–기일 101~102
–위원 101~102
–위원회 101
–조서 102
종교적 병역거부 284, 286, 288
죄명 71, 88, 261
죄형법정주의 263
주문 257, 260~261, 280~281
주장 145, 147, 151, 209
–사실 254
주체 277
준비서면 131
준사법기관 61
증거 57, 60, 64, 69, 85, 95, 143,
146~147, 153, 158, 210, 214, 263
물적– 206
보강– 90, 92
–조사 74, 82, 84, 88, 202
증언 69, 145, 201~202, 206
증인 67, 69, 114
–신문 84~85, 182
지방법원 300, 313
진술 201, 206, 211
–서 144
–조서 210
집행유예 97, 111~112, 216, 231, 236,
245, 281, 320
징역 45, 97, 216, 220
–형 169, 232, 317

(ㅊ)
참고인 53, 95
참심원 118~120
참심재판관 115~116, 119
참심제 116, 118, 121
참작 232~233
– 동기 살인 222
처단형 217
처벌불원 107~108, 224
처분권주의 75~76
청구 144
–권 64, 103
–원인 74
–취지 257, 260~261
청탁 320~321
체포 98, 182, 211
–영장 55
촛불집회 315
최종 변론 93

(ㅌ)
탄핵 313, 317
특수상해 96

(ㅍ)
파탄주의 154~155, 157, 159, 161
판결 17, 28
–문 111, 126, 133, 135, 206, 214, 246,
251~257
판단 262, 264, 266~268, 275, 279
–의 영역 146~147, 158, 162
판례 132, 150, 155, 162, 167, 172, 186,
188, 190, 282~287, 294, 296
폭행 60, 97, 170, 179, 206
–치사 170

표적 수사 58
피고 42, 46, 48, 76, 78, 102, 105, 140,
  147, 160, 281
피고인 47~48, 60, 67~68, 87~88,
  90~92, 95, 108~110, 189,
  198~200, 204, 210, 216, 218
피상속인 169, 172
피의자 47, 53, 57, 60, 87, 94, 96
 -신문 53
 -신문조서 210
피해자 68, 107~110, 166, 189, 201
 - 유발 224, 226~227

ⓗ
학설 167, 172, 186
한국고용정보원 241~242
합리적 의심 92, 194~195, 204, 206,
  214
합의 111
 -금 107, 109~110, 112, 217
합의재판부 122~123, 133
항고 58
항변 78~80, 82~83, 275
 재- 79, 81
항소 94, 103, 106, 227, 253, 300
 -심 126, 215
행정권 49
행정법 25, 33
행정부 306
행정재판 38
헌법 25, 33, 149~150, 158, 301, 315
 -기관 305~306
 -소원 58, 175~176
 -재판관 328
 -재판소 31~32, 35, 175~176, 302

현장검증 182
현행범 97
혐의 198, 207, 209, 262
협의이혼 153
형량 92, 120, 185, 194, 217~218, 224,
  227, 230, 237, 264
형벌 204, 217~218, 263
 -권 44~45, 57, 59
형법 25, 33, 39, 44, 46, 185
형사법정 63, 66, 86, 88, 117~118
형사사건 39, 120, 192
형사소송 43~44
 -법 25, 33, 71, 86, 94
형사재판 37, 38, 42~43, 46~49, 56,
  60, 67, 69, 87, 90, 106, 119~120,
  166, 180, 193, 216, 244~245,
  262~263
 -실무 28
형사처벌 226
형사판결 107, 166, 194
 -문 213, 260, 263
형사합의 107, 109, 111~112
 -부 114
화해 308
확신 206
횡령 194, 228, 230, 235
 -죄 236
흉기 179~180
 -휴대상해 197

판결문을 낭독하겠습니다

초판 1쇄 발행일 2020년 7월 7일
초판 3쇄 발행일 2021년 12월 30일

지은이 도우람

발행인 박헌용, 윤호권
편집 김예지 **디자인** 박지은
발행처 ㈜시공사 **주소** 서울시 성동구 상원1길 22, 6-8층(우편번호 04779)
대표전화 02-3486-6877 **팩스(주문)** 02-585-1755
홈페이지 www.sigongsa.com / www.sigongjunior.com

이 책의 출판권은 (주)시공사에 있습니다. 저작권법에 의해
한국 내에서 보호받는 저작물이므로 무단 전재와 무단 복제를 금합니다.

ISBN 979-11-6579-104-9 03360